"十四五"国家立项重点专业和课程系列教材

集装箱运输与多式联运

(第 2 版)

包 旭 吴鼎新 **主 编**

朱艳茹 **副主编**

东南大学出版社
SOUTHEAST UNIVERSITY PRESS

·南京·

内容提要

本书围绕"交通强国"战略和"一带一路"倡议,系统论述了集装箱运输与多式联运的理论和实务,全书共分十章。内容包括集装箱概述、集装箱管理、集装箱装箱工艺、集装箱港站业务、集装箱运输设备、集装箱运输实务、集装箱运费、集装箱多式联运、集装箱多式联运相关规则、多式联运货损事故处理等。

本书可作为高等院校交通运输、物流管理等专业本科生、研究生的教科书及专业教师的教学参考书,也可供各类货运和物流企业以及相关岗位从业人员参考及培训使用。

图书在版编目(CIP)数据

集装箱运输与多式联运 / 包旭,吴鼎新主编.
2版. -- 南京:东南大学出版社,2024.12. -- ISBN 978-7-5766-1911-9
Ⅰ.U169
中国国家版本馆CIP数据核字第2024J0S795号

集装箱运输与多式联运(第2版)
Jizhuangxiang Yunshu Yu Duoshilianyun(Di 2 Ban)

主　　编	包旭　吴鼎新
策划编辑	陈跃
责任编辑	胡炼　　封面设计　顾晓阳　　责任印刷　周荣虎
出版发行	东南大学出版社
出 版 人	白云飞
社　　址	南京市四牌楼2号(邮编:210096　电话:025－83793330)
经　　销	全国各地新华书店
印　　刷	丹阳兴华印务有限公司
开　　本	787 mm×1092 mm　1/16
印　　张	15.5
字　　数	387千字
版　　次	2024年12月第2版
印　　次	2024年12月第1次印刷
书　　号	ISBN 978-7-5766-1911-9
定　　价	50.00元

(本社图书若有印装质量问题,请直接与营销部联系,电话:025－83791830)

前　言

集装箱运输规范化始于20世纪50年代,60年代开始国际标准化,70年代走向国际多式联运。此后,这种运输发展速度越来越快,迅速从最发达国家、次发达国家延伸到发展中国家。由于集装箱运输方式的高度标准化、高效率、低成本、高度国际化,因而被称为"运输界的一场革命",迅速被运输和物流领域所接受,在世界许多国家得到发展。

集装箱运输以其高效、便捷、安全的特点成为交通运输现代化的重要形式。"十四五"期间,我国集装箱化率和"门到门"运输比重显著提高,装备自动化、EDI电子化的趋势越发明显。经过数十年的发展,我国已经成为集装箱运输大国,上海青岛、厦门等港口成为世界集装箱运输的龙头港口,"一带一路"倡议带动了欧亚陆桥集装箱运输发展。虽然我国的集装箱运输有了快速发展,但还不能完全满足当前经济发展的需要,如运输方式之间的有机衔接还需进一步加强、内贸集装箱发展水平有待进一步提升等,能满足集装箱运输发展需要的应用型人才缺口将进一步加大。因此,要积极采取有效措施,在改善宏观政策环境的同时,加强集装箱多式联运领域的国际和国内不同地区间合作,实施产、学、研相结合,加大力度培养高层次应用型人才,提高集装箱运输和多式联运行业的从业人员素质,就显得十分重要和迫切。

随着国家"新工科"建设和工程教育认证的开展,对交通运输类专业以及物流工程和管理类专业的课程体系、教学内容、能力培养和教学方式有了新的更高的要求,打造金课、建设精品在线课程资源已经成为高等教育发展的必然要求。

本教材较为全面系统地介绍集装箱运输及集装箱概述、集装箱管理、集装箱装箱工艺、集装箱港站业务、集装箱运输设备、集装箱运输实务、集装箱运费、集装箱多式联运、集装箱多式联运相关规则、多式联运货损事故处理等内容,重点突出教材的系统性、科学性。根据内容合理增加了例题、案例和思考题,强化了教材的实用性和可操作性,有利于学生加深对知识的理解,提升学生对知识的应用能力。本教材为高等教育教材,适合交通运输类、物流管理类等专业选用,也可作为交通运输企业与物流企业人员培训教材和参考书。

本教材由包旭、吴鼎新担任主编,朱艳茹担任副主编,负责全书结构的设计及最后定稿。

本教材出版得到了苏汽集团有限公司单建华、淮安市港口物流集团有限公司刘磊的大力支持。

参加编写人员具体分工:包旭、单建华编写第一章、第三章,吴鼎新编写第二章、第四章、第六章,吴鼎新、王钰编写第五章,毛丽娜编写第七章、第八章,朱艳茹、吴鼎新编写第九章、第十章。全书案例由吴鼎新、张浩、刘磊统编。

由于编者水平有限,疏漏之处在所难免,敬请读者多提宝贵意见,以便再版时修改补充。

编 者

2024年6月

目　录

第一章　集装箱运输及集装箱概述

第一节　集装箱运输的起源与发展 ································· 1
　一、集装箱运输的起源 ··· 1
　二、集装箱运输的发展过程 ····································· 2
　三、集装箱运输的发展趋势 ····································· 4

第二节　集装箱的概念、标准、标志与结构 ························· 7
　一、集装箱的概念 ··· 7
　二、集装箱的标准 ··· 7
　三、集装箱的标志 ··· 9
　四、集装箱的结构 ··· 11

第三节　集装箱的类型 ··· 14
　一、按集装箱的结构分类 ······································· 14
　二、按箱内适装货物分类 ······································· 16
　三、按集装箱主体材料分类 ····································· 19
　四、按集装箱总重量分类 ······································· 19

第四节　集装箱运输系统及其优越性 ······························· 20
　一、集装箱运输系统 ··· 20
　二、集装箱运输的优越性 ······································· 20

【案例分析】 ··· 22
【复习思考题】 ··· 23

第二章　集装箱管理

第一节　集装箱货物的流转程序 ··································· 25
　一、集装箱货物流转程序 ······································· 25

二、集装箱整箱货物流转程序 …………………………………………… 26
三、集装箱拼箱货物流转程序 …………………………………………… 27
四、集装箱货物运输组织形式 …………………………………………… 27

第二节　集装箱配箱管理 …………………………………………………… 28

第三节　集装箱租赁管理 …………………………………………………… 30
一、集装箱的租赁方式 …………………………………………………… 30
二、集装箱租赁合同及其主要条款 ……………………………………… 31

第四节　集装箱箱务管理 …………………………………………………… 32
一、集装箱的发放与交接 ………………………………………………… 32
二、集装箱的堆存与保管 ………………………………………………… 35
三、集装箱灭失、损坏的处理 …………………………………………… 35
四、集装箱箱务管理现代化 ……………………………………………… 35

第五节　集装箱空箱流转 …………………………………………………… 37
一、集装箱空箱进场操作 ………………………………………………… 37
二、集装箱空箱出场操作 ………………………………………………… 38
三、堆场空箱管理 ………………………………………………………… 38

【案例分析】………………………………………………………………………… 39
【复习思考题】……………………………………………………………………… 41

第三章　集装箱装箱工艺

第一节　集装箱装箱基本要求 ……………………………………………… 42
一、安全装箱的重要性 …………………………………………………… 42
二、集装箱装箱常用术语 ………………………………………………… 43
三、装箱标识 ……………………………………………………………… 43

第二节　集装箱装载设计 …………………………………………………… 45
一、集装箱货物分析 ……………………………………………………… 45
二、集装箱的选用 ………………………………………………………… 46
三、集装箱装箱检查 ……………………………………………………… 47
四、集装箱需用量确定 …………………………………………………… 47

第三节　普通货物集装箱装载 ·· 48
　　一、集装箱装载要求 ··· 48
　　二、集装箱的配载 ··· 49
　　三、集装箱装箱操作 ··· 49

第四节　特种货物集装箱装载 ·· 51
　　一、特种货物分类 ··· 52
　　二、冷藏(冻)货装载 ·· 52
　　三、超尺度、超重货物装载 ·· 52
　　四、液体货物装载 ··· 53
　　五、动植物货物装载 ··· 53
　　六、危险货物装载 ··· 53

第五节　集装箱装箱注意事项 ·· 55
【案例分析】 ·· 55
【复习思考题】 ··· 56

第四章　集装箱港站业务

第一节　集装箱港口 ··· 57
　　一、集装箱港口的特点和要求 ··· 57
　　二、集装箱港口的设施及其布局 ·· 58
　　三、集装箱港口业务管理 ··· 59

第二节　集装箱货运站 ··· 64
　　一、集装箱货运站的种类及其作用 ····································· 64
　　二、集装箱货运站的主要功能 ··· 65
　　三、集装箱货运站的基本设施 ··· 65
　　四、集装箱货运站管理 ·· 65

第三节　集装箱港站装卸设备及其工艺 ······································· 66
　　一、集装箱港站装卸设备 ··· 66
　　二、集装箱港站装卸作业 ··· 72
　　三、集装箱港站装卸工艺 ··· 73

第四节　集装箱港站堆场管理 ·· 75
　　一、集装箱区划分及箱位编码方式 ····································· 75

二、集装箱堆场收箱、提箱管理 …………………………………………… 76
   三、集装箱堆存管理 ………………………………………………………… 78
   四、集装箱堆场清场作业 …………………………………………………… 78
   五、堆场中转箱管理 ………………………………………………………… 79

第五节　集装箱港站检查口业务管理 …………………………………………… 80
   一、集装箱港站检查口的职责和工作要求 ………………………………… 80
   二、集装箱港站检查口的工作内容 ………………………………………… 80
   三、集装箱港站检查口作业流程 …………………………………………… 82

【案例分析】 ……………………………………………………………………… 85
【复习思考题】 …………………………………………………………………… 88

第五章　集装箱运输设备

第一节　水路集装箱运输设备 …………………………………………………… 89
   一、水路集装箱运输设备概述 ……………………………………………… 89
   二、集装箱船舶的发展与分类 ……………………………………………… 89
   三、集装箱船舶的结构特点 ………………………………………………… 95
   四、集装箱船舶的技术性能 ………………………………………………… 96
   五、对集装箱船的基本要求 ………………………………………………… 100
   六、集装箱船选型时应考虑的主要因素 …………………………………… 101

第二节　公路集装箱运输设备 …………………………………………………… 101
   一、主要类型 ………………………………………………………………… 101
   二、集装箱半挂车系列型谱 ………………………………………………… 104
   三、集装箱车辆运行作业的条件 …………………………………………… 108
   四、集装箱运输车辆需要量的计算方法 …………………………………… 109

第三节　铁路集装箱运输设备 …………………………………………………… 111
   一、铁路集装箱运输设备概述 ……………………………………………… 111
   二、铁路集装箱运输专用车辆的基本构造 ………………………………… 112
   三、铁路集装箱运输专用车辆的分类 ……………………………………… 115
   四、典型的铁路集装箱运输专用车辆简介 ………………………………… 117

第四节　航空集装箱运输设备 …………………………………………………… 122
   一、航空集装箱 ……………………………………………………………… 122
   二、货机 ……………………………………………………………………… 125

【案例分析】…………………………………………………………………………… 126
【复习思考题】………………………………………………………………………… 129

第六章　集装箱运输实务

第一节　水路集装箱运输实务 …………………………………………………… 130
一、集装箱内河运输 ………………………………………………………… 130
二、集装箱海上运输 ………………………………………………………… 135
三、集装箱货流及线路选择 ………………………………………………… 141
四、船期表的制定 …………………………………………………………… 144
五、集装箱配积载 …………………………………………………………… 145
六、集装箱水路运输组织的一般程序 ……………………………………… 150
七、国际海上集装箱运输相关公约 ………………………………………… 152

第二节　公路集装箱运输实务 …………………………………………………… 153
一、公路集装箱运输业务的组织和流程 …………………………………… 153
二、公路集装箱运输组织方式 ……………………………………………… 154
三、公路集装箱运输在集装箱多式联运中的作用 ………………………… 155

第三节　铁路集装箱运输实务 …………………………………………………… 155
一、铁路集装箱运输货源组织 ……………………………………………… 155
二、铁路集装箱运输业务流程 ……………………………………………… 156
三、铁路集装箱运输组织方式 ……………………………………………… 159
四、铁路与发货人、收货人之间的责任划分 ……………………………… 159
五、国际铁路货物联运协定的主要内容 …………………………………… 160

第四节　航空集装箱运输实务 …………………………………………………… 163
一、航空集装箱运输概述 …………………………………………………… 163
二、航空集装箱货物运输组织方式 ………………………………………… 164
三、航空集装箱货物运输业务流程 ………………………………………… 164

【案例分析】…………………………………………………………………………… 165
【复习思考题】………………………………………………………………………… 168

第七章　集装箱运费

第一节　集装箱运价概述 ………………………………………………………… 170
一、集装箱运价的确定原则 ………………………………………………… 171

二、集装箱运价的基本形式 …………………………………………………… 172

第二节　集装箱运费的基本结构 …………………………………………………… 173
　　一、集装箱运费的构成 ……………………………………………………… 174
　　二、集装箱不同交货方式下的费用构成 …………………………………… 175
　　三、集装箱运输附加费 ……………………………………………………… 176

第三节　集装箱运费的计算 ………………………………………………………… 177
　　一、集装箱运费计算的基本方法 …………………………………………… 178
　　二、集装箱海运运费计算 …………………………………………………… 179
　　三、集装箱铁路运费计算 …………………………………………………… 182
　　四、集装箱公路运费计算 …………………………………………………… 183

第四节　集装箱运费计收有关条款 ………………………………………………… 184

第五节　集装箱多式联运下的价格术语 …………………………………………… 186
　　一、货交承运人——指定地点（FCA） …………………………………… 186
　　二、运费付至——目的地指定地点（CPT） ……………………………… 187
　　三、运费、保险费付至——目的地指定地点（CIP） …………………… 187
　　四、FCA、CPT、CIP 与 FOB、CFR、CIF 的比较 ……………………… 188

【案例分析】 ………………………………………………………………………… 188
【复习思考题】 ……………………………………………………………………… 189

第八章　集装箱多式联运

第一节　集装箱多式联运概述 ……………………………………………………… 190
　　一、集装箱多式联运的优点 ………………………………………………… 190
　　二、集装箱多式联运的基本条件 …………………………………………… 191
　　三、集装箱多式联运经营人应具备的条件 ………………………………… 192

第二节　集装箱多式联运的组织形式及流程 ……………………………………… 192
　　一、集装箱多式联运的组织形式 …………………………………………… 192
　　二、集装箱多式联运的货物运输流程 ……………………………………… 196

第三节　集装箱提单 ………………………………………………………………… 198
　　一、集装箱提单的作用 ……………………………………………………… 198
　　二、集装箱提单主要条款 …………………………………………………… 199

第四节　集装箱多式联运提单 ·· 204
　一、多式联运提单的定义 ·· 204
　二、多式联运提单的签发 ·· 204
　三、多式联运提单的种类 ·· 205
　四、多式联运提单的制作 ·· 206
　五、多式联运提单的内容 ·· 206
【案例分析】 ·· 207
【复习思考题】 ·· 208

第九章　集装箱多式联运相关规则

第一节　集装箱多式联运国际相关法律 ·· 209
　一、1980 年《联合国国际货物多式联运公约》 ···································· 209
　二、1973 年《联合运输单证统一规则》 ·· 212
　三、《1991 年联合国国际贸易和发展会议/国际商会多式联运单证规则》 ·········· 212
　四、《1972 年集装箱关务公约》 ··· 213
　五、其他有关国际集装箱运输方面的海关公约 ···································· 214

第二节　集装箱多式联运我国相关法律 ·· 214
　一、《中华人民共和国国际海运条例》 ·· 214
　二、《中华人民共和国国际海运条例实施细则》 ································ 216
【案例分析】 ·· 216
【复习思考题】 ·· 218

第十章　多式联运货损事故处理

第一节　多式联运货损事故提出索赔的原则 ·· 219

第二节　海运货损事故处理 ··· 222
　一、货损事故的确定 ··· 222
　二、提出索赔的程序 ··· 222
　三、索赔单证 ··· 223
　四、权益转让 ··· 223
　五、担保与扣船 ··· 223
　六、索赔的受理与审核 ··· 224

第三节　水运货损事故处理 ·· 225
　　一、货损事故记录编制 ·· 225
　　二、货损事故的确定 ·· 226
　　三、货损事故的处理 ·· 226

第四节　铁路货损事故处理 ·· 226
　　一、货损事故记录编制 ·· 227
　　二、确定事故的赔偿 ·· 227

第五节　公路货损事故处理 ·· 228
　　一、货损事故责任的确定 ·· 228
　　二、货损事故记录的编制 ·· 229
　　三、货损事故的赔偿 ·· 229

第六节　货运保险理赔处理 ·· 229
　　一、保险合同下的保险理赔 ·· 229
　　二、保险损害赔偿原则的确定 ·· 231
　　三、损害赔偿保险责任范围 ·· 231

【案例分析】 ··· 232
【复习思考题】 ··· 233

参考文献 ··· 234

第一章　集装箱运输及集装箱概述

> **学习目标**
> 1. 明确集装箱的定义和分类
> 2. 熟悉集装箱的标准和标志
> 3. 了解集装箱的主要结构
> 4. 了解集装箱的产生和发展历程
> 5. 明确集装箱发展的趋势
> 6. 熟悉集装箱运输的优越性

第一节　集装箱运输的起源与发展

一、集装箱运输的起源

集装箱最早出现在英国。19世纪30年代,英国的铁路运输中采用了集装箱这种大型容器来装运杂货和煤炭,将其从火车换装到马车上,以减少换装时间,加快装卸速度,如图1-1所示。19世纪50年代,美国的铁路运输中采用了这种被称之为"容器装运法"的集装箱运输。由于当时工业化水平较低,装卸机械还不能满足集装箱运输的需要,这种先进的方法被停止使用。后来,铁路运输受到了汽车运输的严重挑战。为了与公路运输竞争,1926年,英、美、法、日等国的铁路系统,又先后采用了集装箱运输。与此同时,公路运输为与铁路运输抗衡,也发展了自己的集装箱运输。由于当时各国铁路运输和公路运输所采用的集装箱的外形、结构、尺寸各不相同,1933年,国际集装箱局(Bureau International des Containers,BIC)制定了第一个统一的集装箱标准规范;1935年,又制定了第二个国际标准。但此时,集装箱主要用于欧洲国家之间的铁路运输,而美国的集装箱尚未标准化。由于当时铁路、公路各部门为了各自的利益互不相让,不同运输方式的集装箱标准规范未能实现。各种运输方式的集装箱不能实现联运,使集装箱的优势未能得到发挥,集装箱的发展又一次受到挫折。

在第二次世界大战后以及在朝鲜战争、越南战争期间,美军为了提升军队的战略机动能力,解决向欧洲、亚洲各个军事地点大量迅速地运送军需装备的问题,使用了一种称之为连接陆海的新式运输工具,这向集装箱的大规模使用迈出了一步。1948年,美国陆军使用了名为"运输者"(Transporter)的小型集装箱,该箱型长2.59 m,宽1.91 m,高2.08 m,可以运输4 100 kg的货物。1952年末,美军基于该型集装箱,在不降低运量的基础上进行了小型化和模块化,形成了Conex(Container Express)集装箱。截止到1965年,美国军队累计使用了超过10万个Conex集装箱,到1967年共投入超过20万个Conex集装箱。

图1-1 1928年英国伦敦和苏格兰铁路使用的集装箱

第二次世界大战结束后,一些资本主义国家的经济得到了很大的发展,由于生产中大量采用了新技术和新装备,生产的规模日益扩大,商品的品种数量也不断增加。生产的现代化迫切要求运输业与之相适应。1951年,瑞士运输博物馆和国际集装箱局(BIC)在苏黎世为来自欧洲的多个国家和美国的代表进行了集装箱系统的演示,并引起了商业界的广泛关注。

从1955年开始,集装箱运输又一次引起了人们的重视。美国泛大西洋蒸汽船公司(Pan-Atlantic Steamship Company),也就是后来的海陆联运公司(Sea-Land Service Inc.),为进行海陆联运(海运与公路联合运输),开发了一种10.67 m×2.44 m×2.59 m的海陆联运集装箱,其可以被汽车拖运。每个集装箱的框架都带有八个角件,可以承受堆垛载荷,同时还设计了用于装卸集装箱的自动吊具,以及用于和角件连接的锁止机构。1956年,美国泛大西洋蒸汽船公司将其公司持有的油轮"盖特威城(Gateway City)"号改装,在其甲板上试装了58个集装箱,从美国诺瓦克出发去休斯敦卸货。结果发现,与同吨位的杂货船比较,为装卸货物而停靠码头的时间由原来的7天缩短到了15个小时,每吨货物的装卸费用也降为普通货船装卸费用的1/37,获得了前所未有的成功。由此,掀开了全球海上集装箱运输历史的崭新一页。1957—1958年,该公司又将另外6艘船改建成集装箱船。与此同时,美国的美森轮船有限公司(Matson Navigation Company)也将6艘船改建为集装箱船。

由于汽车运输灵活、迅速,加上海运与公路联运,使铁路运输受到影响。因此,铁路运输为维持自己的业务,又采用了一种新的运输方法——平板车运输,即把集装箱放在平板车上运输。这一方法将铁路运费低、速度快的特点和汽车可以"门到门"的优点结合起来,达到了速度快、费用低、破损少的要求。后来,集装箱运输又在海运与铁路联运中获得了成功,突破了集装箱运输使用范围的限制。由此,集装箱运输进入高速发展阶段。

二、集装箱运输的发展过程

集装箱运输是指以集装箱这种大型容器为载体,将货物集合组装成集装单元,以便在现代运输领域内运用大型装卸机械和大型载运车辆进行装卸、搬运作业并完成运输任务,从而更好地实现货物"门到门"运输的一种新型、高效率和高效益的运输方式。集装箱运输虽然是一种现代化的运输方式,但其发展却经历了漫长的过程。

集装箱运输的发展可分为以下几个阶段:

1. 集装箱运输发展的初始阶段——19世纪初—1966年

集装箱运输起源于英国。早在1801年,英国的詹姆斯·安德森博士提出将货物装入集装箱进行运输的构想。1845年,英国铁路曾使用载货车厢互相交换的方式,视车厢为集装箱,使集装箱运输的构想得到初步应用。19世纪中叶,在英国的兰开夏(Lancashire)已出现运输棉纱、棉布的一种带活动框架的载货工具,这就是集装箱的雏形。

正式使用集装箱来运输货物是在20世纪初期。1900年,在英国铁路上首次试行了集装箱运输,后来相继传到美国(1917年)、德国(1920年)、法国(1928年)及其他欧美国家。

1966年以前,虽然集装箱运输取得了一定的发展,但在该阶段集装箱运输仅限于欧美一些先进国家,其主要从事铁路、公路运输和国内沿海运输。船型以改装的半集装箱船为主,其典型船舶的装载量为500 TEU(20 ft(1 ft=0.304 8 m)集装箱换算单位,简称"换算箱")左右,速度较慢;箱型主要采用断面为8 ft×8 ft,长度分别为24 ft、27 ft、35 ft的非标准集装箱,部分使用了长度分别为20 ft和40 ft的标准集装箱;箱的材质开始以钢质为主,到后期铝质箱开始出现;船舶装卸以船用装卸桥为主,只有极少数专用码头上有岸边装卸桥;码头装卸工艺主要采用海陆联运公司开创的底盘车方式,跨运车刚刚出现;集装箱运输的经营方式仅提供港到港的服务。以上这些特征说明,在1966年以前集装箱运输还处于初始阶段,但其优越性已经得以显示,这为以后集装箱运输的大规模发展打下了良好的基础。

2. 集装箱运输的发展阶段——1967—1983年

1967—1983年,集装箱运输的优越性越来越被人们所承认,以海上运输为主导的国际集装箱运输发展迅速,是世界交通运输进入集装箱化时代的关键时期。

1970年集装箱数量达到23万TEU,1983年达到208万TEU。集装箱船舶的行踪已遍布全球范围。随着海上集装箱运输的发展,各港纷纷建设专用集装箱泊位,世界集装箱专用泊位到1983年已增至983个。世界主要港口的集装箱吞吐量在20世纪70年代的年增长率达到15%。专用泊位的前沿均装备了装卸桥,并在鹿特丹港的集装箱码头上出现了第二代集装箱装卸桥,每小时可装卸50 TEU。码头堆场上轮胎式龙门起重机、跨运车等机械得到了普遍应用,底盘车工艺则逐渐趋于没落。在此时期,传统的件杂货运输管理方法得到了全面改革,与先进运输方式相适应的管理体系逐步形成,电子计算机也得到了更广泛的应用,尤其是1980年5月在日内瓦召开了有84个联合国贸易和发展会议成员国参加的国际多式联运会议,该会议通过了《联合国国际货物多式联运公约》。该公约对国际货物多式联运的定义、多式联运单证的内容、多式联运经营人的赔偿责任等均有所规定。该公约的生效条件是至少30个国家签署,因签署国家不多而未生效。公约虽未生效,但其主要内容已为许多国家所援引和应用。

虽然在20世纪70年代中期,由于石油危机的影响,集装箱运输发展速度减慢,但是这一阶段发展时期较长,特别是许多新工艺、新机械、新箱型、新船型以及现代化管理,都是在这一阶段涌现出来的,世界集装箱向多式联运方向发展也孕育于此阶段之中,故此阶段可称之为集装箱运输的发展阶段。

3. 集装箱运输的成熟阶段——1984年以后

1984年以后,世界航运市场摆脱了石油危机所带来的影响,开始走出低谷,集装箱运输又重新走上稳定发展的道路。如今,世界上大约95%的杂货用集装箱运输。到2018年,全球市场约有各类集装箱船舶5 200多艘。2018年,全球集装箱海运量为2.01亿TEU。2019年,全球前几大班轮公司有总计近百万TEU集装箱船交付。集装箱运输已遍及世界上所有的海运国家,集装箱运输进入成熟阶段。世界海运货物的集装箱化已成为不可阻挡的发展趋势。

集装箱运输进入成熟阶段的特征主要表现在以下两个方面:

(1) 硬件与软件的成套技术趋于完善

集装箱船向全自动化、大型化发展,出现了23 000 TEU以上的超大型集装箱船。为了适应大型船停泊和装卸作业的需要,港口的大型、高速、自动化装卸桥和AGV小车也得到了进一步发展,全自动的装载装卸已经在一定范围内得到推广。为了使集装箱从港口向内陆延伸,一些先进国家对内陆集疏运的公路、铁路和中转场站以及车辆、船舶进行了大量的配套建设。在运输管理方面,随着国际法规的日益完善和国际管理的逐步形成,实现了管理方法的科学化,管理手段的现代化。一些先进国家已从原仅限于港区管理发展为与口岸相关各部门联网的综合信息管理,一些大公司已能通过通信卫星在全世界范围内对集装箱进行跟踪管理。先进的集装箱运输成套技术为发展多式联运打下了良好的基础。

(2) 开始进入多式联运和"门到门"运输阶段

实现多种运输方式的联合运输是现代交通运输的发展方向,集装箱运输在这方面具有独特优势。先进国家建立和完善了集装箱的综合运输系统,使集装箱运输突破了传统运输方式的"港—港"限制,并综合利用各种运输方式的优点,为货主提供"门到门"的优质运输服务,从而使集装箱运输的优势得到充分发挥。"门到门"运输是一项复杂的国际性综合运输系统工程,先进国家为了发展集装箱运输,将此作为专门学科,培养了大批集装箱运输高级管理人员、业务人员及操作人员,使集装箱运输在理论和实务方面都得到逐步完善。

虽然世界集装箱运输已进入成熟阶段,但也应看到世界各国集装箱运输的发展是不平衡的。集装箱运输是资本密集、对管理技术要求高的产业,发展中国家由于资金和人才的短缺,起步较晚,一般还处于集装箱运输的发展阶段,少数还处于起步阶段。但集装箱运输已广泛用于国际贸易,发展中国家还需要广泛吸收先进的技术和管理经验,才能跟上时代的步伐,适应国际贸易发展的需要。

三、集装箱运输的发展趋势

随着集装箱运输走向成熟以及经营管理的现代化,集装箱运输将朝着物流中心化、管理信息化、港口高效化、船舶大型化、运输综合化的方向发展,以降低运输成本、缩短运输周期,真正为客户提供优质、快速、准时、便捷、价廉的服务。

1. 干线船向大型化、高速化发展

自 20 世纪 90 年代以来,集装箱船的大型化十分明显。据统计,集装箱船的平均箱位已由 1990 年的 1 223 TEU 上升到 2018 年的 4 231 TEU。截至 2018 年 12 月,全球集装箱船总运力为 2 188.2 万 TEU,相比 2017 年末增幅为 5.0%。2014—2018 年期间,集装箱船的平均容量增长了 25%。

2018 年,箱位数在 10 000 TEU 以上的超大型集装箱船占集装箱船总运力的 31%,大型集装箱船的艘数和箱位数所占比重都有明显提高。

而且,能够装载 18 000 个集装箱的马六甲型集装箱船已经崭露头角。另外,世界一些著名船厂纷纷对箱位数在 10 000 TEU 以上的超大型集装箱船进行研究和方案设计,并具备了建造条件。2019 年 7 月,全球最大运载量的集装箱船——"地中海古尔松"号首航。"地中海古尔松"号全长 399.9 m、宽 61.5 m、最大载箱量为 23 756 TEU,是当前世界上单船载箱量最大、宽度最宽的集装箱船。该船由韩国三星重工造船厂建造,隶属于地中海航运公司,服务于亚欧航线,全程航行约 36 天。"地中海古尔松"号的投入使用,为新一代 23 000 TEU 级集装箱船的应用拉开了序幕。

在集装箱船进一步向大型化发展的同时,集装箱船的高速化也将引起关注。目前,美国、日本、韩国、欧洲、中国等一些国家和地区,正在开发研究航速在 35 kn(1 kn = 1 n mile/h = 0.514 444 m/s)以上的超高速集装箱船。挪威正在研究开发箱位数在 16 500 TEU 左右、航速 80 kn 的超高速集装箱船,其最大的优势是大大缩短货运周期。韩国也制定了研制航速为 40—45 kn 的超高速集装箱船的计划,以实现高速、省时的运输,解决新鲜食品、机电及电子产品、医药等货物的运输问题。从发展的眼光来看,超高速集装箱船颇具发展前景。

2. 世界主要集装箱港口向大型、高效、综合服务方向发展

世界主要集装箱港口应拥有长度 300 m 以上、前沿水深 12 m 以上、陆地纵深 500—1 000 m 的集装箱船泊位,采用大跨距、重负荷、自动化的装卸机械,全面实现电脑化管理,能够向船东和货主提供全方位的优质服务。

3. 港口的中转作用日益重要

船运公司在主要航线上配置大型集装箱船。这些大型集装箱船在少数货源稳定并拥有深水泊位的港口之间航行,这些港口则将其他港口的货源通过支线港吸引过来加以中转。这种情况导致了一些集装箱港口地位的变化。过去在集装箱吞吐量名次中位居前列的一些港口被其他一些港口超越而退居其后。如鹿特丹、纽约等港,原来都拥有广阔的腹地和充足的货源,集装箱吞吐量曾保持领先地位,但由于周围港口的竞争及中转量有限,集装箱吞吐量难以有较大幅度增加,而另一些港口则由于其优越的地理位置和其他有利条件,吸引了大量中转箱,从而使集装箱吞吐量飞速上升。2000 年以前,在世界集装箱港口吞吐量排名中,新加坡港和香港港一直名列前茅。2000 年以后,中国大陆地区的上海港、宁波舟山港、深圳港、广州港、青岛港、天津港等逐渐崭露头角。2019 年,全球集装箱港口排名前十的分别为上海港(第一)、新加坡港(第二)、宁波舟山港(第三)、深圳港(第四)、广州港(第五)、釜山港(第

六)、香港港(第七)、青岛港(第八)、天津港(第九)、迪拜港(第十)。上述港口的中转箱量占其总吞吐量的比例高达50%—60%,国外有专家称这样的港口为大中心港。而一般的干线港虽然在吸引本港腹地货源及在自己的集疏运网络内起枢纽港的作用,但对大中心港来说,它不免仍有支线港的作用。

4. 多式联运日益完善

集装箱运输的优势之一是便于组织多式联运。发展多式联运的关键:一是港口必须拥有完善的内陆集疏运网络;二是联运的经营管理必须正规化、现代化、国际化。一些发达国家除了大力发展港口基础设施和海运船队外,还重视配套建设,使海运船队、专用码头、内陆集疏运网络相互匹配,以形成日益完善的多式联运综合运输系统。同时,他们非常重视管理,在国际组织中积极活动,拟定与集装箱运输有关的国际公约,并通过国内立法,完善集装箱运输的规章制度,在全球建立货运代理和多式联运经营的网络,力图通过经营管理的改善,提高运输服务质量,在日益激烈的竞争中,巩固与提高各自的声誉。发展中国家由于财力、物力、人才条件所限,多式联运业务尚处于发展阶段,但形势所迫,应当吸收发达国家发展集装箱运输的软、硬件成套技术,加快发展步伐,迎合世界交通运输集装箱化的潮流。

5. 信息管理实现现代化

现代管理已进入信息时代,集装箱运输也不例外。尤其是电子数据交换(Electronic Data Interchange,EDI)已开始在航运界发挥日益重要的作用。集装箱运输有关部门单位之间依靠电子计算机和通信网络,实现信息自动交换和自动处理,这将使集装箱运输一套复杂的纸面单证逐步被电子单证所取代,各种业务手续可大大简化,从而大大提高运输效率和运输服务质量。

6. 箱型有大型化、专用化的发展趋势

一些发达国家为了充分利用运输工具的载运能力,近年来多次在国际标准化组织会议上提出了修改集装箱标准的建议,其内容主要包括增大集装箱的尺寸和总重量。集装箱重量和尺寸的改变对运输基础设施、运输工具和装卸机械都有直接影响,尤其是对内陆的集疏运网络将提出更高的要求。近年来,40 ft 及其以上集装箱在总箱量中的比重逐年有所增加,冷藏、罐式、开顶等特种货物的专用箱也呈增长趋势。

7. 经营规模化

随着集装箱运输一体化的迅速发展,各大班轮公司通过兼并和组织联运集团,实现了规模经营。各大班轮公司成为全球承运人,并以货物集拼、仓储、运输、分拨的全方位服务,进一步完善干支网络,充分利用各种运输方式,高效、快捷地组织"门到门"运输;广泛采用 EDI 系统,对集装箱运输的全过程进行电脑化管理,合理安排航线,扩大干线直挂港的范围,缩短航班周期,加快货运速度,降低运输成本,提高运输服务质量。

第二节　集装箱的概念、标准、标志与结构

一、集装箱的概念

集装箱(Container),是指具有一定强度、刚度和规格专供各种运输周转使用的大型装货容器。关于集装箱的定义,国际上不同国家、地区和组织在具体的表述上会有一些不同。

国际标准化组织(ISO)对集装箱的定义如下:

集装箱是一种运输设备,应满足以下要求:(1)具有耐久性,其坚固强度足以反复使用;(2)便于商品运送而专门设计的,在一种或多种运输方式中运输时无须中途换装;(3)设有便于装卸和搬运的装置,特别是便于从一种运输方式转移到另一种运输方式;(4)设计时应注意便于货物装满或卸空;(5)内容积为 1 m³ 或 1 m³ 以上。集装箱一词不包括车辆或传统包装。

目前,中国、日本、美国、法国等国家,都全面地引进了国际标准化组织的定义。除了 ISO 的定义外,还有《1972 年集装箱关务公约》(CCC)、《国际集装箱安全公约》(CSC)、英国国家标准学会(BSI)和北美太平洋班轮公会等对集装箱下的定义,内容基本上大同小异。

二、集装箱的标准

集装箱标准化主要指制定集装箱制造和使用标准以及规范使用标准的集装箱。积极开展集装箱标准化工作,实施集装箱标准化,是有效开展国际集装箱多式联运的基础和必要条件。集装箱标准按使用范围分,有国际标准、国家标准、地区标准和公司标准四种。

1. 国际标准集装箱

国际标准集装箱是指根据国际标准化组织(ISO)104 技术委员会制定的国际标准来建造和使用的国际通用的标准集装箱。国际标准化组织成立以来,对集装箱国际标准做过多次补充、增减和修改。早期的国际标准为第 1 系列共 13 种,其宽度均一样(2 438 mm)、长度有 4 种(12 192 mm、9 125 mm、6 058 mm、2 991 mm)、高度有 3 种(2 896 mm、2 591 mm、2 438 mm)。

随着国际海运贸易规模的扩大,集装箱的箱型尺寸也在逐渐增大。现行的国际标准为第 1 系列(主要的标准有两个,即 ISO 668:2020 和 ISO 1496—1:2020),如表 1-1 所示。

表 1-1　国际标准集装箱箱型系列表

		集装箱箱型					
		20 ft	40 ft	40 ft 高箱	45 ft 高箱	48 ft	53 ft
外部尺寸	长	6.059 m	12.192 m	12.192 m	13.716 m	14.630 m	16.154 m
	宽	2.438 m	2.438 m	2.438 m	2.438 m	2.591 m	2.591 m
	高	2.591 m	2.591 m	2.896 m	2.896 m	2.896 m	2.896 m

续 表

		集装箱箱型					
		20 ft	40 ft	40 ft 高箱	45 ft 高箱	48 ft	53 ft
内部尺寸	长	5.867 m	12.032 m	11.989 m	13.513 m	14.478 m	16.002 m
	宽	2.352 m	2.352 m	2.311 m	2.352 m	2.489 m	2.489 m
	高	2.385 m	2.385 m	2.667 m	2.691 m	2.718 m	2.718 m
箱门口径	宽	2.340 m	2.340 m	2.286 m	2.340 m	2.489 m	2.489 m
	高	2.280 m	2.280 m	2.565 m	2.585 m	2.692 m	2.692 m
内部容积		33.1 m³	67.5 m³	75.3 m³	86.1 m³	97.8 m³	108.5 m³
最大毛重		30 000 kg	30 000 kg	30 848 kg	30 000 kg	30 500 kg	30 500 kg
空重		2 200 kg	3 800 kg	3 900 kg	4 800 kg	4 920 kg	5 040 kg
净载重		27 800 kg	26 199 kg	26 580 kg	25 201 kg	25 560 kg	25 400 kg

2. 国家标准集装箱

我国现行标准为国家标准《系列 1 集装箱外部尺寸和额定质量》(GB/T 1413—2008)。我国的国家标准集装箱,主要根据长度进行划分,分为 45 ft 箱(1EEE、1EE)、40 ft 箱(1AAA、1AA、1A、1AX)、30 ft 箱(1BBB、1BB、1B、1BX)、20 ft 箱(1CC、1C、1CX)和 10 ft 箱(1D、1DX)。集装箱各种型号的外部尺寸及额定质量等技术参数见表 1-2。

表 1-2 我国国家标准系列 1 集装箱外部尺寸和额定质量

集装箱型号	长度 L		宽度 W		高度 H		额定质量(总质量)	
	mm	ft in	mm	ft	mm	ft in	kg	lb
1EEE	13 716	45′	2 438	8′	2 896	9′6″	30 480	67 200
1EE					2 591	8′6″		
1AAA	12 192	40′	2 438	8′	2 896	9′6″	30 480	67 200
1AA					2 591	8′6″		
1A					2 438	8′		
1AX					<2 438	<8′		
1BBB	9 125	29′11″1/4	2 438	8′	2 896	9′6″	30 480	67 200
1BB					2 591	8′6″		
1B					2 438	8′		
1BX					<2 438	<8′		

续　表

集装箱型号	长度 L		宽度 W		高度 H		额定质量(总质量)	
	mm	ft in	mm	ft	mm	ft in	kg	lb
1CC	6 058	19′10″1/2	2 438	8′	2 591	8′6″	30 480	67 200
1C					2 438	8′		
1CX					<2 438			
1D	2 991	9′9″3/4	2 438	8′	2 438	8′	10 160	22 400
1DX					<2 438	<8′		

3. 地区标准集装箱

此类集装箱标准是由地区组织根据该地区的特殊情况制定的,此类集装箱仅适用于该地区。如根据欧洲的国际铁路联盟(法文:Union Internationale des Chemins de Fer,UIC,1922年12月1日成立于法国巴黎,总部也设在巴黎)所制定的集装箱标准而建造的集装箱。

4. 公司标准集装箱

此类集装箱标准是某些大型集装箱船公司根据本公司的具体情况和条件而制定的集装箱船公司标准,此类集装箱主要在该公司运输范围内使用。

此外,目前世界上还有不少非标准集装箱。由于跨国贸易的发展和经济效益的驱动,目前世界上 40 ft 以上的集装箱越来越多,而且普遍受到欢迎。自 1989 年起,北美地区开始在公路和铁路运输中使用 53 ft 的集装箱;2007 年以后,总统轮船公司(American President Lines Ltd,APL)开发了适用于海运的 53 ft 集装箱。自 2017 年起,加拿大在公路和铁路运输中,开始使用 60 ft 集装箱。除了超长超高的大型非标箱以外,小型化的非标箱也存在一定的市场,如在欧美存在 8 ft 集装箱,在日本存在 12 ft 集装箱。

三、集装箱的标志

为了便于国际集装箱运输的顺利开展、各航运公司的业务管理及信息传递、海关或其他有关单位对集装箱进行监督管理,集装箱必须有相应的标志,如图 1-2 所示。

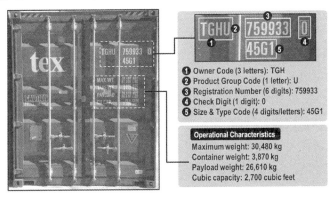

图 1-2　集装箱的标志

1. 箱主代号,顺序号,核对数字

(1) 箱主代号(Owner Code)

箱主代号即集装箱所有者的代号。国际标准化组织规定,箱主代号由四个大写的拉丁字母组成,前三位由箱主自己确定。图1-2中所示的TGHU即为位于百慕大的Textainer Equipment Management Ltd登记的集装箱。箱主代号需要在国际集装箱局(BIC)登记注册,其每半年公布一次在册的箱主代号一览表,以避免出现重号。我国中远海运集装箱运输有限公司的箱主代号为CSNU。

(2) 海运集装箱代号(Product Group Code)

海运集装箱代号即箱主代号的第四位字母。U表示海运集装箱,因此海运集装箱的箱主代号通常为×××U;J代表可以连接到集装箱的某种设备,例如动力设备;Z表示用于搬运集装箱的拖车或底盘。

(3) 顺序号(Registration Number 或 Serial Number)

顺序号即集装箱编号,又称箱号,由6位阿拉伯数字组成。如果有效数字不足6位时,那么在有效数字前以"0"补足6位。

(4) 核对数字(Check Digit)

核对数字是用来核对箱主代号和顺序号准确性的依据,一般位于顺序号之后,用1位阿拉伯数字表示并加方框以醒目。具体计算如下:

① 将表示箱主代号的4位字母转化为相应的数字,对应关系如表1-3所示:

表1-3 等效数值表

字母	A	B	C	D	E	F	G	H	I	J	K	L	M
数字	10	12	13	14	15	16	17	18	19	20	21	23	24
字母	N	O	P	Q	R	S	T	U	V	W	X	Y	Z
数字	25	26	27	28	29	30	31	32	34	35	36	37	38

② 将前4位字母对应的数字加上后面顺序号的数字,共计10位。如:
CSNU800121

其对应的数字为:13—30—25—32—8—0—0—1—2—1

③ 采用加权系数法进行计算,将箱主代号的4位等效数字与6位箱号,依次乘以2^0—2^9的加权系数并累加得出S。

④ S除以模数11,取其余数,即为核对数字。(唯一例外:如余数为10,则核对数字取0)当所得核对数字与给出的一样时,则判定原箱主代号与顺序号无误。

(5) 国籍和地区代号,尺寸代号,箱型代号

① 国籍和地区代号(Country Code)

国籍和地区代号用两个字母代号表示,用以说明集装箱的登记国。国籍和地区代码可从表1-4中查得。

表1-4 部分国家和地区代号表

国家和地区	三字母	二字母	国家和地区	三字母	二字母	国家和地区	三字母	二字母
中国	PRC	CN	德国	DXX	DE	瑞典	SXX	SE
澳大利亚	AUS	AU	希腊	GRX	GR	印度	IND	IN
奥地利	AXX	AT	中国香港	HKX	HK	意大利	IXX	IT
比利时	BXX	BE	秘鲁	PEX	PE	以色列	ILX	IL
巴西	BBX	BR	菲律宾	PIX	PH	日本	JXX	JP
加拿大	CDN	CA	波兰	PLX	PL	韩国	ROX	KR
美国	USA	US	葡萄牙	PXX	PT	中国台湾	RCX	TW
丹麦	DKX	DK	新加坡	SGP	SG	新西兰	NZX	NZ
芬兰	SFX	FI	西班牙	EXX	ES	英国	GBX	GB
法国	FXX	FR	南非	ZAX	ZA	土耳其	TRX	TR

② 尺寸代号(Size Code)和箱型代号(Type Code)

尺寸和箱型代号由4位阿拉伯数字组成,前两位数字表示尺寸,后两位数字表示类型。集装箱尺寸代号表与集装箱类型代号举例如下:

CSNU　001234　|2|　PRC 2030

CSNU——箱主代号,表示中远海运集装箱运输有限公司;

001234——顺序号,箱号;

|2|——核对数字;

PRC——国籍和地区代号,表示中国;

20——尺寸代号,表示20 ft长;

30——类型代号,表示冷冻集装箱。

2. 最大重量,自重

(1) 最大重量(Max Gross Weight)

最大重量也称额定重量,是指集装箱的自重与最大允许载重量之和,以千克(kg)和磅(lb)同时标出,详见集装箱标准部分。

(2) 自重(Tare Weight)

自重即集装箱的空箱重量。集装箱自重不一,如20 ft干货箱的自重范围为1 500 — 2 300 kg。

四、集装箱的结构

1. 集装箱部件和结构

集装箱部件也可称为集装箱构件。通俗地讲,就是组成一个集装箱的"零件",见图1-3、图1-4。

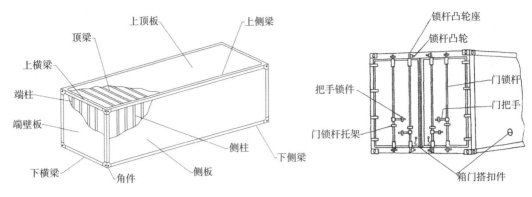

图 1-3 集装箱部件和结构示意图   图 1-4 集装箱端门部件示意图

1）角件（Corner Fittings）。位于集装箱角部，用于支承、堆码、装卸集装箱的零件。

2）角柱（Corner Post）。位于集装箱四角，连接顶角件与底角件的支柱。

3）角结构（Corner Structure）。由角柱与角件组成的垂直构件，是集装箱上受压的主要承力构件。

4）上端梁（Top End Rail）。位于箱体端部连接顶角件的横向构件，也称上横梁。

5）下端梁（Bottom End Rail）。位于箱体端部连接底角件的横向构件，也称下横梁。

6）上侧梁（Top Side Rail）。位于侧壁上部连接顶角件的纵向构件。

7）下侧梁（Bottom Side Rail）。位于侧壁下部连接底角件的纵向构件。

8）顶板（Roof Sheet）。箱体顶部的板。

9）顶梁（Roof Bow）。支撑刚性集装箱的顶板或敞顶集装箱的罩布的横向构件，也是连接上侧梁的构件。

10）箱顶（Roof）。由顶板和顶梁组成的集装箱顶部的刚性构件。

11）底板（Floor）。铺在集装箱底梁上承托载荷的板。

12）底梁（Floor Bearer）。设在底板下，支承底板的横向构件，两端与下侧梁连接。

13）箱底（Base）。由底板和底梁组成的集装箱底部的刚性构件，是集装箱内承载货物的那部分箱体。

14）叉槽（Fork Lift Pockets）。贯穿箱底结构，供叉举集装箱用的槽。

15）侧壁（Side Wall）。与上侧梁、下侧梁和角结构相连接形成封闭的板壁（不包括上侧梁、下侧梁和角结构在内）。一般由侧壁板、侧柱和侧壁内衬板组成。

16）侧壁板（Side Sheet）。构成集装箱侧壁的板。

17）侧柱（Side Post）。竖向支撑和加强侧壁板的构件，与上侧梁、下侧梁相连接。

18）侧框架（Side Frame）。形成侧壁周围的结构部件，由上侧梁、下侧梁和前角柱及后角柱组成。

19）端壁（End Wall）。在端框架平面内与端框架相连接形成封闭的板壁（不包括端框架)。它与上、下端梁相连接,由端壁板、端柱和端壁内衬板组成。

20) 端壁板(Front Sheet)。集装箱端壁外侧具有水密性的板。

21) 端柱(Front Post)。竖向支撑和加强集装箱端壁板的构件,它与集装箱端框架的上端梁和下端梁相连接。

22) 端框架(End Frame)。端壁周围的框形构件,由角件、角柱、上端梁、下端梁和端柱组成。

23) 门楣(Door Header)。箱门上方的梁。

24) 门槛(Door Sill)。箱门下方的梁。

25) 端门(End Door)。设在箱端的门。

26) 侧门(Side Door)。设在箱侧的门。

27) 门铰链(Door Hinge)。连接箱门与角柱以支承箱门并使箱门能开闭的零件。门铰链的设计,要求箱门能开启270°。

28) 门把手(Door Handle)。开闭箱门用的零件,其一端焊接在锁杆上。抓住门把手使锁杆旋转,从而使锁杆凸轮与锁杆凸轮柱啮合,把箱门锁住。由于门把手上设有把手锁件的插入孔,故有时称门锁把手(Door Lock Handle)。

29) 锁杆凸轮(Lock Door Cam)。门锁装置中的零件之一,与门楣上的锁杆凸轮座相啮合,用以锁住箱门。

30) 锁杆凸轮座(Cam Lock Bracket)。门锁装置中的零件之一,焊于门楣和门槛上,与锁杆凸轮啮合,锁住箱门,门楣和门槛上各焊有四个凸轮座。

31) 鹅颈槽(Gooseneck Tunnel)。设在集装箱底部一端(通常在前端),供容纳鹅颈式底盘车突出部分的槽。

32) 把手锁件(Handle Lock)。门锁装置中的零件之一,锁住箱门后,进行施封的地方。

33) 门锁杆(Door Lock Rod)。门锁装置中的零件之一,锁杆中央带有门把手,两端部带有凸轮,依靠门把手旋转锁杆,使锁杆凸轮与凸轮座啮合,锁住箱门。

34) 门锁杆托架(Door Lock Rod Bracket)。门锁装置中的零件之一,焊在箱门上用以托住锁杆的装置。

35) 箱门搭扣件(Door Holder)。保持箱门呈开启状态的零件,它分两个部分,一部分设在箱门下侧端部,另一部分设在侧壁下方相应的位置上,使用时这两部分零件连接在一起,使箱门在开启270°的状态下活动。

36) 箱门密封垫(Door Seal Gasket)。设在箱门周边的保证箱门水密性的零件。

37) 门锁装置(Door Locking Device)。锁住箱门的一套零件,由如下零件所组成:(1)锁杆;(2)锁杆托架;(3)锁杆凸轮座;(4)锁杆凸轮;(5)门把手;(6)把手锁件。集装箱的铅封就设在把手锁件上。

38) 前端(Front)。一般指没有箱门的一端。

39) 后端(Rear)。一般指有箱门的一端。

40）纵向（Longitudinal）。集装箱的前后方向。

41）横向（Transverse）。与纵向垂直的左右方向。

集装箱的结构是由不同的部件所组成的，如角结构、箱顶结构、箱底结构和端框架等。集装箱的外部负荷主要是由四根角柱承受的。

2. 角件

集装箱的角件是一个集装箱的必备部件。它三面有孔，孔的尺寸与装卸设备上的扭锁相配合。角件分顶角件和底角件两种，顶角件与底角件的外形相同但其结构不同，见图1-5。角件的使用，在整个集装箱运输生产中起着很大的作用：保证集装箱的安全操作，方便起重机械的装卸作业和运输车辆的运输，与专门的集装箱吊具相配合，有利于装卸效率的提高等。

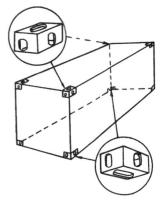

图1-5 顶角件与底角件

对于集装箱角件、结构，国际标准化组织有如下具体要求：

1）集装箱的各部分不得超过其外尺寸；

2）集装箱内不得有妨碍装货的突出物；

3）集装箱的内尺寸应大于规定的最小值；

4）箱门开口尺寸应大于规定的最小值；

5）密闭式集装箱要有水密性；

6）箱门要能开启270°；

7）集装箱的8个角都应设有角件；

8）顶角件的顶面要高于箱顶顶面6 mm；

9）底角件的底面要低于箱底底面12.5 mm；

10）箱底上承受1.8R-T的均布载荷时，箱底挠度不低于底角件底面6 mm；

11）端框架对角线偏移量之和不得超过60 mm；

12）国际标准中各种试验合格；

13）1BB、1B、1CC、1C、1D型集装箱上应设有一对或两对叉槽，1AA、1A型集装箱上应设有鹅颈槽；

14）下侧梁上最好设抓臂起吊槽。

第三节　集装箱的类型

随着集装箱运输的发展，为满足装载不同种类货物的需要，出现了不同种类的集装箱。

一、按集装箱的结构分类

集装箱按结构可分为整体式集装箱、框架式集装箱、罐体式集装箱、折叠式集装箱和软式集装箱。

1. 整体式集装箱(又称固定型集装箱 Non-Collapsible Container)

整体式集装箱呈整体的刚性结构,一般具有完整的箱壁、箱顶和箱底,如通用集装箱、封闭式通风集装箱、保温集装箱、干散货集装箱等。对于铝质的整体式集装箱,又有内柱式和外柱式之分。内柱式集装箱是指侧柱和端柱位于侧壁和端壁之内;外柱式集装箱则是指侧柱和端柱位于侧壁和端壁之外。内柱式集装箱的优点是:外表平滑,印刷标记方便。另外,由于外板与内衬板之间留有空隙,故隔热效果好,并能减少货物湿损;外柱式集装箱的优点是:集装箱受外力作用时,外力由侧柱和端柱承受,起到保护外板的作用,有时还能省去内衬板。见图1-6。

2. 框架式集装箱(Flat Rack Container)

框架式集装箱一般呈框架结构,没有壁板和顶板,如某些台架式集装箱,有时甚至没有底板,如汽车集装箱。见图1-7。

图1-6 整体式集装箱　　　　图1-7 框架式集装箱

3. 罐体式集装箱(Tank Container)

罐体式集装箱外部为刚性框架,内有罐体,适于装运液体、气体和粉状固体货物。见图1-8。

4. 折叠式集装箱(Collapsible Container 或 Folded Container)

折叠式集装箱的主要部件(指侧壁、端壁和箱顶)能够折叠或分解,再次使用时,可以方便地组合起来。这种集装箱的优点是在回空和保管时能缩小集装箱的体积,但由于其主要部件是铰接的,故其强度受到一定的影响。见图1-9。

5. 软式集装箱(又可称袋式集装箱 Bag Container)

软式集装箱是指用橡胶或其他复合材料制成的有弹性的集装箱。其优点是结构简单,空箱状态时体积不大,自重系数小。见图1-10。

图1-8　罐体式集装箱　　　　图1-9　折叠式集装箱　　　　图1-10　软式集装箱

二、按箱内适装货物分类

1. 干货集装箱(Dry Cargo Container)

干货集装箱也称杂货集装箱,是一种通用集装箱,用以装载除液体货、需要调节温度的货物及特种货物以外的一般件杂货。这种集装箱使用范围极广,常用的有 20 ft 和 40 ft 两种,其结构特点是常为封闭式,一般在一端或侧面设有箱门。见图 1-11。

2. 开顶集装箱(Open Top Container)

开顶集装箱也称敞顶集装箱,是一种没有刚性箱顶的集装箱,但有可折式顶梁支撑的帆布、塑料布或涂塑布制成的顶篷,其他构件与干货集装箱类似。开顶集装箱适于装载较高的大型货物和需吊装的重货。见图 1-12。

图1-11　干货集装箱　　　　　　　　　图1-12　开顶式集装箱

3. 台架式及平台式集装箱(Platform Based Container)

台架式集装箱是没有箱顶和侧壁,甚至有的连端壁也没有而只有底板和四个角柱的集装箱。台架式集装箱可分为:敞侧台架式、全骨架台架式、有完整固定端壁的台架式、无端仅有固定角柱和底板的台架式集装箱等。见图 1-13。

平台式集装箱是仅有底板而无上部结构的一种集装箱。该集装箱装卸作业方便,适于装载长、重大件货物(如原木)。见图 1-14。

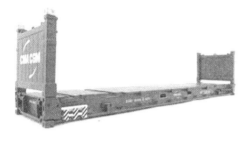 

图 1-13　台架式集装箱　　　　　　　图 1-14　平台式集装箱

4. 通风集装箱(Ventilated Container)

通风集装箱一般在侧壁或端壁上设有通风孔,适于装载不需冷冻而需通风、防止潮湿的货物,如水果、蔬菜等。如将通风孔关闭,可作为杂货集装箱使用。

5. 保温集装箱(Temperature Controlled Container)

保温集装箱是为了运输需要冷藏或保温的货物而设计的集装箱。

(1) 冷藏集装箱(Refrigerated Container)是以运输冷冻食品为主,能保持所定温度的保温集装箱。它是专为运输鱼、肉、新鲜水果、蔬菜等食品而特殊设计的集装箱。目前国际上采用的冷藏集装箱基本上分两种:一种是集装箱内带有冷冻机的机械式冷藏集装箱;另一种箱内没有冷冻机而只有隔热结构,即在集装箱端壁上设有进气孔和出气孔,箱子装在舱中,由船舶的冷冻装置供应冷气,这种叫做离合式冷藏集装箱(又称外置式或夹箍式冷藏集装箱)。见图 1-15。

(2) 隔热集装箱(Heat Insulating Container)是一种防止温度上升过大,以保持货物鲜度而具有充分隔热结构的集装箱。通常用冰做制冷剂,保温时间为 72 h 左右。见图 1-16。

图 1-15　冷藏集装箱　　　　　　　图 1-16　隔热集装箱

6. 散货集装箱(Bulk Container)

散货集装箱除了有箱门外,在箱顶部还设有 2—3 个装货口,适用于装载粉状或粒状货物。使用时要注意保持箱内清洁干净,两侧保持光滑,便于货物从箱门卸货。

7. 罐式集装箱(Tank Container)

罐式集装箱是一种专供装运液体货物(如酒类、油类及液状化工品等货物)而设置的集装箱。它由罐体和箱体框架两部分组成,装货时货物由罐顶部装货孔进入,卸货时则由排货孔流出或从顶部装货孔吸出。见图 1-17。

8. 服装集装箱(Garment Container)

服装集装箱的特点是:在箱内上侧梁上装有许多根横杆,每根横杆上垂下若干条皮带扣、尼龙带扣或绳索,成衣利用衣架上的钩,直接挂在带扣或绳索上。这种服装装载法属于无包装运输,它不仅节约了包装材料和包装费用,而且减少了人工劳动,提高了服装的运输质量。见图 1-18。

图 1-17 罐式集装箱

图 1-18 服装集装箱

9. 动物集装箱(Live Stock Container)

动物集装箱是一种装运鸡、鸭、鹅等活家禽和牛、马、羊、猪等活家畜的集装箱。为了遮蔽太阳光,箱顶采用胶合板露盖,侧面和端面都有用铝丝网制成的窗,以求有良好的通风。侧壁下方设有清扫口和排水口,并配有上下移动的拉门,可把垃圾清扫出去。动物集装箱在船上一般应装在甲板上,因为甲板上空气流通,便于清扫和照顾。见图 1-19,图 1-20。

图 1-19 奶牛集装箱

图 1-20 赛鸽集装箱

10. 汽车集装箱（Car Container）

汽车集装箱是一种专为装运小型轿车而设计制造的集装箱。其结构特点是有时无侧壁，可仅设置框架和箱底，并可装载一层或两层小轿车。见图 1-21。

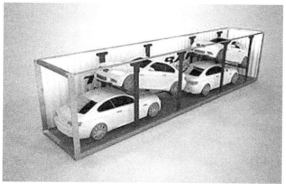

图 1-21　汽车集装箱

三、按集装箱主体材料分类

1. 钢制集装箱（Steel Container）

钢制集装箱的框架和箱壁板均用钢材制成。其主要优点是强度高、结构牢、焊接性和水密性好、价格低、易修理、不易损坏，主要缺点是自重大、抗腐蚀性差。

2. 铝制集装箱（Aluminum Container）

铝制集装箱有两种：一种为钢架铝板；另一种仅框架两端用钢材，其余用铝材。其主要优点是自重轻、不生锈、外表美观、弹性好、不易变形，主要缺点是造价高，受到碰撞时箱体易损坏。

3. 不锈钢制集装箱（Stainless Steel Container）

一般多用不锈钢制作罐式集装箱。不锈钢制集装箱的主要优点是强度高、不生锈、耐腐蚀性好，缺点是投资大。

4. 玻璃钢制集装箱（Fiberglass Reinforced Plastic Container，FRP Container）

玻璃钢制集装箱是指在玻璃钢框架上装上玻璃钢复合板制成的集装箱。其主要优点是隔热性、防腐性和耐化学性均较好，强度大，能承受较大应力，易清扫，修理简便，集装箱内空间较大等；主要缺点是自重较大，造价较高。

四、按集装箱总重量分类

集装箱按总重可以分为大型集装箱（总重≥20 t）、中型集装箱（5 t≤总重<20 t）和小型集装箱（总重<5 t）。有时也可以直接根据集装箱的总重来称呼集装箱，如 1 t 箱、5 t 箱、10 t 箱等。

第四节　集装箱运输系统及其优越性

一、集装箱运输系统

集装箱运输是将货物装载在一个标准化的集装箱内,将集装箱作为货物的集合单元与货运单位,从而进行装卸和运输的运输工艺和运输组织形式。

集装箱运输系统是一个复杂的大系统,它涉及面广且复杂性高。系统的基本要素包括:适箱货、标准集装箱、集装箱船舶、集装箱港口、集装箱货运站、集装箱卡车、集装箱铁路专用车和其他集装箱运输设备等硬件要素,以及集装箱运输管理方法、管理手段、管理法规等软件要素。

1. 适箱货

适箱货是指根据集装箱运输货物的经济性和物理性,适于用集装箱装载的货物种类。

2. 集装箱船舶

集装箱船舶是集装箱运输的基本工具。集装箱船可分为全集装箱船、半集装箱船、杂货-集装箱两用船等,其结构和外形不同于常规的杂货船。

3. 集装箱港口

集装箱港口是对集装箱进行装卸、堆码、存储和分拨的场所,是集装箱货物转换运输方式时的缓冲地,也是各种运输方式的枢纽站。

4. 集装箱货运站

集装箱货运站是提供货物的承运、验收、堆存、保管和交付的场所,包括拼箱货的装箱和拆箱,整箱货的中转以及货运单证的交接处理等。

5. 集装箱卡车

集装箱卡车是指运载标准集装箱的专用车辆。

6. 集装箱铁路专用车

集装箱铁路专用车是指运载标准集装箱的铁路集装箱车辆。

此外,船公司也是集装箱运输系统中的一个重要组成部分。船公司利用拥有的集装箱船舶,经营国际、国内海上集装箱运输服务及相关业务。全球著名的船公司有马士基(丹麦)、地中海航运(瑞士)、中远海运(中国)、达飞轮船(法国)、赫伯罗特(德国)等。

二、集装箱运输的优越性

集装箱运输与传统的运输方式相比,具有以下优点:

1. 运输量大

将货物先用集装箱集装成组,即通过集装箱化形成一个扩大了的运输单元,不仅增加了运输量,而且便于机械化装卸,大大缩短了船只在港口停泊的时间和货物在仓库里存放的时间,加快了货物运送的速度,降低了运输费用。另外,集装箱规格统一,在集装箱船上容易积载,同时也增加了船舶的装载量。

2. 减少物品的破损

采用集装箱装卸,可以保证货运时完整无损,几乎可以消除物品的耗损量,大大减少损坏与赔偿。如平时运送玻璃板,损坏率达15%,采用集装箱运输,损坏率仅为0.2%—1%。

3. 节约包装材料

传统货物运输所采取的包装多为一次性使用,而集装箱则可多次使用,并可减少装箱和拆箱费用,降低货运费用,对顾客有利。使用集装箱装运货物,可简化运输包装或直接使用商品包装,节省包装材料,降低产品成本。

4. 有效地提高件杂货的装卸效率

件杂货是国际贸易中的主要货种,传统作业方式条件下,其作业效率很低,传统运输方式中通常采用10 t门座起重机或船舶上的船用起重机作业,平均生产率只有35—45 t/h。采用集装箱运输后,岸边集装箱起重机(以下简称岸桥)平均每小时可以装卸接近200 TEU,以每个标准箱装货物20 t计,即装卸率为4 000 t/h。由此可以看出,采用集装箱运输后,件杂货的装卸效率可以提高近90倍。

5. 船舶装卸实现全天候作业

传统的运输方式中,由于件杂货没有外包装或外包装不能防雨,雨天必须停止露天作业。在多雨季节,有的港口码头几乎有1/3的工作日不能作业,导致港口泊位通过能力下降。集装箱运输从根本上解决了这个问题。由于货物放置在密闭的钢制箱体内,既有防雨的功能,还具有防止货物被盗的功能,保证了货物运输过程中的安全。

6. 提高了库场的利用率

一般集装箱可以堆码4—5个箱高,在少风的国家和地区,堆码高度甚至达到7个箱高,大大提高了堆场的利用率。充分利用货物堆存场地的面积和空间,基本取消了仓库。

7. 缩短货物运输时间

在国际货物运输中,现代集装箱运输采用高速集装箱班轮制,即定点、定向、定船、定期的运输,因而可以准确预知货物启程和到达的时间,从而有效地计划货物的产销周期。现代集装箱船舶的航速高达24—28 kn,缩短了路途时间。如上海到美国西岸的定期集装箱班轮,每航次只需12—14天,而过去杂货船每航次约需一个半月。对承运人来说,采用集装箱运输可以减少船舶在港的停泊时间,加速船舶的周转,而船舶的加速周转可以更有效地利用它的运输能力,减少对货物的索赔责任等。在"一带一路"沿线开通铁路集装箱中欧班列以后,出口至欧洲的货物只需要12天至15天,相比原来减少了近一半的时间。

8. 实现了"门—门"的运输方式

采用"门—门"的运输方式,可以大大降低运输成本。因为采用集装箱运输,货物始终在特制的箱子内,由生产商到用户,不必开箱倒载,大大减少了传统运输中的装卸环节,提高了货物运输质量和安全系数,减少了货损货差。对货主而言,可以大大减少货物的被损坏、被偷窃和被污染的发生;节省包装费用;由于减少了转运时间,故能够更好地对货物进行控制,从而降低了转运费用,也降低了内陆运输和装卸的费用,便于实现更迅速的"门—门"的运输。对货运代理而言,使用集装箱进行货物运输可以为他们提供更多的机会来发挥无船承运人的作用;提供集中运输服务、分流运输服务、拆装箱服务、"门到门"运输服务和提供联运服务的机会。

9. 有利于实现货运管理现代化

集装箱运输简化了点件、检斤等货运手续和中转作业,便于开展多式联运,并为装卸机械化提供了条件,提高了装卸作业效率,加速车辆周转,有利于实现货运管理现代化。

【案例分析】

洛杉矶港的海铁联运

自 2003 年我国港口集装箱吞吐量超过美国后,一直稳居世界第一,占全球港口集装箱吞吐总量的 40% 以上。然而,如此大体量的港口集装箱集疏运在我国基本是靠公路运输完成的:公路运输承担约 84%,水水联运承担约 15%,海铁联运不超过 1.5%。由于公路运输的单车运力小、污染大、成本高,不利于降低综合物流成本,故要进一步提升集装箱运输效率、降低运输成本,就需要继续加大海铁联运的投资力度,不断提升海铁联运比例。

美国是最早进行海陆联运的国家,其海铁联运、公铁联运经过长期发展,形成了较为清晰和简洁的联运网络布局,并形成了重载化的货运通道(图 1-22)。美国是两洋国家,由于来自亚洲国家的贸易占比巨大,在美国的十大港口中,洛杉矶港无疑是最繁忙的港口。

洛杉矶有长滩港和洛杉矶港,是美国最大的集装箱港口,美国大约 35% 的进出口产品需要通过洛杉矶港,它承担了美国西海岸 70% 的集装箱吞吐量。像其他大城市的交通网络一样,洛杉矶交通运输系统也受到了当年基础设施的制约,这些设施都是在 100 年前建成的,港口集疏运巨大货运量,曾经给洛杉矶城市道路造成重大压力。

洛杉矶港原有的海铁联运设施是由两家知名的美国铁路公司运营的。一个是伯灵顿北方圣太菲铁路公司(Burlington Northern and Santa Fe Railway,BNSF),通常美国同行把这家公司称为西部铁路公司,这家公司的货运版图主要集中在美国的中部和西部;另一个是太平洋联合铁路公司(Union Pacific Railroad Company,UP)。这两家铁路公司在该区原有四条单向铁路引入港口,它们采用的重载列车最长可达 2.5 km,四条铁路与城市道路形成 200 个平面交汇道口,每天约有 35 列火车,以 32 km/h 的速度通过这些

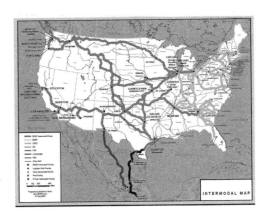

图 1-22 美国多式联运线路图

道口。这种局面如不改善,港口与城市的矛盾将不堪设想。

为缓解城市交通压力,1995年在联邦政府的授权下,加州政府采用了公私合营(PPP)模式,开始在港口后方建造著名的阿拉米达货运走廊(Alameda Corridor)(图1-23)。阿拉米达货运走廊是一条长为32 km的铁路重载运输通道,连接长滩港、洛杉矶港与美国国家铁路网的快速货运通道,在洛杉矶雷东多联轨站并入铁路网,其中有16 km的沟堑式通道(地下10 m深的下穿通道,可通行双层集装箱列车)和大量立体交叉。阿拉米达货运走廊总投资24.6亿美元,采取公私合营(PPP)形式,其中国家投资11.65亿美元,港口各公司集资3.94亿美元,洛杉矶交管部门拨付3.47亿美元,其他州或联邦政府注资1.54亿美元,还向政府贷款4亿美元。2002年项目竣工并投入运营,极大地提升了洛杉矶港的集疏运能力和运转效率。

图1-23 阿拉米达货运走廊线路图

如今,洛杉矶港的港区内铺设了大约180 km的铁路线,直接通到各个码头。洛杉矶港有60%的货物经由阿拉米达货运走廊运往全美,平均每天运行60列货运列车,全年约500万TEU集装箱通过这个货运走廊。集装箱从船上卸下后,无须经集装箱卡车中转,即可直接装上货运列车,通过著名的阿拉米达货运走廊运到市区的铁路货运中转站,再从那里连接到全美和北美大陆的铁路网中,实现海铁联运的无缝衔接、海运与美国内陆运输的紧密连接以及美国经济与亚洲经济的紧密连接。

根据测算,阿拉米达货运走廊有效解决了货运铁路分割市区的问题,以往的200余个平交道口也不复存在,避免了城市拥堵。同时,也减少了大量卡车运输引起的尾气污染、噪声。列车的运行速度提高了一倍,废气排放减少了80%以上,噪声降低了90%,创造就业岗位达26 000个以上,有力地带动了阿拉米达县的经济发展。从经济效益来看,列车运行时间减少30%,等待时间减少75%,港口交通延误时间减少90%;集装箱卡车转运量减少了23%,节省了巨额的卡车短驳费用;港口的铁水联运比例超过三分之一。

阿拉米达货运走廊案例的经典之处在于,如何缓解日益尖锐的港城矛盾,如何将港口的腹地通过铁路线向内陆发展,如何解决大陆桥运输和国际海运通道的衔接问题。

【复习思考题】

1. 名词解释:集装箱、集装箱运输。
2. 简述作为一种运输设备的集装箱应满足的要求。
3. 简述实施集装箱标准化的意义。
4. 简述集装箱的分类。

5. 简述集装箱运输产生的背景。
6. 试分析采用集装箱运输主要解决的问题。
7. 简述采用集装箱运输方式的优越性。
8. 最先采用集装箱运输的船公司是哪家？其首条船装载多少集装箱？
9. 已知中远海运集装箱运输有限公司的集装箱，其箱主代号为 CSNU，顺序号为 820161，请求出该集装箱的核对数字。

第二章　集装箱管理

学习目标
1. 明确集装箱货物的流转程序
2. 熟悉集装箱的配箱管理业务
3. 了解集装箱的租赁管理方式
4. 熟悉集装箱的箱务管理
5. 了解集装箱空箱的流转

第一节　集装箱货物的流转程序

一、集装箱货物流转程序

集装箱运输的典型货流程序是预先将分散的小批量货流集中到内陆地区的内地仓库或货运站，组成大批量货物装入集装箱后，用专用列车送达起运港的集装箱码头，通过集装箱船运至目的港的集装箱码头，再用专用列车运到内地仓库或货运站，最后用集装箱专用拖车送交收货人。典型的集装箱货物流转过程见图 2-1、图 2-2。

集装箱在运输线路上做有目的的位移过程称为集装箱货流。在集装箱货物流转过程中，对于集装箱货物的流转程序主要有两种不同的形态，即整箱货货流和拼箱货货流。

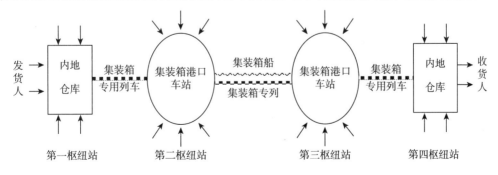

图 2-1　典型的集装箱货物流转过程 1

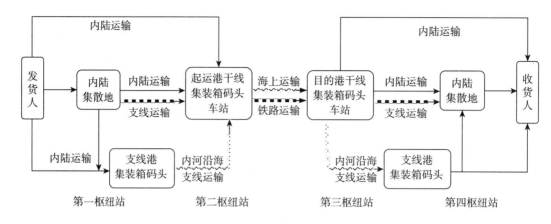

图 2-2 典型的集装箱货物流转过程 2

二、集装箱整箱货物流转程序

整箱货(Full Container Load,FCL)是指发货方自行将货物装满整箱以后,以箱为单位托运的集装箱,发货人自己负责装箱、计数并加海关封志,直接运往集装箱堆场,交由承运人托运的一种方式。这种情况在货主有足够货源装载一个或数个整箱时采用,除有些大的货主自己置备有集装箱外,一般都是向承运人或集装箱租赁公司租用一定的集装箱。空箱运到工厂或仓库后,在海关人员的监管下,货主把货装入箱内、加锁、铅封后交承运人并取得站场收据,最后凭收据换取提单或运单。整箱货的拆箱一般由收货人办理。整箱货流转如图 2-3 所示。

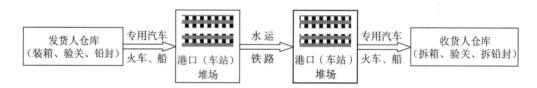

图 2-3 整箱货(FCL)流转示意图

集装箱整箱货流转程序如下:

(1) 发货人在自己工厂或仓库装箱地点配置集装箱;

(2) 发货人在自己工厂或仓库装箱地点配箱、装箱;

(3) 通过内陆(河)运输,将集装箱货物运至集装箱港(站);

(4) 根据堆场计划,在堆场内暂存集装箱货物,等待装船(专列);

(5) 根据装船(专列)计划,将集装箱货物装上船(专列);

(6) 通过海(陆)上运输,将集装箱运往目的港(站),等待卸船(专列);

(7) 根据卸船(专列)计划,从船(专列)上卸下集装箱货物;

(8) 根据堆场计划,在堆场内暂存集装箱货物,等待收货人前来提货;

(9) 通过内陆(河)运输,将集装箱货物运至收货人工厂和仓库;

(10) 收货人在自己工厂和仓库拆箱地点拆箱;
(11) 集装箱空箱回运。

三、集装箱拼箱货物流转程序

拼箱货(Less than Container Load,LCL)是指不满一整箱的小票货物。该种货物,通常由承运人(或代理人)分别揽货,接收货主托运的数量不足整箱的小票货运后,根据货类性质和目的地进行分类整理,把去同一目的地的货,在集装箱货运站或内陆仓库集中到一定数量拼装入箱,并加海关封志,货到目的港(站)后再由承运人拆箱后分拨给各收货人。因为一个箱内将不同货主的货拼装在一起,所以叫拼箱。这种情况在货主托运数量不足装满整箱时采用。拼箱货的分类、整理、集中、装箱(拆箱)、交货等工作均在承运人码头集装箱货运站或内陆集装箱转运站进行。拼箱货流转如图 2-4 所示。

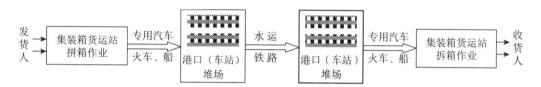

图 2-4 拼箱货(LCL)流转示意图

集装箱拼箱货流转程序如下:
(1) 发货人自己负责将货物运至集装箱货运站;
(2) 集装箱货运站负责备箱、配箱、装箱;
(3) 集装箱货运站负责将装载的集装箱货物运至集装箱港(站);
(4) 根据堆场计划,将集装箱暂存堆场,等待装船(专列);
(5) 根据装船(专列)计划,将集装箱货物装上船(专列);
(6) 通过海(陆)上运输,将集装箱货运至卸船港(站);
(7) 根据卸船(专列)计划,从船(专列)上卸下集装箱货物;
(8) 根据堆场计划,在堆场内暂存集装箱货物,等待货运站前来提货;
(9) 集装箱货运站拆箱交货;
(10) 集装箱空箱回运。

四、集装箱货物运输组织形式

集装箱货流根据具体航线上的经济地理条件,可有四种不同的运输组织形式:
(1) 发货量大,收货量大。在发货地组织整箱货,运到收货地后整箱送交收货人。
(2) 发货量大,收货量小。在发货地组织整箱货,运到收货地内地仓库后作为拼箱货拆箱,再分送给各收货人。
(3) 发货量小,收货量大。在发货地内地仓库组织拼箱货装箱,运到收货地后整箱送交收货人。
(4) 发货量小,收货量小。在发货地内地仓库组织拼箱货装箱,运到收货地内地仓库后再拆箱分送给各收货人。

因此,对应前述四种情况,整箱货(FCL)和拼箱货(LCL)的组织形式如图 2-5 所示。

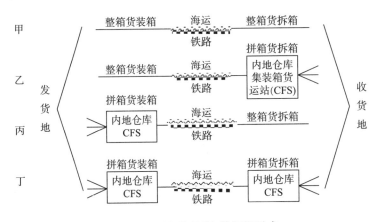

图 2-5　FCL 和 LCL 的组织形式

（1）拼箱货装,整箱货拆。这种组织形式是把几个发货人的货物拼箱装货发给一个收货人整箱拆货,即装货时是拼箱货集装箱,收货时是整箱货集装箱。

（2）拼箱货装,拼箱货拆。这种组织形式是把不同发货人的货物拼箱后发给不同收货人,即装货时是拼箱货集装箱,收货时也是拼箱货集装箱。

（3）整箱货装,整箱货拆。这种组织形式是把一个发货人发送的货物发给一个收货人,即装货时是整箱货集装箱,收货时也是整箱货集装箱。

（4）整箱货装,拼箱货拆。这种组织形式是把一个发货人的货物拼箱后发给几个不同收货人,即装货时是整箱货集装箱,收货时是拼箱货集装箱。

第二节　集装箱配箱管理

为了保证集装箱运输的正常开展,船公司必须配备一定数量的集装箱,配备量的多少及采取什么方式配备,直接关系到企业的运输成本和经济效益。

企业应根据航线特点、货源情况、集装箱港口堆存期以及内陆周转期的长短等因素,确定合理的自备箱量和租箱量。

航线集装箱一般采用三种方式配备:全部自备;部分自备、部分租箱;全部租箱。

采取哪种方式要综合分析航线货源、集装箱港口堆存期及内陆周转期、船公司资金状况等因素,经系统论证后确定。一般情况,如航线货源稳定,可适当增加自备箱量或长期租箱量,否则可适当增加灵活租箱量或减少自备箱量。如果决定一部分通过租用方式解决,应进一步考虑是采用长期租赁或是即期租赁,或是灵活租赁,根据不同情况采用不同的租赁方式。

集装箱班轮航线为直达航线,且集装箱船舶仅挂靠两个端点港,而当该班轮公司在两端

点港既无调剂箱又无周转机动箱时,航线集装箱需备量可以按以下方法确定:

$$Q = S \cdot N$$

式中:Q——航线集装箱需备总量(TEU);

S——航线集装箱需备套数;

N——每套集装箱数量(若船舶满载则为船舶载箱量)。

$$S = \frac{T}{I}$$

式中:T——航线集装箱平均周转天数;

I——发船间隔(天)。

$$T = T_R + T_A + T_B$$

式中:T_R——船舶往返航次时间(天);

T_A、T_B——端点港口堆存期及内陆平均周转时间之和(天)。

发船间隔取决于船舶往返航次时间及航线配置的船舶艘数,其计算公式如下:

$$I = \frac{T_R}{C}$$

式中:C——航线配置的船舶艘数。

一般集装箱船舶并不满载,因此,在决定实际需备量时,可以考虑船舶载箱利用率:

$$D = N \cdot f$$

式中:D——考虑船舶不满载的需备量;

f——船舶载箱量利用率(根据航线具体情况确定)。

如果考虑到修箱及特种箱往返航次不平衡所需增加的箱位数,当单航次仅有两个端点港,又无法从公司内部或联营体调剂用箱量时,航线实际集装箱需备量按下式确定:

$$Q = S \cdot N \cdot f + SN + RN$$

式中:Q——简单航线且集装箱港口堆存期及内陆周转期小于发船间隔的航线集装箱需备量;

S——航线集装箱配套数;

N——船舶载箱量(箱位数);

f——船舶平均箱位利用率;

SN——特种箱往返航次不平衡所需增加的箱位数;

RN——全程周转期内港口内陆修箱量。

案例计算与分析:

某集装箱班轮公司,开辟一条仅有 A、B 两端点港的简单航线。航线配置 4 艘载箱量为 2 000 TEU 的集装箱船,船舶往返航线时间为 40 天,在端点港 A 的港口堆存期和内陆周转期的时间有以下比例变化:20%的箱为 20 天,15%的箱为 30 天,65%的箱为 10 天,在端点港 B 的港口堆存期和内陆周转时间平均为 9 天,船舶载箱量利用率为 80%,该航线全程周转期内修箱量为 40 TEU,试确定该班轮公司在该航线上集装箱需配量(无调剂箱可供使用)。

1. 求发船间隔 I:
$$I = \frac{T_R}{C} = \frac{40}{4} = 10 \text{ (天)}$$

2. 确定端点港 A 集装箱的堆存期及内陆周转时间:
$$T_A = 20 \times 20\% + 30 \times 15\% + 10 \times 65\% = 15 \text{ (天)}$$

3. 确定端点港 B 集装箱的堆存期内陆周转时间:由于该时间共为 9 天,而发船间隔为 10 天,它小于发船间隔,因此,应将发船间隔作为端点港 B 集装箱的堆存期和内陆周转时间,所以应为:
$$T_B = I = 10 \text{ (天)}$$

4. 求航线集装箱平均周转天数 T:
$$T = T_A + T_R + T_B = 15 + 40 + 10 = 65 \text{ (天)}$$

5. 求航线集装箱配备总套数 S:
$$S = \frac{T}{I} = \frac{65}{10} = 6.5 \text{ (套)}$$

6. 求每套集装箱数量 D:
$$D = N \cdot f = 2\,000 \times 80\% = 1\,600 \text{ (TEU)}$$

7. 求航线集装箱需配总量 Q:
$$Q = S \cdot N \cdot f + RN = 6.5 \times 2\,000 \times 80\% + 40 = 10\,440 \text{ (TEU)}$$

第三节　集装箱租赁管理

一、集装箱的租赁方式

1. 期租

期租是指租用人在一定时间内租用集装箱的租赁方式。租期内可以像自有箱一样自由调配使用。

根据租期的长短,分为长期租赁与短期租赁两种。其中,长期一般为一年以上,短期为几个月。

长期租赁又可分为金融租赁与按实际使用期租赁两种方式。区别:前者指租用期满后租箱人将买下租用的箱子;后者指期满后租箱人将租用的箱子退还给租赁公司。

长期租赁对租箱公司来说,能保证较长时间内有稳定收入,租金较低;短期租赁较为灵活,租金较高。

2. 程租

程租是指租期由航程时间决定的租赁方式,一般分为单程租赁和来回程租赁两种。

单程租赁情况下,租箱人仅在起运港至目的地港单程使用集装箱,这种方式一般用于一条航线上来回程货源不平衡的场合,目的是减少空箱运回。

如果从集装箱租赁行情好的地方采用单程租赁到行情差的地方,租箱人一般要支付提箱费和还箱费,以弥补租箱公司调运空箱的费用。

来回程租赁一般用于来回程有货源的航线,这种方式的租期由来回程所需时间决定,有时可不限于一个来回程。

程租方式一般对提箱、还箱地点有严格限制,租金比期租要高。

有些地方,把短期租赁与程租通称为临时租赁或即期租赁。

3. 灵活租赁

灵活租赁是指在租期上类似于长期租赁(一般为一年),而在箱子的具体使用上类似于短期租赁或程租的租赁方式。在灵活租赁合同中,除明确租期外还规定租箱人每月提箱、还箱的数量和地点。在这种租赁方式下,租箱人在租期内至少保证租用一定数量的箱子(一般可多租),这就类似于长期租赁;但在具体使用过程中这些箱子并不是固定不变的,租箱人可根据自己的实际需要,在合同规定的时间、地点、数量等限制条件下随租随还,这又类似于短期租赁或程租。采取这种方式可使租箱人更好地适应货源不平衡、季节不平衡等变化的需要。

灵活租赁金较临时(即期)租赁低,与长期租赁接近。

二、集装箱租赁合同及其主要条款

集装箱租赁合同(Container Lease Agreement),是规定租箱人与租箱公司双方权利、义务和费用的协议和合同文本。

1. 交箱条款

交箱条款是制约租箱公司的主要条款,租箱公司应在合同规定的时间和地点将符合合同条件的集装箱交给租箱人。其主要内容为:

(1)交箱期

交箱期是指租箱公司将箱子交给租箱人的时间。交箱期一般为7—30天。

(2)交箱量

合同中一般规定最低交箱量,准高不准低。

(3)交箱时箱子状况

交付箱子应符合有关国际公约与标准规定,同时租箱人还箱时应保证箱子保持或接近原来的状况。交接时共同验箱,共同签署设备交接单。

2. 还箱条款

还箱条款是制约租箱人的主要条款,指租箱人在租用期满后,按合同规定的时间、地点将状况良好的箱子还给租箱公司。其主要内容为:

(1)还箱时间。规定还箱的日期。超期不还和提前归还通称"不适当还箱"。

超期:合同一般规定加收租金。

提前:有提前中止条款的,按条款;没有的,仍需补交追加租金。

(2) 还箱地点。

(3) 还箱时箱子状况。以提箱时设备交接单上注明的状况为准。一般规定箱子有损坏由租箱人负责修理及承担相关修理费用。也可订立损害修理条款(Damage Protection Plan，DPP)，租箱人按规定另付损害修理费用，在一定范围内的损害由租箱公司负责。

合同一般还规定，租箱期满后若干天仍未还箱，租箱公司作为箱子全损处理。租箱人按合同规定支付赔偿金，在租箱公司未收到赔偿金前，租箱人仍需按实际天数支付租金。

3. 损害修理责任条款

如订立损害修理责任条款(DPP)并按规定付费，一定范围的损坏可不修理就还箱。

4. 租金及费用支付条款

按时付费，否则构成违约，租箱公司有权采取相应的行动直至收回集装箱。一般有以下内容：

(1) 租期：交箱之日起到还箱之日止的一段时间。

(2) 租金计算方法：按每箱天计收。租用天数计算一般从交箱当日起到接受还箱次日止。超期天数另行支付(租金一般翻倍)，若合同中有提前中止条款，租箱人支付提前中止费用(相当于5—7天的租金)后，租期到集装箱进入还箱堆场日为止。

(3) 租金支付方式：一般有按月支付和按季支付两种。租箱人收到租金支付通知单后，在规定的时间内支付(一般为30天)，如延误需按规定费率加付利息。

(4) 交、还箱手续费：租箱人按合同规定支付交、还箱手续费。该费用主要用来抵偿因在堆场交、还箱所产生的费用(装卸车费、单证费等)，数额或由合同规定，或按交、还箱所在堆场的费用确定。

5. 设备标志更改条款

不经租箱公司同意不得更改原有标志。长期租箱一般接受更改标志，但还箱时必须恢复原有标志并承担恢复费用。

第四节　集装箱箱务管理

一、集装箱的发放与交接

1. 集装箱发放和交接的依据

集装箱的发放和交接，应依据进口提货单、出口订舱单、场站收据以及这些文件内列明的集装箱交付条款，实行集装箱设备交接单制度。从事集装箱业务的单位必须凭集装箱代理人签发的集装箱设备交接单办理集装箱的提箱(发箱)、交箱(还箱)、进场(港)、出场(港)等手续。

2. 交接责任的划分

船方与港方交接以船边为界。

港方与货方(或其代理人)、内陆(公路)承运人交接以港方检查桥为界。

堆场、中转站与货方(或其代理人)、内陆(公路)承运人交接以堆场、中转站道口为界。

港方、堆场、中转站与内陆(铁路、水路)承运人交接以车皮、船边为界。

3. 进口重箱提箱出场的交接

进口重箱提离港区、堆场、中转站时,货方(或其代理人)、内陆(水路、公路、铁路)承运人应持海关放行的进口提货单到集装箱代理人指定的现场办理处办理集装箱发放手续。集装箱代理人依据进口提货单、集装箱交付条款和集装箱运输经营人有关集装箱及其设备使用和租用的规定,向货方(或其代理人)、内陆承运人签发出场集装箱设备交接单和进场集装箱设备交接单。货方、内陆承运人凭出场集装箱设备交接单到指定地点提取重箱,并办理出场集装箱设备交接;凭进场集装箱设备交接单将拆空后的集装箱及时交到集装箱代理人指定的地点,并办理进场集装箱设备交接。

4. 出口重箱交箱(收箱)进场的交接

出口重箱进入港区,货方、内陆承运人凭集装箱出口装箱单或场站收据、进场集装箱设备交接单到指定的港区交付重箱,并办理进场集装箱设备交接。指定的港区依据出口集装箱预配清单、进场集装箱设备交接单、场站收据收取重箱,并办理进场集装箱设备交接。

5. 空箱的发放和交接

空箱提离港区、堆场、中转站时,提箱人(货方或其代理、内陆承运人)应向集装箱代理人提出书面申请。集装箱代理人依据出口订舱单、场站收据或出口集装箱预配清单向提箱人签发出场集装箱设备交接单或进场集装箱设备交接单。提箱人凭出场集装箱交接单到指定地点提取空箱,办理出场集装箱设备交接;凭进场集装箱设备交接单到指定地点交付集装箱,并办理进场集装箱设备交接。

6. 收、发箱地点应履行的手续

港方指定收、发箱地点,凭集装箱代理人签发的集装箱设备交接单受理集装箱的收、发手续。港方凭出场集装箱设备交接单发放集装箱,并办理出场集装箱设备交接手续。赁主凭进场集装箱设备交接单收取集装箱,并办理设备交接。

(1) 出场集装箱设备交接的主要内容

① 提箱人(用箱人和运箱人);

② 发往地点;

③ 用途(出口载货、修理、进口重箱等);

④ 集装箱号、封号(铅封号、关封号);

⑤ 集装箱尺寸、类型;

⑥ 集装箱所有人;

⑦ 提离日期;

⑧ 提箱运载工具牌号;

⑨ 集装箱出场检查记录(完好或损坏)。

(2) 进场集装箱设备交接单的主要内容

① 送箱人；

② 送箱日期；

③ 集装箱号、封号；

④ 集装箱尺寸、类型；

⑤ 集装箱所有人；

⑥ 用途：a. 返还重箱；b. 出口集装箱,此时需登记该集装箱发往的时间、地点(航班次、时间)；

⑦ 送箱运载工具牌号；

⑧ 集装箱进场检查记录。

集装箱交接地点的工作人员应详细认真进行检查和记录,并将进出场集装箱的情况及时反馈给集装箱代理人,积极配合集装箱代理人的工作,使集装箱代理人能够及时、准确地掌握集装箱的利用情况,及时安排集装箱的调运、修理,追缴集装箱延期使用费,追缴集装箱的损坏、灭失费用等。

7. 集装箱货物的交接方式

集装箱运输中,根据整箱货、拼箱货的不同,其主要的交接方式有：

(1) 门到门(Door to Door)交接

门到门交接形式通常只有一个发货人、收货人,由承运人负责内陆运输,也就是说在发货人的工厂或仓库接收货箱后,承运人负责将货箱运至收货人的工厂或仓库,门到门交接的货物为整箱货。

(2) 门到场(Door to CY)交接

在发货人的工厂或仓库接收货箱后,由承运人负责运至卸车(船)集装箱港站堆场交货,目的地的内陆运输则由收货人自己负责安排。

(3) 门到站(Door to CFS)交接

在发货人的工厂或仓库接收货箱后,由承运人负责运至目的地集装箱货运站交货,即整箱货接收、拼箱货交付。

(4) 场到门(CY to Door)交接

在装车(船)集装箱港站堆场接收货箱后,由承运人负责运至收货人的工厂或仓库交货,即整箱接收、整箱交付。

(5) 场到场(CY to CY)交接

在装车(船)集装箱港站堆场接收货箱后,并将其运至卸车(船)集装箱堆场的交接方式。

(6) 场到站(CY to CFS)交接

在装车(船)集装箱港站堆场接收货箱后,并将其运至目的地集装箱货运站的交接方式。

（7）站到门（CFS to Door）交接

在起运地集装箱货运站接收货箱后，并将其运至收货人工厂或仓库的交接方式。

（8）站到场（CFS to CY）交接

在起运地集装箱货运站接收货箱后，并将其运至卸车（船）集装箱港站堆场的交接方式。

（9）站到站（CFS to CFS）交接

由起运地或装箱港的集装箱货运站至目的港或卸箱港的集装箱货运站的交接方式。

二、集装箱的堆存与保管

集装箱进入场站后，场站应按双方协议规定，按照不同的承运人将空箱和重箱分别堆放。空箱按完好箱和破损箱、污箱、自有箱和租用箱分别堆放。

集装箱堆场应对管理责任范围内的集装箱及箱内货物负责，如有损坏或灭失应负责赔偿。未经承运人同意，不得以任何理由占用、改装堆存的集装箱或将集装箱出租给他人使用，否则应负经济责任。对于中转箱的保管，应根据中转箱发送的目的地，按船次、相同票据集中堆存，并严格按承运人的中转计划安排中转。

三、集装箱灭失、损坏的处理

集装箱多式联运的各区段承运人、港口、内陆中转站、货运站对其所管辖的集装箱和箱内货物的灭失、损坏负责，并按照交接前由交付方承担，交接后由接收方承担划分责任。如果在交接后180天内，接收方能证明交接后的集装箱或箱内货物灭失、损坏是由交付方造成的，那么交付方应按有关规定赔偿损失。

一般情况下，承运人与托运人应根据集装箱货物交接方式按下列规定对集装箱货物的灭失或损坏负责：

（1）由承运人负责装箱、拆箱的货物，从承运人收到货物后至运达目的地交付收货人之前的期间内，箱内货物的灭失或损坏由承运人负责。

（2）由托运人负责装箱的货物，从装箱托运交付后至交付收货人之前的期间内，如箱体完好，封志完整无损，箱内货物的灭失或损坏由托运人负责，否则由承运人负责。

（3）由于托运人对集装箱货物申报不实或集装箱货物包装不当造成人员伤亡并使运输工具、货物自身或其他货物集装箱损坏的由托运人负责。

（4）由于装箱人或拆箱人的过失造成人员伤亡并使集装箱、箱内货物损坏的由装箱人或拆箱人负责。

四、集装箱箱务管理现代化

随着国际集装箱运输及多式联运的快速发展，计算机在集装箱运输中得到广泛应用，集装箱的信息化管理日益完善。因为集装箱箱务管理具有跨行业、跨地区和跨国界等特点，所以必须建设大范围、多机种、远距离的计算机网络管理系统，使企业内部的管理系统与各港口、航线、路段、站段相关部门联网组成综合信息管理网络系统，实现信息自动交换和自动处理，使每个集装箱状态及位置的变化能自动、及时地反馈到各有关部门，提高集装箱利用效率,实现箱务管理现代化,充分发挥集装箱运输优势。集装箱电子数据交换(Electronic Data Interchange,EDI)系统设计框架如图 2-6 所示。

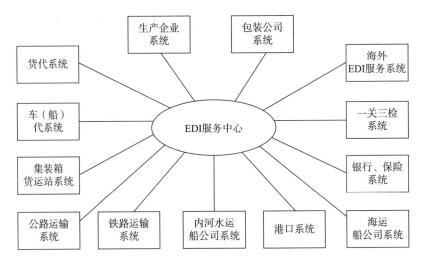

图 2-6 集装箱 EDI 设计框架图

1. 集装箱跟踪管理系统

集装箱跟踪管理是指集装箱经营者可随时掌握和控制集装箱动态而采用的管理方式。一般分为手工跟踪管理方式和计算机跟踪管理方式两种。一般车(船)公司在自己所经营的集装箱班线的基本港站和挂靠港站建立集装箱跟踪管理的信息传递网络,各港站的代理人利用各种信息传递方式向其提供集装箱的最新动态,经整理可输出所需的各种文件资料。

(1) 手工跟踪管理方式

对于集装箱拥有量较少,经营规模较小的车(船)公司,可考虑采用手工跟踪管理方式。具体操作程序是:首先制作一套包括自备箱在内的历史档案记录卡片和一张集装箱跟踪图表,每个集装箱一张卡片。为了使集装箱管理部门易于区分集装箱的固有特征,卡片的形式可以是不同式样的,如以不同尺寸的卡片表示不同尺寸的集装箱,或以不同颜色的卡片表示不同类型的集装箱等。车(船)公司的集装箱管理部门将各地提供的集装箱动态信息,登记在集装箱档案记录卡片上,再记录在集装箱跟踪图表上。

手工跟踪管理方式十分麻烦,存在滞后性,无法及时地向集装箱管理部门提供盘存所需的各种报表,特别是当车(船)公司集装箱运输规模扩大、集装箱拥有量越来越多、集装箱周转加快时,这种跟踪管理方式无法适应集装箱运输管理的需要,此时就应该采用计算机跟踪管理方式。

(2) 计算机跟踪管理方式

集装箱计算机跟踪管理方式是目前集装箱运输公司普遍采用的高效率管理方式。首先应将集装箱所必要的特征,如箱号、箱型、尺寸、购(租)箱及其地点、日期等预存储在计算机内,然后再将集装箱日常动态和信息利用某种特定的代码形式,及时输入计算机并根据事先编好的程序对数据进行处理,随时可以直观地显示或打印出集装箱管理部门盘存所需的各种类型的报表。

集装箱计算机跟踪管理方式按其信息和传递系统可分为联机和脱机两大类。所谓联机系统,是指集装箱运输公司的计算机中心与其在各代理处所设置的终端机联成计算机网络,代理人可直接将有关的集装箱动态信息通过终端输入至车(船)公司计算机中心储存处理,并能将所需处理结果返回至终端的显示或打印设备上。脱机传递系统是指信息的传递由各港代理处采用普通的通信或卫星交换方式,传递给车(船)公司,然后再由车(船)公司计算机输入设备输入至计算机内存储或处理。这种方式适时性较差,但对远距离的信息传递还是较合适的。

集装箱跟踪计算机应用系统的复杂程度,主要因需要计算机处理及通过显示或打印提供的资料、表格的复杂程度和种类多少而异。一般而言,其信息系统由固定资料、动态信息、显示查询和打印盘存报表组成。目前,利用计算机对集装箱进行管理,已由初级阶段的动态控制,即跟踪管理,发展到高级阶段的编目控制动态业务处理。车(船)公司不仅能够掌握及跟踪分布在国内外集装箱港口堆场、集装箱货运站、内陆货运站、货主仓库以及运输途中的有关集装箱的地理位置和使用状态变化的动态信息,而且还可以对各个运输环节的箱子需求情况做出预测等。

2. 箱务管理现代化

随着全球国际集装箱运输的快速发展,集装箱所需的数量越来越多,每年均需投入大量的集装箱。由于集装箱运输及多式联运集装箱流动范围极广,很难进行有效控制,因此集装箱运输过程中因集装箱灭失造成的经济损失很大。为了最大限度地减少经济损失,提高集装箱的周转率,最大限度地发挥集装箱的运输能力,防止因种种原因造成集装箱灭失,世界各国都在研制和设置集装箱跟踪管理系统,实现箱务管理现代化。

要实现箱务管理现代化,首先必须实现规范化的箱务管理。这就要求建立分工明确、有效率的各级组织管理机构;必须有完整的业务规章和办法;必须有整套科学的管理方法和高素质的箱管队伍,这是实现箱务管理现代化的重要基础和前提条件。

要实现箱务管理现代化,还必须拥有先进的管理技术和现代化的管理手段。

第五节　集装箱空箱流转

集装箱空箱流转操作主要分为空箱进、出场操作和空箱管理三部分。

一、集装箱空箱进场操作

港站空箱进场有两种方式,即空箱卸车(船)进场和空箱通过检查口进场。空箱卸车(船)进场前,港站堆场计划员必须制定空箱堆存计划。该计划制定的原则为:空箱根据箱尺码、箱型的不同,按不同的持箱人分开堆存,港站与车(船)方必须在卸箱时办理设备交接单手续。

通过检查口进场的空箱主要有两种,一种为车(船)公司指定的用于出口装车(船)的空箱,另一种为进口重箱拆箱后返回港站的空箱。若为车(船)公司指定用箱,则根据堆场计划员所制定的堆存计划与不同的尺码、箱型,按出口车(船)名、航班次堆放;若为进口箱拆箱后返回港站堆场的空箱,则根据堆场计划员所制定的堆存计划与持箱人的不同,分开堆放。空箱进检查口时,港站检查口与承运人必须办理交单手续。

二、集装箱空箱出场操作

港站空箱出场主要有两种方式,即空箱装车(船)出场和空箱通过检查口出场。

装车(船)出场的空箱主要有两种,一种为车(船)公司指定的用于出口装车(船)的空箱,另一种为装驳船的空箱。港站箱务管理员应根据代理出具的工作联系单、空箱装车(船)清单或车(船)公司提供的出口装车(船)用箱指令,制定装车(船)用箱计划。港站配载计划员应根据箱务管理员制定的用箱计划以及代理提供的场站收据,结合车(船)名、航班次的配载情况,选择全部计划空箱或部分计划空箱配车(船)。凡该车(船)航班次未能装车(船)的空箱,箱务管理员应做好记录,以备下一航次装车(船)之用。

空箱通过检查口出场主要有以下三种:

1. 门到门提空箱

门到门提空箱主要是指出口载货用空箱的提运。该空箱提运至集装箱点进行装箱后,重箱即回运至本港站准备装车(船)出口。空箱门到门提离港区,货主或内陆承运人应向集装箱代理人提出书面申请。集装箱代理人根据出口集装箱预配清单向货主或内陆承运人签发出场集装箱设备交接单和进场集装箱设备交接单。货主或内陆承运人凭出场集装箱设备交接单向港站堆场提取空箱。

2. 单提空箱

单提空箱是指将空箱提运至港站外的集装箱堆场。如船公司提空箱至港外堆场,提退租箱等。港站箱务管理员应根据车(船)公司或其代理的空箱提运联系单发箱,联系单上一般应写明持箱人、承运车队、流向堆场等,并注明费用的结算方法。

3. 因检验、修理、清洗、熏蒸、转运等原因需向港站提空箱

货方或内陆承运人应向集装箱代理人提出书面申请,集装箱代理人根据委托关系或有关协议向货方或内陆承运人签发出场集装箱设备交接单和进场集装箱设备交接单。货方或内陆承运人凭出场集装箱设备交接单向港站堆场提取空箱,港站根据代理的工作联系单发箱。空箱出场时,港站应与车(船)方或承运人做好集装箱设备交接单和交接手续。

三、堆场空箱管理

港站堆场存放空箱的基本原则是按持箱人和箱尺寸的不同分开堆放。港站设有专用的空箱堆存箱区,一般可堆放 4—5 层空箱。当港站发生拆箱作业后,拆空的箱应及时归并,并按堆垛要求堆放。

【案例分析】

中国远洋海运集团有限公司集装箱箱务管理现代化

中国远洋海运集团有限公司(以下简称中国远洋海运集团)由中国远洋运输(集团)总公司与中国海运(集团)总公司重组而成,总部设在上海,是中央直接管理的特大型国有企业。截至2023年12月31日中国远洋海运集团经营船队的综合运力为11 600万载重吨/1 417艘,排名世界第一。其中,集装箱船队规模为350万TEU/504艘,居世界前列;干散货船队运力为4 632万载重吨/436艘,油轮船队运力为2 858万载重吨/229艘,杂货特种船队运力为620万载重吨/180艘,均居世界第一。中国远洋海运集团完善的全球化服务筑就了网络服务优势与品牌优势。码头、物流、航运金融、修造船等上下游产业链形成了较为完整的产业结构体系。该集团在全球集装箱码头50个,泊位数超218个,集装箱年处理能力达13 300万TEU,集装箱码头吞吐量居世界第一;集装箱租赁规模超过380万TEU,居世界第二;海洋工程装备制造接单规模以及船舶代理业务也稳居世界前列。2019年,集装箱航运业务营业额为111 6.17亿元,集装箱吞吐量为12 589万TEU。

中国远洋海运集团有限公司旗下由中国外轮代理有限公司和中海船务代理有限公司专门从事内外贸船舶代理业务,是中国"历史最久、规模最大、实力最强"的国际船务代理企业,年代理船舶超4万艘,代理货量超8亿吨,下设80多家口岸外代、300多个业务网点,网络覆盖国内所有开放口岸,海外代理以美洲、欧洲、新加坡、日本、澳洲、韩国、西亚、非洲等八大区域公司为辐射点,形成了覆盖近百个国家和地区、200个港口的全球代理网络架构。

拥有"中远海运物流""中国外代""中远海运船务"三大品牌的中远海运物流,在中国境内30个省、市、自治区设立了8家区域公司、7家专业公司、400多个业务分支机构。在17个国家和地区设立了海外业务机构,与180多个国家和地区的数千家船公司紧密合作,在全球范围内拥有500多个销售和服务网点,拥有无界电商、中远e环球等电子商务平台,形成了线上线下、立体覆盖、遍及中国、辐射全球的服务网络系统。

中国远洋海运集团有限公司采用一级调度、三级管理体制对中远集装箱实施全球跟踪和管理。

1) 集装箱营运管理体制

中国远洋海运集团有限公司集装箱营运管理实行一级调度、三级管理的统一管理体制,以中国远洋海运集团有限公司箱管部为核心,下设分部箱管部和箱管中心、各航线经营人及港口箱管代理。箱管部设有营运管理、信息管理、商务管理、财务结算等职能部门。箱管部在国内设有上海、天津和广州三个分部箱管部,在香港设有箱管中心,在国外的美洲、欧洲设有箱管中心。箱管中心根据航线分布情况及货箱供求关系,将接收航线经营人提、还箱的港口指定为"开放港口";不接收航线经营人提、还箱的港口指定为"封闭港口"。箱管中心对中远集装箱集中控制、统一调度。

2) 箱务管理流程

中国远洋海运集装箱箱务管理是由箱管部通过 EMS 系统与各分部箱管部、航线经营人及港口箱管代理进行联系和信息交换来实现的。其流程示意如图 2-7 所示。

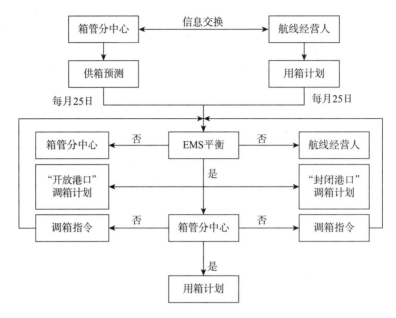

图 2-7　中国远洋海运集装箱箱务管理流程图

3) 集装箱保有量预测

由箱管中心确定"开放港口"的集装箱合理保有量,并根据市场情况及时调整。箱管部负责检查所管辖地区内的港口集装箱保有量,制定区域内港口间集装箱平衡及调运计划,并报箱管中心统筹调度解决。

4) 集装箱分配及使用

集装箱由箱管部经营调度,各航线经营人享有同等的集装箱使用权,集装箱非经箱管部许可,不得用于中远以外航线。箱管部在所有"开放港口"均按合理保有量的要求,备足集装箱,以保证航线船舶的用箱要求。

集装箱在使用过程中,如被其他公司错用,箱管代理在错用发生后 24 h 内将错用信息输入 EMS 并书面报告所属分部箱管部、箱管部和航线经营人(在封闭港口)。错用港代理与错用方追回所用集装箱并由代理把从错用之日起至该箱返回到堆场止的全部费用支付给箱管部或航线经营人。错用箱被还到中远堆场后,由当地箱管代理将还箱信息输入 EMS。若错用箱在错用后 100 天内仍未还到中远堆场,则箱管中心将此箱视为灭失,并向代理索赔。

集装箱在航线经营人使用期间发生灭失,由航线经营人向箱管部宣布灭失并将灭失动态输入 EMS,集装箱费用自宣布次日起自动截止;在开放港口,集装箱发生灭失,由代理向所在箱管部门宣布灭失,并将动态输入 EMS,箱管部根据相关的赔偿标准,向责任方索赔。

5) 港口箱管代理的集装箱信息传递及箱务管理

箱管代理根据集装箱管理的要求和箱管部及航线经营人的指示,做好对当地中远海运集装箱的现场跟踪、接收、发放、盘存、起/退租、维护、修理、索赔处理等管理工作。箱管代理在集装箱发生卸船、拆箱、放货、移动、还空、放空、装箱、收货、装船、起/退租、维修等动态后,将准确信息按时传输给承运该箱的航线经营人或所属分部箱管部,由航线经营人或分部箱管部将信息输入中远 EMS 系统。

箱管代理人应对集装箱的每一个动态进行认真跟踪,并按规定将报告用电话、传真或其他方式及时发送给航线经营人(在国外的封闭港口)或所在地的分部箱管部(在国内的封闭港口),以保证 EMS 中信息的准确性、及时性和完整性。

相关报表有集装箱装船报表(Container Loading List)、集装箱卸船报表(Container Discharging List)、发放空箱/装箱报告(Empty Release/Stuffing)、重箱放箱/拆空报告(Send To Consignee/Stripping)、回空报告(Empty Release Report)、集装箱移动报告(Container Movement Report)、集装箱周盘存报告(Weekly Steering Report)、集装箱起租报告(On-Hire Report Or D/I In)、集装箱退租报告(Off-Hire Report Or D/I Out)、出卖箱报告(Sold Report)、集装箱灭失报告(Container Lost Report)、箱损报告(Damaged Container Report)、月度修箱报告(Statistics Of Monthly Repairing Report)、集装箱滞期费报告(Demurrage/Detention Report)。

【复习思考题】

1. 集装箱最适宜运输什么货物?为什么?
2. 简述整箱货与拼箱货的区别。
3. 什么是配箱?配箱应该考虑哪些因素?
4. 集装箱货物有几种交接方式?是如何进行交接的?
5. 在集装箱的流转过程中,哪些环节涉及集装箱的交接?
6. 集装箱箱务管理的具体内容有哪些?
7. 如何实现集装箱箱务管理现代化?

第三章　集装箱装箱工艺

学习目标

1. 理解安全装箱的影响因素
2. 了解集装箱装箱常用术语
3. 熟悉集装箱的选用考虑的主要因素
4. 理解集装箱装载要求
5. 熟悉提高集装箱的装载利用率的主要途径
6. 掌握集装箱装箱检查主要事项
7. 了解危险货物在集装箱内积载的一般要求
8. 了解集装箱装箱规则及注意事项

第一节　集装箱装箱基本要求

一、安全装箱的重要性

安全装箱不能简单定义为运用摩擦和紧凑的方法以保证安全运送货物,而应该是"安全地装箱,保护货物,避免在装载过程中可能出现的危险",应该包含:避免货物受到各种形式的损害的保护措施和避免货物由于外部环境而遭受损害的保护措施。

安全装箱并不是一个独立的问题,要全面地解决这个问题,需要多方面的考虑以及多学科的知识。从最广泛的角度来看,安全装箱基于以下因素:

（1）运输货物的特点;
（2）货物的结构、生产特性;
（3）所使用的包装和包装材料的类型;
（4）所选择的货物运输装置;
（5）包装方法;
（6）保护措施;
（7）为了保证安全装载所选用的材料;

(8) 运输方式和路线。

通常,负责整个装箱过程的人所起的作用举足轻重,只有当所有的操作人员接受了很好的培训并拥有相关经验才能尽量避免损失。只有运用恰当的安全装箱方式才能避免运输过程中货物、装备、公共财产以及外部环境遭受任何损害。

集装箱货物安全运输涉及许多法律、法规和国际公约。集装箱装箱和货物在集装箱内的安全,必须遵守国际海事组织(International Maritime Organization)制定的货物运输单元指导规则(Cargo Transport Units Packing Guide-Lines),该文件的全称为"IMO/ILO/UNECE Guidelines for Packing of Cargo Transport Units(CTUs)"。除装满的或未装满的油罐、油箱或者是需要油的道路交通工具,以及大宗货物之外的其他所有货物装箱都需要遵循货物运输单元指导规则。

二、集装箱装箱常用术语

货物:需运输的各种类型的商品。

大宗货物:装在大型包装或便携式油箱里的被运输的大件货物,不包括那些中等大小的货物被包装而放置于其中的情况。

危险货物:包装过的危险物品,包括会对环境带来危害的物品(海洋污染物质)和污染物等《国际海运危险货物规则》(International Maritime Dangerous Goods(IMDG)Code)所包含的物品,还包括那些不合标准的空包装。

复盖包装(Over Pack):货主为了装箱、储藏的方便,将已包装过的货物再进行包装,或将已包装过的小件货物包装在一起,使它们变成一个整体。例如,放置在诸如托盘之类的装卸板上,或是为安全起见用绳子将货物捆扎起来,或是用收缩薄膜包装或其他合适的方式对货物进行包装,或是将货物放在具有保护功能的箱子或板条箱里。

包装用物:起放置货物功能作用的容器或其他组件、材料。

包件(Package):已包装好的,货物连同包装用物在内的可以运输的货物整体。

货物单元或成组货物(Unit Load)是指将一些包件进行如下处理:

(1) 放置在诸如托盘之类的装卸板上,或是为安全起见用绳子将货物捆扎起来,或是用收缩薄膜包装;

(2) 放置在起保护作用的外层包装内,例如托板箱;

(3) 用吊索固定起来。

三、装箱标识

1. DIN(Deutsches Institut für Normung e. V. 德国标准化协会)、ISO 包含的常见装箱标识见表 3-1。

使用标识比使用文字更为醒目,且无异议,但要注意在整个运输过程中应确保标识清晰。

表 3-1　DIN、ISO 包含的常见装箱标识

标　识	DIN	ISO
	防热、防太阳照射	防热
	干燥	干燥
	不可使用吊钩	不可使用吊钩
	无	可使用盘钩
	重心	重心
	夹紧此处	夹紧此处
	吊起此处	吊起此处
	易碎,小心轻放	易碎,小心轻放
	顶部	向上
	无	禁止卷起
	不可破坏此界线	不可破坏此界线
	对电敏感的装置	对电敏感的装置
	在允许的温度范围内	温度限制
	此处不可使用叉车	此处禁止使用叉车
	堆放限制	堆放限制
	防热、防辐射	防热、防辐射

续 表

标　识	DIN	ISO
(图标)	从此处拉扯	从此处拉扯
(图标)	此处不可叉起	此处不可叉起

2. 不包含在 DIN、ISO 中或根据 DIN、ISO 中的标识改造而来的常见装箱标识见表 3-2。

表 3-2　经改造的常见装箱标识

标　识	含　义
(图标)	叉起此处
(图标)	不可在该货物上堆放
(图标)	只可堆放六层
(图标)	使用叉车
(图标)	温度控制
(图标)	远离磁性物质

第二节　集装箱装载设计

一、集装箱货物分析

对装入集装箱货物的种类、尺寸、包装等进行详细分析，以确定货物是否适合装入集装箱内，或是否需处理后才能装箱。

1. 货物的种类与性质

了解货物的种类与性质，判断货物对装箱与选箱及装卸方式有无特殊要求。例如，货物的危险等级,货物的危险性、破碎性,货物对温度、湿度的敏感性,是否能与其他货物混装等。

2. 货物的尺寸与重量

了解货物的尺寸与重量,合理选用适合其尺寸及重量的集装箱及可配载货物。

3. 货物的包装

集装箱对于装入其中货物的包装要求不是很严格,有些货物的包装可有可无。

二、集装箱的选用

集装箱货物装箱前,首先应当选择合适的集装箱。对集装箱的选择主要是指集装箱种类(箱型)的选择和集装箱规格尺度的选择。

在集装箱货物运输中,为了船、货、箱的安全,必须根据货物的性质、种类、容积、重量和形状来选择适当的集装箱。集装箱选用时应考虑的因素有:货物特性对集装箱有无特殊要求;货物总重量与集装箱装载量是否适应;货物密度与集装箱容重是否相适应。

集装箱货物对集装箱的选用如表3-3所示。

表3-3 集装箱货物对集装箱的选用

主要货种	集装箱种类
一般货物	干货集装箱、通风集装箱
超高、超长、超宽等笨重货物	敞棚集装箱、板架集装箱、平板集装箱
冷冻货物、冷藏货物	冷冻集装箱、保温集装箱、通风集装箱
散装货物、流体货物	漏斗式集装箱、罐式集装箱
贵重货物	干货集装箱
动植物	动物集装箱、通风集装箱
危险品	适用于危险品的集装箱

另外,在集装箱规格尺寸的选择方面,一般需要综合考虑下列因素:

1. 考虑与国内外船公司、货主的合作问题。在集装箱货物多式联运中,经常与国外船公司进行箱子的互换、互用,因此应选用便于互换使用的集装箱。

2. 考虑货物的数量、运输批量和货物的密度。货物数量较多时,应尽量选用大规格箱。货物密度较大时,选用规格不宜过大。轻泡货较多时,应采用规格较大的集装箱。

3. 考虑全程(特别是内陆)运输的条件。在内陆运输中可能存在道路、桥涵承载能力不足,装卸设备不能适应大型集装箱装卸需要,集装箱办理站不能接收大型箱业务,库场运输工具不符合运输要求等问题。

4. 考虑经济合理性。由于集装箱运输多采用包箱费率,且对各种规格集装箱总重的规定有较大差别,故针对特定数量的货物选择集装箱规格时,通过规格数量的不同组合可使全程总费用最少。集装箱在不同利用率下的载重量如表3-4所示。

表 3-4　集装箱在不同利用率下的载重量(均以 **40 ft** 集装箱为例)

集装箱利用率	100%		90%		80%		70%	
重量单位 重量 箱型	lb	kg	lb	kg	lb	kg	lb	kg
干货集装箱	26.8	12.2	23.4	10.6	20.8	9.44	18.7	8.5
冷藏集装箱	30.8	24	27	12.3	24	10.9	21.6	9.8
开顶集装箱	27.9	12.7	24.4	11.1	21.7	9.9	19.5	8.9
板架集装箱	47.3	21.5	41.4	18.8	36.8	16.7	33.1	15
通风集装箱	27.7	12.6	24.2	11	21.5	9.8	19.4	9.8

三、集装箱装箱检查

集装箱在装载货物之前,必须经过严格检查。发货人、承运人、收货人以及其他关系人在相互交接时,除对集装箱进行检查外,应以设备交接单等书面形式确认集装箱交接时的状态。通常,对集装箱的检查应做到:

1. 外部检查。对箱子进行六面察看,外部是否有损伤、变形、破口等异样情况。
2. 内部检查。对箱子的内侧进行六面察看,是否漏水、漏光,有无污点、水迹等。
3. 箱门检查。检查箱门是否完好,门的四周是否水密,门锁是否完整,箱门能否重复开启。
4. 清洁检查。检查箱子内有无残留物、污染物、锈蚀异味、水湿。
5. 附属件的检查。对集装箱的加固环接状态,如对板架式集装箱的支柱、平板集装箱和敞棚集装箱上部延伸结构等状态的检查。

四、集装箱需用量确定

对于集装箱需用量的确定,以充分利用集装箱装载量和容积为基本原则。

1. 对于单位体积相同的货物,先计算单位集装箱的货物装箱量,然后推算集装箱的需求量,其计算公式为:

$$某货物单位集装箱最大装载量 \leqslant \frac{所选集装箱容积 \times 容积利用率}{单位货物体积} \times 单位货物重量$$

若计算出的货物单位集装箱最大装载量大于该集装箱的最大载货重量,则按集装箱的最大载货重量计算该货物所需集装箱数量,其计算公式为:

$$某货物集装箱需用量 = \frac{货物总重量}{单位集装箱最大载货量}$$

若计算出的货物单位集装箱最大装载量小于该集装箱的最大载货重量,则按该货物的单位集装箱最大装载量计算货物所需集装箱数量,其计算公式为:

$$某货物集装箱需用量 = \frac{货物总重量}{货物单位集装箱最大载货量}$$

2. 对于单位体积不同的货物及拼箱货物,装箱前可先在装载图中进行规划,尽量使集装箱装载量和容积得到充分利用,同时进行轻、重合理搭配与堆放。

第三节　普通货物集装箱装载

一、集装箱装载要求

集装箱货物要进行合理装载,必须满足下列要求。

1. 合理分配货物重量

根据货物的体积、重量、外包装的强度以及货物性质进行分类,把外包装坚固、重量较重的货物装在集装箱的底部,外包装较脆弱、重量较轻的货物装在集装箱上部,装载过程中使货物在箱底均匀分布,避免出现集装箱重心偏移的状况。

2. 货物合理混装

集装箱拼箱货在混装时,应避免货物之间相互污染或其他事故的发生。在混装货物时,应注意考虑下列问题:

(1) 避免干、湿货物混装。湿货物在运输过程中,会出现泄漏、渗出液体或结露产生水珠,引起干燥货物的湿损、污染、腐坏等。因此,在装箱时,尽量避免干、湿货之间的混装。

(2) 尽可能不与强臭货物或气味强烈的货物混装。兽皮、肥料、樟脑等恶臭货物与茶叶、咖啡、烟草等香味品混装时,会产生强烈的串味而污染香味品。强臭货物与香味品之间严禁混装。强臭货物与其他货物混装时也应做好气味的有效阻隔。

(3) 不与粉末类货物混装。水泥、石墨等粉末类货物不得与清洁货物混装。

(4) 危险货物之间不得混装。危险货物的危险等级不同,发生事故时采取的补救措施也不同。而且危险货物混装容易发生火灾或爆炸事故。

(5) 包装不同的货物不得混装。包装不同的货物采取的保护措施不同,混装容易破损包装,在掏箱后货物不易保管。

3. 货物合理衬垫与加固

货物装箱后,一般都会产生空隙。为了防止货物在运输途中由于船体摇摆造成货物倒塌或破损,应对装入集装箱的货物进行合理衬垫与加固。

为填补货物之间和货物与集装箱侧壁之间的空隙,需要在货物之间插入垫板、覆盖物之类的隔货材料,确保货物稳定且重量均匀分布。对于外包装脆弱的货物、易碎货物应在之间加衬缓冲材料,防止货物相互碰撞挤压。

集装箱内货物的加固有三种方法:用方形木条等支柱固定货物;用绳索、带子等索具捆绑系紧货物;用方形木条、楔子或缓冲垫等填塞物水平加固防止货物移动。

4. 满足货物装载纵向重量分布最小长度限制

对于货物密度远大于集装箱容重的货物,在装箱时,应满足其纵向重量分布最小长度的限制。

二、集装箱的配载

集装箱拼箱货在配载过程中,需要考虑集装箱装载量、货物密度、集装箱利用率等因素。

1. 集装箱装载量

(1) 最大载重。指可装在集装箱内的货物最大质量,也就是集装箱的总质量减去自重后的质量。

该值因集装箱制造厂和集装箱类型的不同而有所差别。集装箱的总质量不能超过标注在集装箱上的最大总质量(国际标准化组织标准中 20 ft 箱为 20 320 kg,40 ft 箱为 30 480 kg)。

(2) 最大装载容积。在国际标准化组织中虽然规定了最小内部尺寸,但如果采用容积来计算集装箱的最大装载量,一般以集装箱的内部尺寸和实际货物尺寸对比来计算。

2. 货物密度

货物密度指单位体积上的货物重量,以每立方英尺或每立方米货物体积的货重作为货物的密度单位,是普通杂货船上常用的货物积载因数(Stowage Factor,SF,1 t 货物所占体积)的倒数。

对集装箱来说,集装箱的最大载货重量除以集装箱的容积,便得到集装箱的单位容重。要使集装箱的容积和重量都能满载,就要求货物密度等于集装箱的单位容重。实际上集装箱装货后,箱内的容积或多或少会产生空隙,因此集装箱内实际利用的有效容积应为集装箱容积乘以箱容利用率。通常在初步计算时,箱容利用率取为 80%。

3. 集装箱的利用率

装载拼箱货物的集装箱,应该轻、重搭配,尽量使集装箱能满载,即:集装箱的装载量和容积都能充分利用,但是必须注意混装在一起的货物不会引起货损。

三、集装箱装箱操作

1. 纸箱货的装箱操作

纸箱是集装箱货物中最常见的一种包装,一般用于包装比较精细和质量较轻的货物。

(1) 装箱时从箱里往外装,或从两侧往中间装。

(2) 当横向产生 250—300 cm 的空隙时,利用上层货物的重量压住下层货物,最上层货物要塞满或加以固定。

(3) 如所装的纸箱很重,在集装箱的中间层需要适当地加衬垫。

(4) 当箱门端留有较大的空隙时,利用方形木条固定货物。

(5) 装载小型纸箱货时,为了防止塌货,采用纵横交叉的堆装法。

集装箱纸箱货物装箱时应注意的问题:

(1) 如包装为统一尺寸的大型纸箱,当空隙为 10 cm 左右时,不需要对货物进行固定,但当空隙很大时,需要按货物具体情况加以固定。

(2) 不同尺寸的纸箱混装,就纸箱大小合理搭配,做到紧密堆装。

（3）拼箱的纸箱货应进行隔离。隔离时可使用纸、网、胶合板等材料,用粉笔做记号。

（4）纸箱货不足以装满一个集装箱时,应注意纸箱的堆垛高度,以满足使集装箱底面占满的要求。

2. 木箱货的装箱操作

集装箱货物木箱包装的种类繁多,尺寸和重量各异。

（1）装载比较重的小型木箱时,采用骑缝装载法,使上层的木箱压在下层两木箱的接缝上,最上一层必须加以固定或塞紧,若箱门端留有较大空隙,则必须利用木板和木条加以固定或撑紧。

（2）当重心较低的重、大木箱只能装一层且不能充分利用集装箱箱底面积时,应装在集装箱的中央,底部横向用方形木条加以固定。

（3）对于重心高的木箱,不仅要紧靠底部固定,而且还必须在上面用木条撑紧。

（4）装载特别重的大型木箱时,会形成集中负荷或偏心负荷,故必须有专用的固定设施,防止木箱与集装箱前后端壁接触。

（5）装载框箱时,通常是使用钢带拉紧,或用具有弹性的尼龙带或布带来代替钢带。

3. 捆包货的装箱操作

捆包货包括纸浆、板纸、羊毛、棉花、棉布、棉织品、纺织品、纤维制品以及废旧物料等。其平均每件重量和容积常比纸箱货和小型木箱货大。一般捆包货都用杂货集装箱装载。捆包货在装载和固定时应注意如下问题:

（1）捆包货可横向装载或竖向装载,以充分利用集装箱箱容。

（2）捆包货装载时一般都要用厚木板等进行衬垫。

（3）用粗布包装的捆包货,一般比较稳定不需要加以固定。

4. 桶装货的装箱操作

桶装货一般包括各种油类、液体和粉末类的化学制品、酒精、糖浆等,其包装形式有铁桶、木桶、塑料桶、胶合板桶和纸板桶等5种。除桶口在腰部的传统鼓形木桶外,桶装货在集装箱内均以桶口向上的竖立方式堆装。由于桶体呈圆柱形,故在箱内堆装和加固的方法均由一定具体尺寸决定,以使其与箱型尺寸相协调。

（1）铁质桶的装载和固定操作。集装箱运输中以 0.25 m^3（55 gal）的铁桶最为常见,一般在集装箱内可堆装两层,每一 20 ft 型集装箱可装 80 桶。装载时要求桶与桶之间要靠近,对于桶上有凸沿的铁桶,为了使桶与桶之间的凸沿错开,每隔一行要垫一块垫高板,装载第二层时同样要垫上垫高板。

（2）木质桶的装载和固定操作。木桶一般呈鼓形,两端有铁箍,由于竖装时容易脱盖,故原则上要求横向装载。横装时在木桶的两端垫上木楔,木楔的高度应满足使桶中央能离开箱底,且不让桶的腰部受力的要求。

（3）纸板桶的装载和固定操作。纸板桶的装载方法与铁桶相似,但其强度较弱,故在装箱时应注意不能使其翻倒而产生破损。装载时必须竖装,装载层数要根据桶的强度而定,上下层之间一定有插入胶合板做衬垫,以便分散负荷。

5. 滚动货的装箱操作

卷钢、钢丝绳、电缆、盘元等属于卷盘货,塑料薄膜、柏油纸、钢瓶等属于滚筒货,轮胎、瓦管等属于滚动类货物。滚动货装箱时一定要注意消除其滚动的特性,做到有效、合理地装载。

(1)卷钢的装载和固定操作。卷钢属于集中负荷的货物,但是热轧卷钢一般比电缆轻。装载卷钢时,应使货物之间互相贴紧,并装在集装箱的中央。对于重 3 t 左右的卷钢,除用钢丝绳或钢带通过箱内系环将卷钢系紧外,还应用钢丝绳或钢带将卷钢连接起来;对于重 5 t 左右的卷钢,还应再用方形木条加以固定。

(2)盘元的装载和固定操作。盘元是只能用机械装载的重货,一般在箱底只能装一层。装载时最好使用井字形的盘元架。大型盘元用直板系板、夹件等在集装箱箱底进行固定。

(3)电缆的装载和固定操作。电缆是绕在电缆盘上进行运输的,装载电缆盘时应注意箱底的局部强度问题。大型电缆盘在集装箱内只能装一层,应使用支架以防止滚动。

(4)轮胎的装载和固定操作。普通卡车用的小型轮胎竖装横装都可以。横装时比较稳定,不需要特别加以固定。大型轮胎一般以竖装为主,应根据轮胎的直径、厚度来研究其装载方法,并加以固定。

6. 托盘货的装箱操作

托盘上通常装载纸箱货和袋装货。纸箱货在上下层之间可用粘贴法固定,袋装货装板后要求袋子的尺寸与货板的尺寸一致,对于比较容易滑落的袋装货要用粘贴法固定。托盘货在装载和固定时应注意下列问题:

(1)托盘尺寸若在集装箱内横向只能装一块时,则必须放在集装箱的中央,并用纵向垫木等加以固定。

(2)装载两层以上的货物时,无论空隙在横向或纵向,底部都应用档木固定,上层托盘货需用跨档木条塞紧。

(3)如装载托盘为奇数时,应把最后一块托盘放中央,并用绳索通过系环拉紧。

(4)托盘货装载框架集装箱时,必须使集装箱前后、左右的重量平衡。

第四节　特种货物集装箱装载

在集装箱运输的货物中,部分货物具有危险、长大、笨重、易腐、贵重等特点,这些货物对于装卸、运送和保管等作业有特殊要求,一般将此类货物称为特种货物。特种货物进行集装箱装载时,除需要遵守一般货物集装箱装载要求外,还有其特殊要求。

一、特种货物分类

集装箱运输中,特种货物主要分为以下几类:

(1) 危险货物:具有爆炸、易燃、毒害、腐蚀、放射性等性质,在运输、装卸和储存保管过程中,容易造成人身伤亡和财产损坏而需要特别防护的货物。

(2) 超尺寸和超重货物:货物的尺寸超过国际标准集装箱的尺寸而装载不下的货物,以及单件货物重量超过国际集装箱最大载货重量而不能装载的货物。

(3) 液体、流体货物:货物状态呈液体或流体。

(4) 动植物货物:鲜活的动物或植物。

(5) 冷藏货物:运输过程中对温度有一定要求的货物。

二、冷藏(冻)货装载

装载冷藏(冻)货的集装箱应具有集装箱检验合格证书。货物装箱前,箱体应根据规定的温度进行预冷,并达到规定的装箱温度。温度要求不同或气味不同的冷藏货物不能配装在一箱。运往一些国家特别是伊斯兰教国家的集装箱货,不能把猪肉与家禽、牛羊肉配装在同一箱内。货物装载过程中注意货物不要堵塞冷气通道和泄水通道。装货高度不能超过箱中的货物积载线。装完货关门后,应立即使通风孔处于要求的位置,并按货主对温度的要求控制好箱内温度。对冷藏货物在运输途中保持的温度,货主在托运货物时应有明确的书面指示,承运人应严格执行托运人对货物运输温度的要求。

冷藏货装载时应注意如下事项:

(1) 冷冻集装箱在装货过程中,冷冻机要停止运转;

(2) 在装货前,选用清洁卫生的衬垫材料,并对垫木和其他衬垫材料进行预冷;

(3) 不要使用纸、板等材料做衬垫,以免堵塞通风管和通风口;

(4) 装货后箱顶与货物顶部留有空隙,使冷气能有效地流通;

(5) 对货物要加以固定;

(6) 严格禁止将已降低鲜度或已变质发臭的货物装进箱内,以免损坏其他正常货物。

三、超尺度、超重货物装载

(1) 超高货物装载。干货箱箱门有效高度有一定范围要求,例如 20 ft 箱为 2 135—2 154 mm;40 ft 箱为 2 265—2 284 mm,若货物超过这一范围,则为超高货。超高货物必须选择开顶箱或板架箱装载,在装载集装箱时,应充分考虑运输全程中内陆运输(铁、公路)、车站、港站、装卸机械、船舶装载等的要求。内陆运输线对货物通过高度都有一定的限制,集装箱联同运输车辆的总高度一般不能超过这一限制。

(2) 超宽货物装载。超宽货物一般应采用板架箱、平台箱运输。集装箱运输允许货物横向突出的尺度受到集装箱船舶结构、陆上运输线路(特别是铁路)允许宽度以及装卸机械种类等的限制,在装载超宽货物时应充分考虑。

(3) 超长货物装载。超长货物一般采用板架箱装载,装载时应事先征得船公司的同意。

(4) 超重货物装载。集装箱标准(ISO)对集装箱包括货物总重量有明确限制的,货物装入集装箱后,总重量不能超过集装箱总重量。

四、液体货物装载

液体货物采用集装箱运输有两种情况:一是装入其他容器(如桶)后再装入集装箱运输,货物装载与一般货物或危险货物类似;二是散装液体货物,一般用罐式集装箱运输,在货物散装前应检查罐式集装箱本身的结构、性能和箱内能否满足货物运输要求,应具备必要的排空设备、管道及阀门,其安全阀应处于有效状态。装载时要注意货物的密度和集装箱允许载重量与容积的比值一致或接近。在装载时若需要加温,则应考虑装货卸货地点要有所需的热源(蒸汽源或电源)。

五、动植物货物装载

运输动植物货物的集装箱一般有密闭式和非密封式(通风)两类。装载这类货物时应注意,货物应根据进口国要求,经过检疫并得到进口国许可。一般要求托运人(或其代理人)事先向港监、商检、卫检、动植物检疫等管理部门申请检验并出具合格证明后方可装箱。需做动植物检疫的货物不能同普通货装在同一箱内,以免熏蒸时造成货损。

六、危险货物装载

利用集装箱装运危险货物能在一定程度上降低对危险货物包装的要求,简化、轻化危险货物的包装,节约包装费用和包装过程中的人工费用,减轻单件货物的重量,提高运输工具的装载量,节省流通费用的开支。

利用集装箱装运危险货物,还可以大幅度降低货物的毁损。装好的危险货物用专门的装卸桥进行船岸之间货物的装卸,货损率极低。

1. 装运危险货物集装箱的隔离要求

各类危险货物之间的隔离,按照危险货物隔离表的要求,分为四级:即隔离一到隔离四。具体含义见表3-5。

表3-5 隔离等级表

隔离级别	含 义
隔离一	远离
隔离二	隔离,舱内积载时,应装入不同的货舱内
隔离三	一整个舱室或者货舱的隔离
隔离四	用一个介于中间的整个舱室或者货舱做纵向的隔离

装运危险货物集装箱的隔离原则是:严格按照配装要求和隔离要求进行配箱;严格按照隔离要求和积载类别进行积载。集装箱积载要求见表3-6。

表 3-6 集装箱积载表

隔离条件	积载方式
隔离条件 1	封闭式集装箱垂直积载、水平积载
	开敞式集装箱水平积载
隔离条件 2	封闭式集装箱水平积载
	开敞式集装箱水平积载
隔离条件 3	封闭式集装箱原则上不在同一舱室,舱壁应为钢板
	开敞式集装箱隔开一个正仓,中间隔两个钢质舱壁
	可以进行舱面积载
隔离条件 4	封闭式集装箱隔两个钢质舱壁,或一个钢质舱壁,但间隔不小于 24 m,距舱壁最短不少于 6 m
	开敞式集装箱至少隔开两个钢质舱壁

2. 危险货物集装箱配载

危险货物集装箱运输中的一般要求是包装完好,符合运输条件,并且符合隔离要求,按照规定进行安放和固定。箱内危险货物的配装见表 3-7。

表 3-7 危险货物集装箱配装表

类　别		危险货物配装要求
第一类 (爆炸品)	第一类	同一配装类别可以配装;不同装配类别不可配装
	第二类	不可配装
	第三、四类	不可配装
	第五类	不可配装
	第六类	不可配装
	第八类	不可配装
第二类 (气体)	第三、四类	不可配装
	第五类	不可配装
第三类 (易燃液体)	第四类	不可配装
	第五类	按隔离要求配装
第四类 (易燃固体、易自燃和遇水易燃物品)		不可与酸性腐蚀品配装
第五类 (氧化性)	第八类 (腐蚀性)	第五类两子类之间,与第八类不可配装
第七类 (放射性)	第六类 (有毒、感染性)	不可配装,与其他类别可以配装

第五节　集装箱装箱注意事项

集装箱货物从装入箱内起到出箱卸货为止,整个过程中不换装,不开箱验货,所以,在货物装入集装箱内时,装载方式方法应严格按照要求进行。具体装箱时应注意以下事项:

(1) 集装箱货运站装箱时,不能随到随装,必须根据集装箱预配清单和事先编制的装箱计划进行装箱;

(2) 任何情况下,箱内所装货物的重量不能超过集装箱的最大装载量;

(3) 备妥必要的合格的隔垫物料及捆扎加固材料;

(4) 装箱时考虑方便拆箱卸货;

(5) 货物装载时要使箱底上的负荷平衡,积载后的重心应尽量接近箱子的中心,以免装卸过程中发生倾斜和翻倒;

(6) 硬包装的货物,装箱时应当用垫料,以免挤压其他货物或碰坏箱子内壁;

(7) 袋装货最好不要与箱装货同装一箱,不能避免时需要用垫板;

(8) 带有凸出、隆起或四边不规则包装的货物,如没用适当垫料,不能与其他货物混装;

(9) 湿货包括桶装或罐装液体货,应当用垫料,并装在集装箱底层;

(10) 不同种类的包装,必须保持分票积载,例如,木夹板包装货与袋装货或纤维板箱装货之间,如果没有保护性的隔垫,不能装在一起;

(11) 海关监管或可能被查验的货物必须分出并装在箱门口,以方便查验;

(12) 在任何情况下,不能把货物直接固定在集装箱内部任何一个平面上,避免集装箱钻孔后破坏其水密性。

(13) 不用不同包装的货物填塞集装箱的空位,除非这两种包装的货物是完全适合拼装的。

(14) 包装损坏的货物,即使损坏的表面是微小的,也不能装入箱内。

(15) 货物装完后,必须检查,应使用合适的方法进行固定、绑扎,要求做到没有一件货物处于松动状态,以防集装箱发生纵向或横向倾斜时造成货损,检查完毕要关闭箱门。

若对货物进行加固的材料是木材,且目的地是澳大利亚、新西兰等国家,则应在箱体外表明显地方贴上有关部门出具的木材经免疫处理证明。

【案例分析】

异味集装箱污染红茶

1987 年 10 月,中国远洋运输(集团)总公司"TH"轮承运了某茶叶公司的 750 箱中国红茶,由上海港到汉堡港,保险人为某省人民保险公司(简称人保公司)。该批货被分装在 3 个集装箱,上述集装箱均由中国远洋运输(集团)总公司提供,货运代理公司作为货运代理人、代发货人在上海港一集装箱场地装箱、点数并铅封。货到汉堡后,收货人拆箱即发觉茶叶串味变质,收货人于是向人保公司在汉堡的代理申请检验,检验表明有250箱红茶受精萘污染。事后经有关单位查明,其中1个集装箱在上一航次装载的正是精萘,茶叶串味显然是由于该集装箱的不清洁所致。另外2个集装箱内货物的异味,被认为是受了冲洗集装箱的消毒剂的污染。

问:红茶受污染的原因是什么?

承运人的中国远洋运输(集团)总公司和货运代理公司各应承担的责任?

【复习思考题】

1. 回答货物上如果标有如图3-1图案,其代表什么意思?

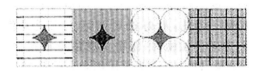

图 3-1

2. 回答图3-2货物单元在包装上是否存在缺陷?理由是什么?

图 3-2

3. 简答集装箱装载前应做哪些检查?
4. 简答如何确定集装箱装载需用量。
5. 简述提高集装箱的装载利用率的途径。
6. 简述危险货物在集装箱内积载的一般要求。
7. 简述危险货物包装的一般要求。
8. 简述开展危险货物集装箱运输的意义。

第四章 集装箱港站业务

学习目标
1. 理解集装箱港口的布局与设施
2. 理解集装箱货运站的作用及主要任务
3. 掌握集装箱港站的装卸设备,了解集装箱装卸工艺流程
4. 理解集装箱堆场管理
5. 理解集装箱堆场的中转箱管理

第一节 集装箱港口

集装箱港口(Container Port)是集装箱运输的枢纽,向外延伸国际的远洋运输航线,向内连接国内的铁路、公路、水路等运输线路,是各种运输方式衔接的换装点和集散地。

一、集装箱港口的特点和要求

(1)具备设计船型所需的泊位、岸线及前沿水深和足够的水域,保证船舶靠、离。

(2)具备港口前沿所需的宽度、港口纵深及堆场所需的面积,具有可供目前及发展所需的广阔陆域,保证集装箱堆存、堆场作业和车辆通道的需要。

(3)具备集装箱装卸船作业、水平运输作业及堆场作业所必需的各种装卸机械和设施,以实现各项作业的高效化。

(4)具有足够的集疏运能力及多渠道的集疏运系统,以保证集装箱及时集中和疏散,防止港口堵塞,实现快速船舶装卸作业。

(5)具有维修保养的设施及相应人员,保证正常作业需要。

(6)具有较高素质的管理人员和机械司机。

(7)具有现代化管理和作业的必需手段,以及电子计算机及数据交换系统。

集装箱港口的发展趋势将是泊位深水化、装卸设备大型化、装卸工艺系统化、集疏运设施现代化、生产信息化、港口泊位高效化、港口生产组织合理化。

二、集装箱港口的设施及其布局

1. 集装箱港口主要设施

（1）靠泊设施（Wharf）

靠泊设施主要由港口岸线和港口岸壁组成。港口岸线供来港装卸的集装箱船舶停靠使用，长度根据所停靠船舶的主要技术参数及有关安全规定而定。港口岸壁一般是指集装箱船停靠时所需的系船设施，岸壁上设有系船柱，用于船停靠港口时通过缆绳将船拴住，岸壁上还应设置预防碰撞装置，通常由橡胶材料制作而成。

（2）港口前沿（Frontier）

港口前沿是指沿港口岸壁到集装箱编排场（或称编组场）之间的港口面积，设置有岸边集装箱起重机及其运行轨道。

（3）集装箱编排（组）场（Container Marshalling Yard）

集装箱编排（组）场又称前方堆场，是指把准备即将装船的集装箱排列待装以及为即将卸下的集装箱准备好场地和堆放的位置，通常布置在港口前沿与集装箱堆场之间，主要作用是保证船舶装卸作业快速而不间断地进行。

（4）集装箱堆场（Container Yard, CY）

集装箱堆场又称后方堆场，是指进行集装箱交接、保管重箱和安全检查的场所，有的还包括存放底盘车的场地。

（5）集装箱货运站（Container Freight Station, CFS）

集装箱货运站有的设在港口之内，也有的设在港口之外。货运站是拼箱货物进行拆箱和装箱，并对这些货物进行贮存、防护和收发交接的作业场所，主要任务是出口拼箱货的接收、装箱，进口拼箱货的拆箱、交货等。

（6）控制塔（Control Tower）

控制塔是集装箱港口作业的指挥中心，主要任务是监视和指挥船舶装卸作业及堆场作业。控制塔应设在港口的最高处，以便能清楚看到港口所有集装箱的箱位及全部作业情况。

（7）闸口（Gate）

闸口是集装箱港口的出入口，也是划分集装箱港口与其他部门责任的地方。

（8）维修车间（Maintenance Shop）

维修车间是对集装箱及其专用机械进行检查、修理和保养的场所。

（9）集装箱清洗场（Container Washing Station）

集装箱清洗场的主要任务是对集装箱污物进行清扫、冲洗，一般设在后方并配有多种清洗设施。

（10）港口办公楼（Terminal Building）

港口办公楼是执行行政管理、业务管理的大本营。

2. 集装箱港口布局

集装箱港口平面布局见图 4-1，图 4-2。

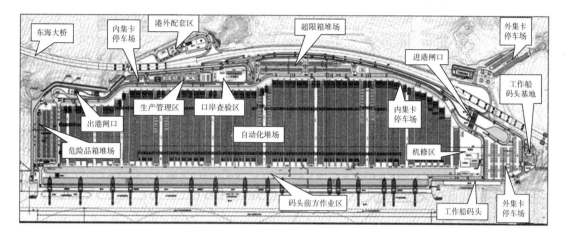

图 4-1 上海洋山港四期集装箱港口平面布局示意图

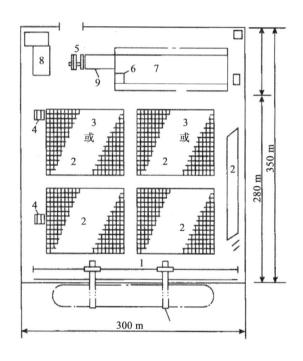

图 4-2 某港集装箱港口平面布局示意图
1—港站前沿；2—编排场；3—集装箱堆场；4—调头区；5—大门；
6—控制塔；7—拆、拼箱库；8—维修车间；9—办公楼

三、集装箱港口业务管理

1. 集装箱港口作业计划

（1）集装箱港口作业计划是集装箱港口企业的具体执行计划，规定了各阶段作业的具

体任务和实施办法。它根据集装箱运输市场的需求和企业的经营目标来确定集装箱港口吞吐量,并在保证社会经济效益的前提下,对集装箱港口的装卸、堆存等工作进行综合控制,科学合理地配置和利用各生产要素,力争取得最好的经济效益。

(2) 集装箱港口作业计划的内容

集装箱港口作业计划多是阶段性计划。它一般分为月度、近期、昼夜等计划。集装箱港口作业通常包括安排船舶作业的港口和泊位、确定装卸工艺和流程、确定各项作业的进度要求、保证装卸作业连续顺利进行。

(3) 集装箱港口作业计划的作用

集装箱港口作业计划实际上是集装箱港口企业计划的继续和具体化。集装箱港口作业计划的作用有:

① 科学合理地配置集装箱港口生产要素、协调集装箱港口内外关系、组织集装箱港口均衡地进行装卸作业。

② 作业计划是提高全体员工的责任感和创造性,促使全体员工实现企业目标的动员令和任务书。

③ 作业计划是对集装箱港口日常装卸作业进行指挥,并对阶段作业成果进行核算和对员工劳动进行考核的依据。

2. 集装箱港口单船作业计划

(1) 单船作业计划的内容及其作用

在集装箱港口作业计划体系中,月度、近期、昼夜等计划是以装卸货物为对象而编制的,而集装箱港口装卸作业的特点之一就是围绕船舶展开作业,因此,以船舶为对象,从船舶进港靠岸起直至装卸结束出港为止的整个时间序列,编制一个单船作业计划,对集装箱港口生产有着现实意义和重要作用。

单船作业计划按照船舶作业时间序列进行编制,其内容主要包括:引船入港、靠泊、办理入港手续、开舱、卸货、装货、移泊、清舱、燃物料供应、办理货运文件、办理离港手续、引船出港等。

单船作业计划就是对船舶在集装箱港口所要进行的全部作业的项目、程序、延续时间、相应责任者做出安排,并对港区各部门及港外协作单位提出具体协作要求。

单船作业计划是集装箱港口内外各方面做好船舶作业准备工作的依据,也是组织船舶在港作业的依据。编制单船作业计划的目的就是协调各方面的工作,科学合理地组织船舶在港的一系列作业,最大限度地压缩船舶在港停泊时间。

(2) 单船作业计划的贯彻与执行

单船作业计划详细规定了船舶从抵港到发航为止所有的作业项目、程序、时间和相应责任者,因此它是组织船舶作业,尤其是组织船舶最主要的作业——装卸作业的主要依据。

船舶装卸作业是实施单船作业计划的主体,也是集装箱港口装卸作业的核心。但是,由于单船计划是流水计划,它只规定了作业者的程序和占用时间,并没有规定各项作业的具体起讫时间,同时由于集装箱港口生产的复杂性和多变性,使得计划与实际情况也不可能完全符合,这就有必要在贯彻执行单船计划时,发挥控制室各级控制指挥人员,尤其是船舶装卸指挥员的积极性和能动性,通过他们的再创造,把计划付诸实际。

为做好装卸作业的组织工作,保证单船计划的贯彻执行,要注意以下几个方面:

① 做好充分准备。船舶装卸作业前的准备是多方面的,如思想准备上要使全体参加单船作业的人员明确任务,落实责任,树立参与意识,为完成和超额完成该船的装卸任务做好充分准备;要事先了解和掌握与船舶装卸作业有关的各种车、船、货以及其他有关信息资料;要根据箱型、数量和库场情况,做好机械、设备、工具、劳动力的配备,以及重点舱、重点作业线机械行走路线等具体工作的安排。

② 采取最佳工艺方案。在船舶作业组织既定的前提下,采用先进合理的装卸工艺,确保装卸安全质量、提高装卸工作效率。

③ 缩短重点舱和平衡各舱口装卸作业时间。集中集装箱港口的机械设备、人力等装卸力量,在一条船各舱口顺序作业中要把注意力放在缩短重点舱的装卸时间上;平衡各舱口的装卸作业时间,以取得该船装卸完工的最短时间。实践证明,集中力量和平衡舱时是缩短船舶在港时间、提高经济效益的有效途径,已成为大中型集装箱港站组织船舶装卸作业的基本方法。

④ 组织好各项辅助作业。要缩短船舶在港停时,除精心组织好船舶装卸作业外,还须组织好各项辅助作业。因为装卸时间只是船舶停时的一个部分,此外还有船舶离靠港口、调头、引航进出港、办理有关手续、燃物料和技术供应以及必要的移泊等辅助作业。所有这些辅助作业,需要有关各方面配合协调才能完成。

3. 港口调度作业

(1) 港口调度

港口调度是指对集装箱港口作业全过程进行统一的管理和指导。由于在编制港口作业计划时,不可能把一切情况都考虑进去,因此在实施计划时,必然会出现某一作业环节或内部的不平衡,这就需要港口调度部门具体地创造性地工作,来保证作业计划的顺利完成。

港口调度部门具体负责日常生产的组织、协调、平衡、控制、监督与检查。它的日常业务就是以昼夜作业计划为依据,把装卸作业过程的各部门各环节有机地联系起来,进行有节奏的连续作业。它要解决的问题是如何根据船舶、箱源、运输工具、机械设备、仓库以及劳动力等情况,确定装卸操作方法、选用机械类型、配备劳动力和确定作业起讫时间等。

港口调度是执行作业计划的关键,它的主要作用就是依据作业计划对港口生产经营活动进行连续的组织、指挥、衔接、协调和平衡,在安全优质的基础上保证生产作业有计划地完成。

由于港口装卸作业过程受诸多因素的影响,因此作业过程的可变性、机动性和创造性都比较大。发挥各级调度人员的主观能动性,控制工作做得越深入细致,对挖掘作业潜力、提高装卸效率和扩大港口通过能力起到的积极作用就越大。

（2）港口调度的具体任务

① 编制"工班任务书"。以昼夜生产作业计划表为主要依据，从提高装卸效率，压缩船舶、车辆在港口的作业时间出发，合理配置各环节作业要素，在此基础上编制"工班任务书"。

② 组织实施各项作业计划。根据工班任务书，组织实施各项作业计划，统一指挥全港口与装卸有关的各个部门，与港外有关单位配合，预先控制和及时消除影响装卸生产正常进行的内外部不利因素，确保在泊船舶的船期。

③ 控制作业进度。控制各项作业的进度，安排好车、船、箱、货的衔接，组织好集装箱的进港、堆存、中转、疏运工作，努力扩大门到门作业比重。

④ 提高工作质量。做好调度分析，掌握各项作业计划的完成情况，熟悉和掌握装卸生产的规律，提高工作质量。

⑤ 保证作业安全。树立安全质量第一和为现场装卸作业服务的思想，严格执行安全质量规范和各项操作规程，机动、灵活、迅速、果断地解决与装卸作业有关的问题，保证装卸作业安全均衡地进行。

（3）调度部门的职责

① 编制作业计划。根据月度、近期生产计划，负责编制船舶月度计划、公司昼夜船舶计划和单船作业计划。

② 组织装卸作业。按照各港口的条件，科学合理地调配泊到港船舶，充分发挥各港口机械、人力、堆场、泊位及其他设施等各生产要素的最大效用，努力扩大各港站通过能力，并组织实施装卸方案。

③ 控制作业进度。全面掌握昼夜各工班各港口单船装卸作业进度，以及劳动力、机械、设备、库场的使用情况，及时解决作业中的关键和困难问题，保持装卸作业连续不断地进行。

④ 贯彻执行安全操作规程。坚持"安全质量第一"的方针，督促各港口操作部门严格执行安全操作规程。

⑤ 监督检查作业安全情况。监督检查港口装卸作业中有关安全、生产、装卸质量的情况和存在的问题，提出改进措施。

⑥ 统计装卸作业报表。负责日常装卸作业快速统计和日报的编制工作。

4. 单船业务

单船是船舶指挥员、装卸指挥员、单船指挥员的简称，是集装箱港口装卸作业现场直接组织者和指挥者。

集装箱港口装卸作业的计划、控制、组织、实施，最终将与船舶装卸直接联系。从装卸作业需要出发，必须有一个以船舶为中心的有秩序和有效率的劳动组合，这个劳动组合既包括机械、设备、库场和劳动力，也包括装卸工艺和流程，而这个劳动组合需要一个指挥中心，单船就是这个劳动组合的管理者和指挥者。

（1）单船的任务

① 在港口调度的领导下，以昼夜作业计划和具体的装卸作业任务为依据，具体负责所

承担船舶装卸的劳动力和机械设备的配置,装卸工艺流程的落实和各装卸生产环节的平衡。

② 合理有效地组织指挥单船装卸作业。在安全优质的前提下,充分发挥主要机械的作用,最大限度地提高装卸效率,缩短船舶装卸时间,完成或提前完成所负责的单船装卸作业计划。

(2) 单船应具备的条件

① 事业心强,具有一定技术业务和领导能力,作风正派,敢于负责。

② 了解本港口结构特点、港口与驳岸的结合部位置及其荷载,了解港口停泊线水深,并能根据潮差对港口前沿水深做一般计算。

③ 了解本港口气候变化的一般规律及其对船舶装卸的影响,能采取相应措施。

④ 熟悉本港口现有机械和工属具的一般性能、负荷能力以及各类机械的安全操作规程。

⑤ 熟知本港口集装箱装卸工艺标准和定额计算办法,能根据不同船舶的情况熟练运用装卸工艺标准,合理配合劳动力、机械和工具,协调各工种作业,解决疑难问题,并能准确、及时地审查或填报装卸作业票。

⑥ 熟知安全质量规章制度,能掌握装卸作业中的薄弱环节,及时采取必要的技术组织措施,防止事故的发生,对已发生的安全质量事故,能采取紧急措施进行补救。

⑦ 了解装卸工组及现场有关人员的特点,能合理使用力量,调动各类人员的积极性。

⑧ 熟悉船舶吃水差、压载水、集装箱装卸对船舶的影响,能根据船舶吃水、载重率曲线图计算出装卸集装箱的吨位,能根据作业需要,协同船方调整配积载。

⑨ 熟悉应向船方、货主收取的费用种类,收费标准和所需签证的内容。

⑩ 熟悉港口规章制度。

⑪ 了解各航线集装箱班轮船舶的一般进/出口积载情况、箱型、箱量情况和要求,掌握危险品集装箱箱型、数量及在船的分布位置,了解各种直提/直装运输工具的来源、去向和周转时间。

⑫ 了解卫检、商检、动检、海关、港监、边防等对集装箱货运的基本要求,并能用英语进行装卸业务的简易会话。

(3) 单船的主要职责、工作内容

单船的主要职责是:

① 负责工班单船生产计划的实施。

② 根据作业进度要求,实施船舶装卸工作。

③ 按照船方及控制室督导的要求,指挥桥吊作业。督促桥吊安全装卸,及时制止不安全作业。

④ 负责督促工人做好集装箱的验残工作,并监督理货做好原始记录。

⑤ 负责作业后与船方的签证工作。

⑥ 做好各类单证和资料的交接工作。

⑦ 积极参与公司举办的各类培训。

⑧ 完成上级交办的各项任务。

⑨ 协助及配合其他同事共同完成部门或公司的整体工作。

单船的工作内容有：

① 交接班工作。交接清当班的装卸作业的数量及剩余箱量，传达有关特种箱作业要求，及其他作业中应注意的事项，以确保装卸作业安全正常地进行，交接清当班作业签与未签的各类情况。

② 做好开工前准备。清楚正确地掌握本班船舶开靠时间，靠泊尺码；了解靠船泊位的桥吊布置情况，以保证开靠船安全。

③ 合理安排作业机械。合理安排机械，提高装卸效率，落实安全质量措施和执行作业要求，发现问题及时采取解决措施。

④ 加强理货作业。加强卸船验残，对原残箱应加强与船方和理货的联系，做好"残损箱清单"/"设备交接单"签证记录；装船作业中要认真地复核船图，严格核对箱号和按船图位置布置作业，保证船舶准时开航。

⑤ 确保作业安全。桥吊在"舱—舱"的移动中，要认真监护，以防意外；拆箱和卸驳作业，要确保作业安全；吊索具要加强检查，操作工艺要适当、合理，确保货运质量。

⑥ 做好船舶作业结束工作。船舶作业结束后认真复核箱区，核对退关箱，发现疑问应立即汇报；杜绝漏装、错装、带装现象，转好退关箱；船舶卸箱结束后，认真检查每只 BAY（行）位是否有漏卸，保证不漏卸、错卸、多卸；确保作业完毕的桥吊不影响船舶离岸。

第二节　集装箱货运站

集装箱货运站(Container Freight Station,CFS)是提供拼箱货装箱、拆箱的场所，各类集装箱运输经营人经常委托港口集装箱货运站作为代表接收和交付货物。有些集装箱货运站还承担修箱、清扫等服务性业务。

一、集装箱货运站的种类及其作用

1. 港口货运站

港口货运站设在港口内，主要任务是承担收货、交货、拆箱和装箱作业，并对货物进行分类保管。也可以设在港口附近，虽不是港口的组成部分，但实际工作中与集装箱港口的联系十分密切。

集装箱港口货运站和传统的件杂货港口的库场有很大区别，其主要负责集装箱拆、装箱业务和仓库内货物管理，规模比件杂货港口库场小。集装箱港口除需有完整的仓库外，还需要有一定面积的拆箱区，以堆放所需拆箱的集装箱及方便客户、提货车辆行走。

2. 内陆货运站

内陆货运站设置于经济腹地，深入内陆主要城市及外贸进出口货物较多的地方，主要负责将货物预先集中,再进行装箱,通过内陆运输运至集装箱港口;或将港口进口的货物卸船后通过内陆运输疏运到分布在内陆的货运站,具有集装箱货运站和集装箱港口堆场的双重功能。

二、集装箱货运站的主要功能

集装箱港口货运站的主要功能:

1. 集装箱货物的承运、验收、保管和交付,包括出口拼箱货的积载与装箱、进口拼箱货的拆箱与保管。

2. 对库存货物进行堆存保管及有关统计管理。

3. 重箱和空箱的堆存保管、整箱货中转。

4. 货运单证的交接及签证处理。

5. 运费、堆存费的结算。

6. 集装箱的检验、修理、清洗、熏蒸等,集装箱车辆的维修保养。

7. 其他服务,如代办海关业务等。

集装箱内陆货运站除具备上述港口货运站的基本功能外,还必须负责接收托运人托运的整箱货及其暂存、装车并集中组织向港口堆场的运输;或集中组织港口向该站的疏运、暂存及交付;受各类货主委托承担集装箱代理人业务,对集装箱及设备的使用、租用、调运保管、回收、交接等行使管理权。

三、集装箱货运站的基本设施

1. 办理集装箱货物交接和其他手续的门房及营业办公用房。

2. 接收、发放和堆存拼箱货物及进行拆箱作业的场地、库房与相应的机械设备。

3. 集装箱堆存及堆场作业的机械设备。

4. 开展集装箱检验、修理、清洗等业务的车间。

5. 拖挂车和汽车停车场及装卸汽车的场地和机械设备。

6. 铁路运输装卸车作业的装卸线及装卸车的机械设备。

7. 能与港口、铁路车站及业务所涉及的各货主、运输经营人等方便、快速、准确地进行信息、数据、单证等的传输、交换的设备。

8. 为海关派员办理海关手续所需的各种条件及设施等。

四、集装箱货运站管理

集装箱货运站的经营人是指对货运站进行投资建设、经营管理的机构。可以是海上运输的集装箱公司、铁路或公路运输经营人,也可以是开展集装箱多式联运的经营人、无船承运人和较有实力的货运代理人。

集装箱货运站负责集装箱中转、储存保管、拆装箱等业务,有的还负责集装箱的清洗和修理等业务,既要配合船公司、港口做好出口集装箱货物到站装箱、拼箱工作,又要协调港口做好进口拼箱货的保管和交付工作。

第三节 集装箱港站装卸设备及其工艺

一、集装箱港站装卸设备

1. 岸壁集装箱装卸桥（Quayside Container Crane）

岸壁集装箱装卸桥简称岸桥，如图4-3所示。岸壁集装箱装卸桥是目前常用的集装箱装卸专用设备，也是集装箱港站前沿集装箱船舶装卸作业的主要机型。它是港站前沿机械，承担集装箱装、卸船作业，是港站集装箱作业的起点和终点，其对集装箱的处理速度和效率往往决定整个集装箱港站的吞吐量水平。岸桥由安装于走行台车上的门架，支撑于门架上的桥架及拉杆等构件组成其金属结构。临海（水）侧有外伸的悬臂，用以装卸船；陆地侧则有后伸臂，上面设有平衡装置，用以保持装卸

图4-3 梁架式集装箱装卸桥

桥的平衡与稳定。外伸臂是活动式的，平时吊起，放下后即可进行作业。为了方便船舶靠离港站，桥架外伸部分通过俯仰机构，可以上下俯仰。通过大车走行机构整机可沿轨道行走，以便进行换位、换舱及换泊位作业。配有集装箱专用吊具的走行小车可沿桥架轨道前后运动吊运集装箱，和起升机构一起，进行装船或卸船作业。

按门架结构岸桥可分为A型、H型及组合型门架三种形式，见图4-4。A型门架造型美观，避让船舶容易，整机重量轻；H型门架，焊接工艺性好，制造拼装容易，整机高度低；组合型门架兼顾A、H两种类型门架特点，主要用于大型岸桥。

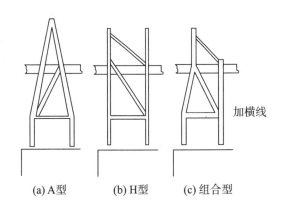

图4-4 门架结构形式

按前大梁让船方式岸桥可分为俯仰式、折叠式、滑梁式和固定式,见图4-5。俯仰式前大梁可以向上俯仰,结构简单,但仰起后高度较高,是目前采用最多的方式。

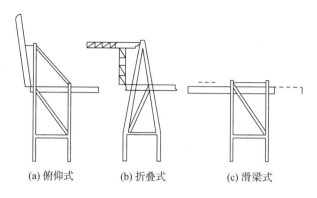

(a) 俯仰式　　　(b) 折叠式　　　(c) 滑梁式

图4-5　前大梁让船结构岸桥

折叠式前大梁分为两段,仰起时中间折叠,结构较复杂,适用于距离机场较近高度有限制的港站。

滑梁式前大梁可伸出或缩进,结构复杂,只在高度受到限制的港站使用。

固定式整个桥架为一体,固定不变,结构最简单,主要用于船舶高度不需避让的驳船港站。

2. 跨运车(Straddle Carrier)

跨运车是集装箱港站和中转站堆场搬运、堆码集装箱的专用机械,如图4-6所示。它将门形车架跨在集装箱上,由装有集装箱吊具的液压升降系统吊起集装箱,进行搬运和堆码。此外,还可用跨运车在堆场上装卸集装箱牵引挂车。它与集装箱场桥比较,具有更大的机动性。跨运车既可在港站前沿与堆场之间单独进行搬运作业,也可与集装箱场桥和集装箱牵引挂车配合使用。

图4-6　集装箱跨运车

集装箱跨运车的车体结构通常分为3种,一是无平台及跨运和装卸共享结构,二是有平台及跨运和装卸共享结构,三是有平台及跨运和装卸专用结构。

3. 集装箱叉车(Container Forklift)

集装箱叉车(图 4-7)是港口最常见的专门机械,可用于装卸、搬运及堆码作业,也可用于拆箱,根据货叉位置分为正面集装箱叉车和侧向集装箱叉车两种。集装箱叉车特别适用于空箱作业,一般在集装箱吞吐量较少的多用途泊位上使用。

优点:机动灵活,既可水平运输,也可用于堆码、搬运及底盘车作业;造价低,使用方便,性能可靠。

缺点:轮压大,要求场地承载能力高。

4. 集装箱正面吊运机(Front-Handling Mobile Crane)

集装箱正面吊运机(简称正面吊,图 4-8)是目前港站堆场上使用最频繁的集装箱专用机械,优点:机动性强,可吊装作业,又可短距离搬运;一般可吊装 4 层箱高,稳定性好,轮压不大。集装箱正面吊运机是比较理想的堆场装卸搬运机械,适用于集装箱吞吐量不大的港站,也适用于空箱作业。

图 4-7 集装箱叉车

图 4-8 集装箱正面吊运机

5. 龙门起重机(Transtainer)

龙门起重机简称龙门吊,是在集装箱堆场上进行集装箱堆垛和车辆装卸的机械。龙门起重机有轮胎式(Rubber-Tired)(图 4-9)和轨道式两种。

图 4-9 轮胎式集装箱龙门起重机

6. 空箱堆高机(Empty Container Stacker)

空箱堆高机(图 4-10)可用于空箱堆场进行空箱堆码和搬运作业,操作方式类似叉车,但起吊集装箱采用抓夹方式,一般可抓取 8 t 空箱,可堆高 8 层空箱。

7. 重箱堆高机(Heavy Forklift)

重箱堆高机(图 4-11)可用于重箱堆场进行重箱堆码和搬运作业,操作方式一般为正面吊运载集装箱,其额定起重量通常在 40—50 t 之间。因为起重臂架同时具有伸缩和变幅功能,所以正面吊具备跨箱作业的能力。受起重臂架长度和倾覆力矩的限制,正面吊作业时的堆垛层数一般最高为 5 至 6 层。

图 4-10　空箱堆高机　　　　　图 4-11　重箱堆高机

8. 集装箱牵引车—底盘车(Semi-Trailer Tractor)

集装箱牵引车—底盘车,用于集装箱在前后堆场转移。其最大的特点是能够直接挂接在集装箱牵引车上进行下一运程的运输,但占用空间较大,投资也大,港站面积利用率不高(图 4-12、图 4-13)。

图 4-12　集装箱牵引车　　　　　图 4-13　集装箱底盘车

9. 集装箱吊具(Container Spreader)

集装箱吊具是集装箱岸桥、场桥、正面吊等集装箱专用机械的重要取物装置。集装箱吊具按其结构特点可分为固定式吊具(图 4-14)、伸缩式吊具(图 4-15)和组合式吊具(图 4-16)。除此之外,目前也有诸如双箱吊具(图 4-17)这样的吊具得到应用。

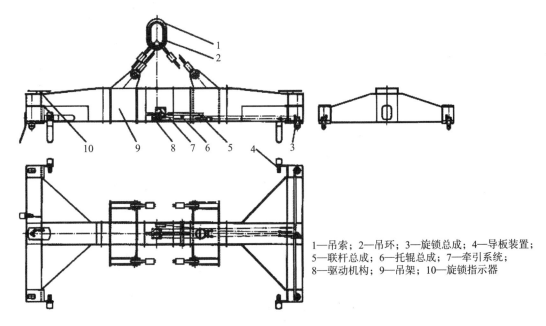

1—吊索;2—吊环;3—旋锁总成;4—导板装置;
5—联杆总成;6—托辊总成;7—牵引系统;
8—驱动机构;9—吊架;10—旋锁指示器

图 4-14 固定式吊具

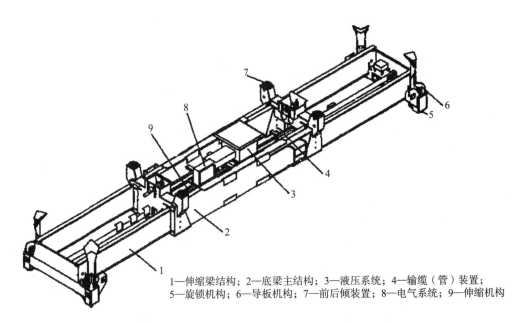

1—伸缩梁结构;2—底梁主结构;3—液压系统;4—输缆(管)装置;
5—旋锁机构;6—导板机构;7—前后倾装置;8—电气系统;9—伸缩机构

图 4-15 伸缩式吊具

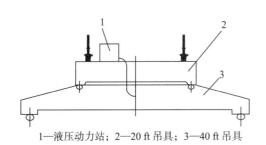

1—液压动力站；2—20 ft 吊具；3—40 ft 吊具

图 4-16　组合式吊具

图 4-17　双箱吊具

10. 拆箱机械(Unpacking Machinery)

拆箱机械一般包括 1.5—3.0 t 低门架叉车(图 4-18)、手动搬运车(图 4-19)等。

图 4-18　低门电动叉车

图 4-19　手动液压搬运车

11. 集装箱 AGV(Automated Guided Vehicle)

集装箱 AGV(图 4-20)是按设定的路线自动行驶将集装箱从岸桥运到堆场的水平运输工具。按照动力方式不同，AGV 可以分为全柴油、柴电混合、气电混合、全电充电、全电换电五种。

图 4-20　集装箱 AGV

AGV 只有按物料搬运作业自动化、柔性化和准时化的要求,与自动导向系统、自动装卸系统、通信系统、安全系统和管理系统等构成自动导向车系统(AGVS)才能真正发挥作用。计算机硬件技术、并行与分布式处理技术、自动控制技术、传感器技术以及软件开发环境的不断发展,为 AGV 的研究与应用提供了必要的技术基础。人工智能技术如理解与搜索、任务与路径规划、模糊与神经网络控制技术的发展,使 AGV 向着智能化和自主化方向发展。AGV 的研究与开发集人工智能、信息处理、图像处理于一体,涉及计算机、自动控制、信息通信、机械设计和电子技术等多个学科,成为物流自动化研究的热点之一。

自 20 世纪 90 年代以来,随着全球贸易的迅猛发展,集装箱运输开始朝着自动化方向发展。截至 2018 年,全世界集装箱码头中约有 8.8% 是完全或部分自动化的。全球自动化港区面积和自动化港口数量如图 4-21 所示。不断增长的船舶尺寸,促使自动化港口的生产率不断提高,吞吐量比标准码头提高了 30%。目前,我国沿海的主要集装箱港口,如厦门港、上海港、青岛港、天津港等陆续建设了自动化集装箱码头,集装箱 AGV 也得到了大量的应用。

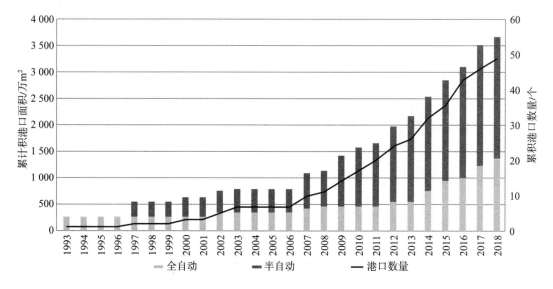

图 4-21 全球自动化港区面积和自动化港口数量

二、集装箱港站装卸作业

1. 装卸船作业

由岸边集装箱起重设备进行集装箱的吊进/吊出作业,完成集装箱在前方堆场和船舱之间的转移。

2. 跨运作业

由集装箱跨运设备进行集装箱在前后堆场之间的移动作业。

3. 倒箱(捣箱)作业

由各种集装箱调运设备对堆场内的集装箱进行堆放位置的调整,以便集装箱的堆存管理和吊装或运出港站。

4. 转运吊装/吊卸

对其他陆地运输工具运进和运出港站的集装箱进行的吊装作业。

三、集装箱港站装卸工艺

伴随着海上集装箱运输的飞速发展,集装箱装卸工艺在整个集装箱运输过程中,对加速车船周转,提高货运速度,降低整体运输成本等,起着十分重要的作用。

集装箱装卸工艺是指装卸和搬运集装箱的方法和流程。集装箱港口(车站)装卸工艺是指以港口(车站)机械化、自动化系统为主体,有泊位、堆场、设备运行通道等所构成的集装箱全部位移的操作方法和作业流程。

集装箱装卸工艺的主要内容:

(1) 集装箱装卸设备类型的选择;
(2) 集装箱港站工艺流程合理化;
(3) 集装箱在运输工具和堆场的合理堆放;
(4) 集装箱装卸、运输和工作的先进操作方法。

不同装卸工艺有不同的机械组合和特点。设计集装箱装卸工艺的目的是对不同的集装箱船、不同的集装箱港口采用不同的机械组合,使装卸集装箱的时间最短,效率最高,成本最低,通过能力最大,经济效益最好。

集装箱装卸工艺设计应遵循的原则:

(1) 利于提高船舶装卸效率;
(2) 利于场地布置;
(3) 利于机械配套;
(4) 利于高效作业;
(5) 利于信息处理;
(6) 利于降低成本。

不同的装卸机械适用于不同的装卸工艺,目前,较常用的几种典型的集装箱装卸工艺有:底盘车作业方式、跨运车作业方式、门吊作业方式及跨运车-龙门吊混合作业方式。

1. 底盘车(拖车)作业方式

底盘车(拖车)作业方式是美国海陆班轮公司所创造的,后在一些国家陆续采用。这种作业方式是将从船上卸下的集装箱直接装到集装箱底盘上,并由牵引车拉到中转箱堆场,将集装箱和底盘车一起存放,集装箱在港站堆场的整个停留期间均放置在底盘车上(图4-22)。

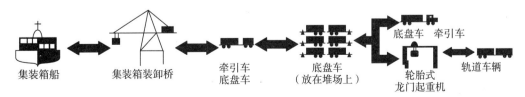

图4-22 底盘车(拖车)作业方式

(1) 主要优点:集装箱在港站的操作次数减少,装卸效率高,损坏率小;集装箱在堆场内不需要其他装卸机械,集装箱随时处于可接送状态,十分有利于集装箱门到门运输的开展;工作组织简单,对装卸工人和管理人员的技术要求不高。

(2) 主要缺点:由于每一个集装箱需要一辆底盘车,且集装箱本身也不能进行多层堆码,故占用的车辆和场地很多,需要大量的投资;在运量高峰期可能会出现因底盘车不足而间断作业的现象。

底盘车作业方式主要适用于集装箱港站的起步阶段,特别是整箱货比例较大的港站。

2. 跨运车作业方式

这种作业方式是由集装箱装卸桥将集装箱从船上卸至港站岸边后,由跨运车将集装箱运至堆场内,直接向指定地点堆码集装箱(图4-23)。

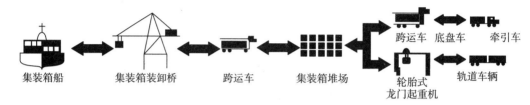

图 4-23 跨运车作业方式

(1) 主要优点:跨运车机动性强,能一机完成从港站岸边到堆场内的多种作业(包括自取、搬运、堆垛、装卸车辆等),减少作业环节;堆场内无须使用拖挂车和其他装卸机械,有效减少了港站机种和数量,便于组织管理;跨运车机动灵活、对位快,岸边装卸桥只需将集装箱卸在港站前沿,无须准确对位;跨运车自行抓取运走集装箱,能充分发挥岸边集装箱装卸桥的效率;堆场利用率相比底盘车作业方式要高,所需的场地面积较小。

(2) 主要缺点:跨运车机械结构复杂,液压部件多,故障率高,对维修人员的技术要求较高,且造价昂贵;跨运车的车体较大,司机室位置高、视野差,操作时需配备助手;对司机的操作水平要求较高,若司机对位不准,容易造成集装箱损坏。

该作业方式适用于进口重箱量大、出口重箱量小的集装箱港站。

3. 门吊作业方式

这种作业方式是由门吊在集装箱堆场内负责集装箱的堆码和对底盘车或铁路货车进行装卸,或者对船舶装载集装箱时,门吊将集装箱吊上底盘车后,由牵引车将底盘车和集装箱运至港站前沿,再由集装箱装卸桥将集装箱装到船上(图4-24、图4-25)。

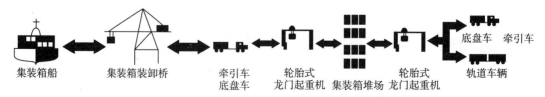

图 4-24 轮胎式门吊作业方式

图 4-25　轨道式门吊作业方式

（1）主要优点：集装箱在港站堆场可多层堆放，堆场利用率高，可满足拖挂车辆和铁路货车的装卸需要。

（2）主要缺点：作业机动性差，工作量大；易造成拖挂车辆在门口排队等候的现象。

4. 跨运车-龙门吊混合作业方式

从经济性和装卸性能的观点来看，前三项作业方式各有利弊。为有效地扬长避短，充分发挥各种机械的优势，有些港口逐渐开始采用前述作业方式的混合系统：跨运车-龙门吊混合作业方式，可参见图 4-23 和图 4-25 中右下部分示意图。其主要特点是：

（1）船边的装卸由岸边集装箱装卸桥承担；

（2）进口集装箱的水平运输、堆码和交货装车由跨运车负责完成；

（3）出口箱的货场与港站前沿间的水平运输由底盘车完成，货场的装卸和堆码由轨道式龙门起重机完成。

由于混合作业方式更加趋于合理和完善，世界上已有不少港站采用了这种作业方式。

第四节　集装箱港站堆场管理

一、集装箱区划分及箱位编码方式

1. 堆场箱区的划分

（1）按进出口业务可分为进口箱区和出口箱区；

（2）按集装箱货种可分为普通箱区、冷藏箱区、特种箱区和中转箱区；

（3）按集装箱装载状态可分为空箱区、重箱区。

危险品箱区、冷藏箱区因有特殊设备，如冷藏箱区有电源插座，危险品箱区有喷淋装置及隔离栏，所以该箱区是相对固定的。中转箱区虽无特殊设备，但因海关部门有特殊要求，故也是相对固定的。

港站箱管人员在安排箱区时，原则上各箱区堆放哪一类箱是相对固定的，但也可以根据港站进出口箱的情况、实际堆存情况、船舶到港情况和船公司用箱情况等，适当调整各箱区的比例。

2. 堆场箱区的箱位编码方式

集装箱堆放在港站堆场，一般在场地上都要按照集装箱的箱型、尺寸预先划出标准区域,并用一组代码来表示在堆场内的位置,这个位置就叫做"场箱位"。

在场箱位端线标出标号,叫做"场箱位号",一定区域或范围的箱位,再编上号码,叫做"场位号"。

场箱位由行、间、段、层组成,见图 4-24 所示。

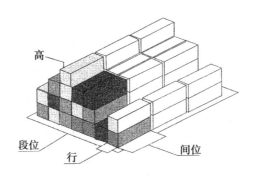

图 4-26　集装箱的场箱位编号

(1) 箱区:有两种表示方式,一种用一个英文字母表示,另一种由一个英文字母和一位阿拉伯数字组成。英文字母表示港站的泊位号,阿拉伯数字表示堆场从海侧到陆侧后方堆场的顺序号。

(2) 位(贝):一个箱区由若干个位组成,位(贝)的编码一般可用两位阿拉伯数字表示,与集装箱船舶箱位(行)号表示类同,奇数 01、03、…表示 20 ft 箱位,偶数 02、04、…表示 40 ft 箱位。

(3) 排:用一位阿拉伯数字表示。

(4) 层:用一位阿拉伯数字表示。

因此,集装箱的场箱位一般用 5 位或 6 位英文字母和阿拉伯数字表示,如"A0111"表示该箱在 A 箱区 01 位第 1 排第 1 层;"A10111"表示相同含义。

一些港口也采用自己的编码规则,但大同小异。如深圳盐田国际集装箱港站,集装箱在盐田国际堆场的具体位置用段、间、行、高四个参数来表示。例如:38160503 表示集装箱所在位置是在堆场中 38 段位、第 16 间、第 5 行、第 3 层高。

二、集装箱堆场收箱、提箱管理

1. 堆场收箱管理

收箱业务一般是指进出口重箱在集港堆场收箱交接,或港站货运站装箱后重箱返回堆场交接以及受船公司委托空箱的交接。前两种重箱,在堆场出口区域内进行交接,而返回空箱的交接则在堆场专门设置的空箱堆存区域内进行。出口重箱收箱作业流程如下:

(1) 公路承运人凭进场设备交接单(图 4-27)和其他相应业务单证,在港站检查进场通道,与堆场理货员办理集装箱进场交接;

(2) 公路承运人将拖车开到闸口地磅上称重,过磅理货员用计算机输入箱号、箱型、车号,打印过磅计量单;

(3) 闸口理货员核对设备交接单,检查箱体、箱号、铅封、船名、航次、车队、车号后双方签字;

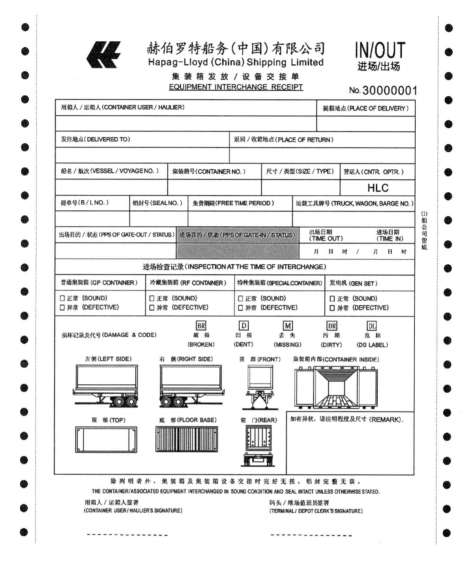

图 4-27 集装箱进场/出场设备交接单

(4) 闸口理货员在出口箱入场单上加盖箱检章、过磅章;
(5) 运箱人将拖车开到堆场指定场位卸箱;
(6) 堆场箱控部门根据堆场积载计划安排,指挥场地机械将重箱卸到指定场位、箱位;
(7) 堆场理货员编制箱位图并输入计算机,供调度部门编制出口装船计划。

空箱返回进场业务是港站堆场受船公司委托而进行的,其进场交接程序与出口重箱交接相同。港站堆场按不同船公司分别堆码进场空箱。

2. 港站堆场提箱管理

港站堆场提箱作业涉及以下四方面业务:(1)进口重箱出场交接;(2)货运站交货重箱出场交接;(3)进口超期箱转栈出场交接;(4)调运空箱出场交接。

提箱作业在港站堆场进口区域内进行,流程如下:

(1)公路承运人凭出场设备交接单(图4-27)、交货记录、集装箱提箱凭证,在闸口与出场通道与堆场理货员办理出场交接;

(2)堆场理货员核对运箱人所持设备交接单、交货记录、集装箱提箱凭证、费用结算单证、有效放行单证,并经双方检查箱体、铅封后在设备交接单上签字交接;

(3)运箱人凭闸口理货员开具的出门证,从闸口出场通道运箱出场;

(4)堆场理货员将提箱信息及时输入计算机,及时变更堆场箱位图。

三、集装箱堆存管理

1. 集装箱堆垛的基本要求

堆场堆垛的基本原则就是保证集装箱堆放安全,减少翻箱率,充分利用堆场面积。箱型不同、工艺不同、货种不同,堆垛方式也不相同。堆垛的要求如下:

(1)根据集装箱的不同箱型分开堆垛;

(2)根据箱内装载货种的不同分开堆垛;

(3)满足堆场作业机械的工艺要求;

(4)堆码层高视港站具体条件及荷载而定;

(5)合理安排出口箱进场堆放。

2. 集装箱堆场堆存管理

(1)堆场配载室业务:根据船公司或代理人提供的出口集装箱装货清单及预配清单、集装箱预配图,结合港站进箱堆存实际情况,编制出口集装箱实配图。

(2)堆场调度(策划)室业务:根据船舶靠离泊计划和堆场实际堆存能力,规划重箱、空箱进出口箱区;根据闸口人员整理的门票,为接收的集装箱指定堆场箱位,编制堆场箱位图和堆场作业计划图;根据靠泊船舶的积载图,编制装卸顺序单(装卸船计划)。

(3)堆场箱控室业务:执行装卸作业计划和堆场作业计划,包括进出场作业、验关移箱作业和装卸船作业。

四、集装箱堆场清场作业

为保证核心班轮进出口作业正常进行,保证核心班轮班期,根据船期预报,提前做好场地安排,是堆场管理中不可缺少的工作。清场作业是堆场计划中的主要内容之一,流程如下:

1. 堆场箱控部门根据调度策划室下达的清场单中明确的箱位、箱量,对需要清理的进出口场地,通知陆运调度员组织作业;

2. 调度员视清场作业的倒箱量,配备场地及水平搬运机械,按照清场单进行倒箱作业;

3. 清场作业后,堆场理货员将发生移动的集装箱箱号、场位号重新输入计算机并通知相关部门可以卸箱的场位。

五、堆场中转箱管理

国内中转箱:在境外装货港装船后,经国内中转卸船后转运到境内其他港口的集装箱,以及在国内装货港已办理出口结关手续,船公司出具全程提单,经国内中转港转运至国外目的港的集装箱。

国际中转箱:由境外起运,经中转港换装国际航线船舶后,继续运往第三国或地区指定口岸的集装箱。

1. 一程船卸船

一程船:对某一中转箱而言将该箱从起运港运至中转港的船舶。

港口配载计划员在收到船公司资料后,将其中的中转资料交中转业务员处理。中转业务员将中转资料输入电脑,在船舶卸船后,将中转资料与实卸情况核对,发现问题通知有关单位协调解决。对于一程船卸船后超过一定时间(14天)还没出运的中转箱,港站中转业务员主动与代理联系,及时安排二程船转运。

2. 二程船装船

二程船:对某一中转箱而言将该箱从中转港运至目的港的船舶。

中转业务员收到中转通知书后,将通知书(需有海关放行章)连同外区拖进本港站的中转箱的动态表交给配载员处理。装船结束后,中转业务员将经由配载员注明的中转箱实际装箱情况和卸船时间的中转通知书与已装船的动态表等单证一起交给收费部门。

3. 中转箱跨区拖运

如中转箱一程船与二程船装船不在同一港站,卸船后必须跨区拖运。拖出地港站的中转业务员在安排出场计划的同时开具中转动态表(一式二联),附在作业申请单上交给出场检查口。司机拖箱时与检查口人员办理设备交接,检查口人员自留动态表一联,附在出场报表上交给收费部门,其余交给司机。拖进地港站检查口业务员和司机办理设备交接,同时收下两联动态表,一联交给中转业务员,另一联附在进场报表上交给收费部门。

4. 危险品中转箱转存

凡不宜在港站堆存的危险品中转箱,港站中转业务员应及时通知代理安排转运,出场时,中转业务员填写作业申请单和动态表(一式三联)交给检查口。检查口自留一联,附在出场报表上交给收费部门,其余交给司机。司机进场将动态表交给堆场业务员,堆场业务员保留以备日后进场之用。

5. 中转箱倒箱

国际中转箱如因箱体损坏、用错箱等原因需要倒箱的,船舶代理应出具联系单给港站和海关。若在港站外倒箱,港站应根据海关许可证,安排出场计划和进场计划;若在港站内倒箱,则要有海关、船舶代理、理货员在场。倒箱后海关加铅封。

第五节　集装箱港站检查口业务管理

集装箱港站检查口是集装箱港站与内陆承运人进行集装箱设备交接的主要场所,所有由集装箱卡车运输进出集装箱港站堆场的集装箱,都必须通过港站的检查口。

当集装箱进出港站时,检查口要对集装箱卡车司机提供的文件进行审核,检查接收的集装箱有无异常,测定集装箱的重量。为此,检查口在集装箱卡车通过的道路上设置地秤,当出口重箱进场通过检查口时,地秤会自动测定其重量,并将集装箱卡车司机随车提供的"集装箱装箱单"的相关内容输入计算机,计算机自动选定该集装箱在港站堆场内的计划箱位,并打印一张带计划箱位的"收箱小票"交给集装箱卡车司机,集装箱卡车司机根据小票的计划箱位把集装箱运至指定的堆场。

一、集装箱港站检查口的职责和工作要求

集装箱港站检查口是集装箱进出港站堆场的主要通道,对集装箱港站而言,检查口业务管理的质量,将直接影响港站的生产。因此,必须明确检查口的工作职责,制定检查口的工作要求。

1. 集装箱港站检查口的职责
(1) 负责检查口的管理。
(2) 负责检查口集装箱进出场作业的实施。

2. 集装箱港站检查口的工作要求
(1) 执行有关安全生产劳动保护方面的方针政策,树立安全第一、预防为主的思想。
(2) 参加生产会,安排检查口作业人员,落实生产会布置的工作。
(3) 负责检查口集装箱进出场作业的实施。
(4) 负责审核进、出场集装箱的单证。
(5) 负责检查口进、出场集装箱的交接签证工作。
(6) 负责进、出场集装箱的验残与签证工作。
(7) 负责进、出场集装箱的残损登记。
(8) 负责进场冷藏箱记录卡的编制。
(9) 负责输入集装箱动态信息。
(10) 负责办理车/船直装、船/车直提箱作业并及时上报给控制室。
(11) 负责检查口作业区域的交通安全。

二、集装箱港站检查口的工作内容

集装箱港站检查口的日常工作包括进场业务和提箱业务。进场业务主要包括出口重箱进场、出口空箱进场、中转箱转港站进场。提箱业务主要包括提进口重箱、提空箱、提退关箱、提中转箱以及超期箱的疏运。

1. 集装箱港站检查口工作的具体内容

(1) 办理出口重箱进场手续。检查口人员审核集装箱卡车司机提供的"集装箱装箱单"和"集装箱设备交接单"内容,并将箱号、箱型、车牌号、箱状态、出口船名、航次、卸货港、目的地、提单号、件数等内容输入计算机。计算机将自动选择一个计划箱位,同时打印有计划箱位的"收箱小票"交给集装箱卡车司机。

若是装有危险货物的集装箱进场,检查口还必须审核"危险货物集装箱装箱证明书",并将危险货物的类别输入计算机。

若是装有冷冻货物的集装箱进场,检查口还必须输入冷藏箱的设置温度。

(2) 办理出口空箱进场手续。集装箱港站检查口人员审核集装箱卡车司机提供的"集装箱设备交接单"内容,并将箱号、箱型、车牌号、箱状态、出口船名、航次、集装箱经营人、卸货港、目的地等内容输入计算机。计算机将自动选择一个计划箱位,同时打印有计划箱位的"收箱小票"交给集装箱卡车司机。

(3) 办理回空箱进场手续。回空箱是指收货人将进口集装箱提离港站堆场,经过拆箱后,空箱仍然返回港站堆场储存。

检查口人员审核集装箱卡车司机提供的"集装箱设备交接单"内容,并将箱号、箱型、车牌号、箱状态、集装箱经营人等内容输入计算机。计算机将自动选择一个计划箱位,同时打印有计划箱位的"收箱小票"交给集装箱卡车司机。

(4) 办理中转箱进场手续。中转箱进场有两种情形,一种是指一程船在其他港站卸船,二程船在本港站装船的中转集装箱进场;另一种是指海铁联运的中转集装箱进场。

检查口人员在办理中转箱进场业务时,必须审核集装箱卡车司机提供的"中转动态表"和"集装箱设备交接单"内容,并将箱号、箱型、车牌号、箱状态、二程船船名、航次、卸货港、目的地、提单号、件数等内容输入计算机。计算机将自动选择一个计划箱位,同时打印有计划箱位的"收箱小票"交给集装箱卡车司机。

2. 办理提箱手续

(1) 办理提进口重箱手续

审核集装箱卡车司机递交的由客户服务中心提供的"提箱凭证",以及由船公司提供的"集装箱设备交接单",将箱号、车牌号输入计算机,计算机打印"发箱小票"交给集装箱卡车司机。

(2) 办理提空箱手续

审核集装箱卡车司机递交的由客户服务中心提供的"提箱凭证",以及由船公司提供的"集装箱设备交接单",将集装箱经营人(或者箱号)、箱尺寸、车牌号以及客户服务中心制作的计划号输入计算机,计算机打印"发箱小票"交给集装箱卡车司机。

在提空箱作业时,如果所提的空箱不适合装货时,可以调换。检查口可先取消原来的作业,再重新办理提箱手续。

(3) 办理提中转箱手续

审核集装箱卡车司机递交的由客户服务中心提供的"提箱凭证",将箱号、车牌号输入计算机,计算机打印"发箱小票"交给集装箱卡车司机。

(4) 办理提退关箱手续

审核集装箱卡车司机递交的由客户服务中心提供的"提箱凭证",以及由船公司提供的"集装箱设备交接单",将箱号、车牌号输入计算机,计算机打印"发箱小票"交给集装箱卡车司机。

3. 办理集装箱卡车出场确认手续

重载集装箱卡车出场,在检查口办理出场手续,集装箱卡车司机领取出场"出门证",并将"出门证"交给港站公司保安后,方可离开港站。

由于目前集装箱港站堆场管理采用图形监控,所有进场的集装箱卡车都能在监视屏幕上显示,故能有效地控制外来集装箱卡车。因此,为了加强对外来集装箱卡车的管理,空载集装箱卡车出场,必须在检查口办理出场手续,集装箱卡车司机领取出场"出门证",并将"出门证"交给港站公司保安后,方可离开港站。许多港站对空载集装箱卡车出场,并没有采取这么严格的管理措施,其后果就是对外来集装箱卡车管理的失控。

4. 取消作业

虽然已办理提箱或进场手续,但是由于集装箱卡车或者港站堆场的轮胎龙门吊损坏等原因,未办理集装箱卡车出场确认手续的,检查口应收回"发箱小票"或"收箱小票",取消该作业,注明取消作业的原因,并输入计算机。

5. 计划与实绩查询

可查询进场或提箱计划以及计划完成的实绩。

6. 残损登记

检查口在检查集装箱箱体时,若发现箱体有异常情况如箱体残损等,应在"集装箱设备交接单"上登记、注明,并输入计算机。

三、集装箱港站检查口作业流程

集装箱港站检查是集装箱港站业务管理的一个重要环节,它的通过能力直接影响港站堆场作业。因此,确保集装箱卡车在检查口快速通过就显得十分重要,必须制定一套相应的作业流程,在内、外条件具备的情况下,保证集装箱卡车司机在检查口办理提箱或进场手续顺利进行。图 4-28 为集装箱港站检查口作业流程。

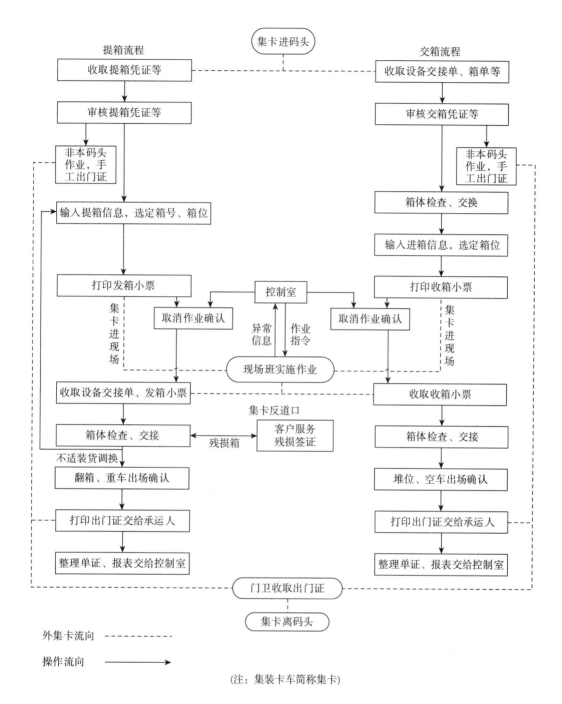

(注：集装卡车简称集卡)

图 4-28 集装箱港站检查口作业流程图

1. 集装箱港站检查口作业顺利进行的条件

（1）内部条件。港站内部事先需要做大量的计划准备工作。如将收货人申请的提箱或者进场计划输入计算机，并打印"提箱凭证"交给收货人；收货人将"集装箱设备交接单"和"提箱凭证"交给内陆运输公司，并由集装箱卡车司机随车带至检查口，作为提箱的交接文件。

港站船舶计划员安排有关船舶的靠泊计划,并规定出口箱开始进场时间与截止进场时间。对于装载超高、超宽、超长或者超重,以及危险货物的出口集装箱进场,为了安全起见,还必须事先安排进箱计划。

港站堆场计划员按计划安排提箱所需要用的空箱,以及出口重箱或者空箱进场的堆放箱位。这些计划的安排,完全由计算机来完成。

配载计划员按照船舶停靠卸货港的次序,在计算机上登记船舶的航次挂靠港,建立卸货港与目的地的对应关系。配载计划员还要根据配载船图的需要,参照代理提供的出口预配清单,将要进场的出口重箱,按不同的卸货港、不同的尺码,分成若干重量等级,并输入计算机。

除了安排相应的计划外,最重要的就是必须按照箱务管理的要求确立集装箱在堆场内的堆放原则,以及计算机的选位原则;系统应建立一套自动选位或选箱系统,减少检查口人工操作引起的差错。

(2) 外部条件。内陆运输公司的集装箱卡车司机,必须提供在检查口进行提箱或者进场交接所需要的单证,并且交接单证各项内容必须清晰与完整。

2. 集装箱港站检查口作业流程

(1) 集装箱的发放、交接。集装箱及集装箱设备的发放、交接,实行"集装箱设备交接单"制度。从事集装箱运输业务的企业,必须凭集装箱经营人或代理签发的"集装箱设备交接单"办理进出口集装箱及集装箱设备的提箱、收箱、进场、出场手续。

港站与货方、内陆(公路)承运人的交接责任划分以港站检查口为界。

(2) 集装箱的交接验收。集装箱的交接验收标准应包括箱号清晰(以箱门上的为准);箱门关紧无漏缝、箱体表面平整(凹损不超过内端面 3 cm,凸损不超角配件外端面)、无破洞;门杆、手柄齐全,无弯曲;敞顶箱油布完好,横梁、钢丝绳安装完整;冷藏箱压缩机、控制箱表面完好,重箱铅封完好;台架箱装载超高、超宽或者超长货物,要检查超高、超宽或者超长尺码以及货物捆扎牢固状况;装载危险货物的集装箱,要检查所用集装箱的强度、结构,是否符合装货要求,还应检查是否有正确的危险品标志,有无渗漏液体、气体现象。

(3) "集装箱设备交接单"的签证。集装箱的设备交接单主要用于集装箱设备的交接。集装箱箱体符合验收标准的,检查口人员和集装箱卡车司机双方应在"集装箱设备交接单"上签名。集装箱箱体因发生残损而不符合验收标准的,应将残损类型、部位、程度等在"集装箱设备交接单"上注明,检查口人员和集装箱卡车司机双方应在"集装箱设备交接单"上签名。若因残损十分严重而影响箱内货物的,应通知船公司负责解决。

签证后的"集装箱设备交接单""港站/堆场联"留港站,其余的由集装箱卡车司机带回。有残损记录的"集装箱设备交接单",其残损情况按规定输入计算机,并交港站管理部门保存。没有残损记录的"集装箱设备交接单",按规定统一保存。

3. 集装箱港站检查口交接的单证与审核

检查口交接时,涉及的单证较多,可分为外部单证和内部单证两大类,并且不同业务的集装箱在进出场时,需具备不同的交接单证。

(1) 外部单证。外部单证由集装箱卡车司机随车提供。主要包括:用于出口重箱进场的"集装箱装箱单";用于所有进出港站检查口交接的"集装箱设备交接单";用于出口危险品箱进场的"集装箱装运危险货物装箱证明书"。

(2) 内部单证。内部单证主要包括:用于客户提箱业务的"提箱凭证";用于进入指定港站堆场提箱的"发箱小票",在未使用无线终端系统时,"发箱小票"也可作为堆场人员发箱的依据;用于进入指定港站堆场卸箱的"收箱小票",在未使用无线终端系统时,"收箱小票"可作为堆场人员收箱的依据;由港站计划部门提供的用于中转箱进出场的"中转动态表";以及作为出港站通行证的"出门证"。

(3) 单证的审核。在集装箱进出场交接过程中,单证的审核工作很重要。需认真审核各项内容,确保单证提供的信息与集装箱的信息一致,且与计算机提供的信息一致。

【案例分析】

上海洋山港——"中国芯"的自动化码头

上海港位于我国海岸线与长江"黄金水道"交会点,毗邻全球东西向国际航道主干线,以广袤富饶的长江三角洲和长江流域为主要经济腹地,地理位置得天独厚,集疏运网络四通八达。上海港地理位置见图4-29所示,主业领域包括港口集装箱、大宗散货和件杂货的装卸生产,以及与港口生产有关的引航、船舶拖带、理货、驳运、仓储、船货代理、集装箱卡车运输、国际邮轮服务等港口服务以及港口物流业务。

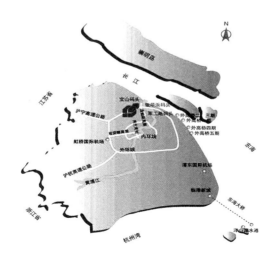

图4-29 上海港集装箱港站地理位置示意图

上海国际港务(集团)股份有限公司(简称:上港集团)主营业务分四大板块,即:集装箱码头业务、散杂货码头业务、港口物流业务和港口服务业务,目前已形成了包括码头装卸、仓储堆存、航运、陆运、代理等服务在内的港口物流产业链。公司上海地区下辖分公司12家及内设机构3家,二级(全资及控股)子公司29家、参股企业14家。

上港集团目前是我国最大的港口股份制企业,是目前货物吞吐量、集装箱吞吐量均居世界首位的综合性港口。上海港的集装箱码头主要分布于洋山、外高桥、吴淞三大港区,2019年上海港(公司母港)集装箱吞吐量达4 330.3万TEU,位居全球首位。

上港集团积极推进航运集疏运优化体系建设,通过提供快捷的水上和陆上集装箱穿梭驳运服务,将三大港区连为一体。

上港集团已开辟遍布全球国际直达的美洲、欧洲、澳洲、非洲以及东北亚、东南亚等地的班轮航线300多条,集装箱月航班达到2 800多班,其中,国际航班达到1 300班,是中国大陆集装箱航线最多、航班密度最高、覆盖面最广的港口。全球最大的20家中外船公司已全部进驻上海,在上海设立子公司或办事处的外国航运公司已逾80家。上海港各码头技术装备情况见表4-1所示。

表4-1 上海港各码头技术装备情况

	浦集	振东	沪东	明东	盛东	冠东	宜东	合计
码头长度/m	900	1 566	1 250	1 110	3 000	2 600	1 641	12 067
泊位个数/个	3	5	4	4	9	7	7	39
前沿水深/m	-10.5	-13.2	-12.5	-12.8	-16	-17.5	-10.5	
桥吊/台	11	26	16	16	34	26	13	142
RTG/台	42	79	48	48	108	82	33	440
正面吊/台	3	5	3	3	5	6	3	27
堆场面积/万 m²	27.9	94.7	78.4	82.7	148.6	141.8	61.1	635.2
仓库面积/万 m²	0.52	0.58	0.94	0.95	-	-	0.45	3.44
吞吐能力/a	135	250	180	70	430	500	180	1 745

其中,洋山港四期建成了全球规模最大的全自动化码头(图4-30)。该码头经综合对比分析,采用了技术较为成熟的"双小车岸桥+自动导引车(AGV)+自动化轨道吊(ARMG)"全自动化工艺模式。码头岸线长2 350 m,陆域面积为223万 m²,可布置7个大型集装箱深水泊位,码头结构按靠15万吨级集装箱船舶设计,年设计通过能力为630万TEU。

图 4-30　上海洋山港四期码头

截至 2018 年 8 月,洋山港已形成 13 台桥吊、70 台轨道吊、80 辆 AGV 的生产规模;后期将继续扩大,最终会有 26 台桥吊、约 120 台轨道吊和超过 130 辆 AGV 投入使用。据了解,目前全球已建成的自动化码头中,AGV 的数量中没有超过 50 辆的,而洋山港四期 130 辆 AGV,意味着其系统的复杂程度和对算法的要求成倍增加。放眼全球,规模如此之大的自动化码头一次性建成投运,堪称史无前例。

洋山港四期除部分超限箱等特种箱和危险品箱采用人工进行装卸外,其余箱均采用自动化装卸,码头前方作业带应划分为自动化作业和人工作业区,以避免自动化作业和人工作业相互干扰。码头采用双小车岸桥,前小车采用人工确认方式装卸船,后小车为自动化完成平台与 AGV 之间的集装箱垂直运输,因此,设计以岸桥陆侧轨道为界,陆侧轨后方为自动化作业区,依次布置装卸区、缓冲区和行驶区。

上海洋山港四期的科技与管理"担当"——锂电池驱动的 AGV,除了具备无人驾驶、自动导航、路径优化、主动避障等当今最前沿技术外,还支持自我故障诊断、自我电量监控、智能换电等功能。同时,港区地面敷设的 6 万多个磁钉宛若一个个路标,通过无线通信设备、自动调度系统以及磁钉引导,AGV 可自如穿梭,通过精密定位准确到达指定停车位。此外,洋山港四期码头的主要装卸环节均实现了全电力驱动,真正是一座"安静绿色"的现代化码头。更值得一提的是,码头从设备到"大脑",均为"中国制造"。洋山港四期采用上海振华重工(集团)股份有限公司制造的自动化装卸设备,整个装卸过程所涉及的三大机种全部是中国制造。而码头的软件系统,主要由上海振华重工(集团)股份有限公司自主研发的设备控制系统和上港集团自主研发的码头智能生产管理控制系统(TOS)组成,这使得洋山港四期成为国内唯一一个拥有"中国芯"的自动化码头。

自动化集装箱堆场用于堆放普通空箱、重箱、冷藏箱和 13.7 m 箱(45 ft 箱)，占到港区箱总量的 95%以上。堆场垂直码头布置，每个箱区配置 ARMG 双机，海侧 ARMG 主要负责与装卸船流程相关的作业，陆侧 ARMG 主要负责与港外集装箱卡车提送箱相关的作业。按照"尽可能扩大自动化集装箱堆场的规模"以及"堆场箱区布置应使海侧设备能力与岸桥能力匹配"的原则，共布置 61 个箱区，其中悬臂箱区 20 个，无悬臂箱区 41 个，轨距为 31 m，轨内布置 10 列箱，地面箱位达 28 241 TEU，悬臂箱区箱位约占自动化堆场总箱位的 1/3。该布置较好地解决了堆场容量最大化以及海侧设备能力匹配的问题，通过能力满足 630 万 TEU 需求。

【复习思考题】

1. 简述集装箱港口和集装箱货运站的定义。
2. 简述集装箱港口的特点和要求。
3. 简述集装箱港口的主要设施及其布局。
4. 简述集装箱港口作业计划及其主要内容。
5. 简述单船、单船作业计划及其主要内容。
6. 简述集装箱货运站的主要功能。
7. 集装箱港口有哪些主要的装卸设备？其主要作业是什么？
8. 简述几种典型的集装箱港站装卸工艺。
9. 简述集装箱堆场管理的主要内容。
10. 简述集装箱港站闸口主要业务。
11. 集装箱堆场清场作业的目的是什么？
12. 假设某港站共有 10 个分堆场，每个分堆场共有 25 个区，每个区有 30 个段，各个段行位有 6 个，间位有 30 个，假设所有的行位堆高 5 层，试计算该港站堆场的实际堆存能力。
13. 参观一个集装箱港口，熟悉该港口的功能布局及拥有哪些设施、设备，了解其装卸工艺流程。

第五章　集装箱运输设备

学习目标

1. 熟悉集装箱运输设备的定义和分类
2. 了解集装箱运输设备的发展历程
3. 了解集装箱运输设备的结构特点
4. 熟悉集装箱运输设备的性能参数
5. 理解集装箱牵引车的选型要求

第一节　水路集装箱运输设备

一、水路集装箱运输设备概述

水路集装箱运输设备主要为集装箱船舶。

集装箱船（图 5-1）是一种新型的船。它没有内部甲板，机舱设在船尾，船体其实就是一座庞大的仓库，可达 400 m 长，垂直导轨将船分成许多小舱。当集装箱下舱时，这些集装箱装置起定位作用；当船在海上遇到恶劣天气时，它们又可以牢牢地固定住集装箱。因为集装箱都是金属制成的，而且是密封的，所以里面的货物不会受雨水或海水的侵蚀。集装箱船一般停靠在专用的货运港站，用港站上专门的大型吊车装卸，其效率可高达 200 个集装箱/时（4 000 t 以上），比普通杂货船高 70—90 倍。近年来，世界各国进出口的杂货中 70%—90% 使用集装箱运输。

图 5-1　现代"阿尔赫西拉斯"号 23 964 TEU 巨型集装箱船

二、集装箱船舶的发展与分类

20 世纪 50 年代，随着现代工业的蓬勃兴起和国际贸易的兴旺发展,一些经济发达国家对船舶在港口的周转速度和码头的装卸效率提出了更高的要求,设想将已有的公路和铁路集装箱运输延伸到海上,实现陆海集装箱联运。美国是最先致力于这方面研究和尝试的国家。

1956年,美国泛大西洋蒸汽船公司(Pan-Atlantic Steamship Company),也就是后来的海陆联运公司(Sea-Land Service,Inc)将其公司持有的油轮"盖特威城(Gateway City)"号改装,在其甲板上试装了58个集装箱,从美国诺瓦克出发去休斯敦卸货。结果发现,与同吨位的杂货船比较,它的装卸效率比常规杂货船高10倍,为装卸货物而停靠码头时间大为缩短,由原来的7天缩短到15个小时,并减少了运货装卸中的货损量,每吨货物的装卸费用也降为普通货船的1/37,即获得了前所未有的成功。由此,掀开了全球海上集装箱运输历史的崭新一页。1957—1958年,该公司又将另外6艘船改建成集装箱船。与此同时,美国美森轮船有限公司(Matson Navigation Company)也将6艘船改建为集装箱船。

1961年,美国航运界开始订造集装箱船。第一批有属于美国总统轮船APL(American President Lines)的"林肯总统(President Lincoln)"号和"泰勒总统(President Tyler)"号,它们可载集装箱126个(规格为20 in×8 in×8 in),航行在美国西海岸——远东的航线上。国际标准化组织制定了统一的集装箱规格标准后,集装箱运输进入了高速发展时期,船舶大型化的速度更是令人惊叹。从此,集装箱船得到迅速发展。

1. 按照集装箱船舶的发展情况,可将集装箱船舶分为六代,如图5-2所示。

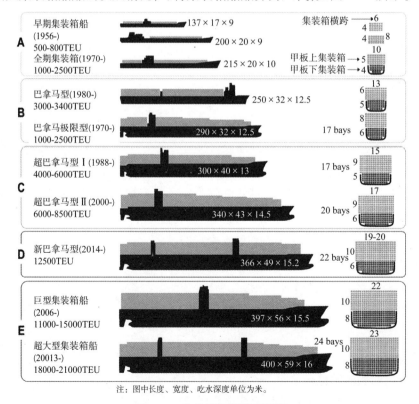

图5-2 集装箱船的发展历程

第一代集装箱船的问世：20 世纪 60 年代横穿太平洋、大西洋的 17 000—20 000 载重吨（DWT）集装箱船可装载 700—1 000 TEU；

第二代集装箱船：20 世纪 70 年代 40 000—50 000 DWT 集装箱船的装箱量增加到 1 800—2 000 TEU，船速也由第一代的 23 kn 提高到 26—27 kn；

第三代集装箱船：1973 年开始爆发石油危机，船速降低至 20—22 kn，通过增大船体尺度，装箱量可达 3 000 TEU，第三代是"高效节能型船"；

第四代集装箱船：20 世纪 80 年代后期，采用了高强度钢、大功率柴油机等新技术，制造了可装载 4 400 TEU 的集装箱船，因其宽度小于或等于 32.2 m，能通过巴拿马运河，故称巴拿马型船。

第五代集装箱船：20 世纪 90 年代中期，德国制造了 5 艘 APLC－10 型集装箱船，其船体长度和宽度之比约为 8∶1，增大了船舶的复原力，可装载 4 800 TEU，但因其宽度超过 32.2 m，不能通过巴拿马运河，故称超巴拿马型船；20 世纪 90 年代末，通过略微加宽巴拿马型集装箱船的船体以及优化集装箱的排列，特别是通过增加集装箱的罗列层，巴拿马型集装箱船的装载能力接近 5 000 TEU。

第六代集装箱船：1996 年春，载箱能力为 6 000 TEU 的"Regina Maersk"投入使用，1997 年 8 月，载箱能力为 6 600 TEU 的"Sovereign Maersk"问世，载箱量为 6 000—8 000 TEU。

2002 年出现了 8 600 TEU 超大型集装箱船（Very Large Container Ship，VLCS），2005 年 9 200 TEU 集装箱船，2006 年 11 000 TEU 集装箱船，2008 年 13 800 TEU 集装箱船，2013 年 18 000 TEU 集装箱船在海运航线上相继投入营运，至 2017 年已有 21 413 TEU 集装箱船投入营运，2020 年 23 964 TEU 集装箱船已经进入市场。巨型集装箱船（Ultra Large Container Ship，ULCS）的时代已经到来。仅 2020 年第一季度，上海洋山港靠泊 18 000 TEU 以上超大型集装箱船舶就达到 311 艘次，同比增加 10%。

现代集装箱船正向着大型化、高速化，多用途方向发展。我国集装箱船研制虽然起步较晚，但发展速度却很快。我国为大力发展集装箱运输，建造了许多集装箱船，如"中远海运宇宙轮"集装箱船，最大载箱量为 21 237 TEU，船长 400 m、型宽 58.6 m、型深 30.7 m，甲板面积比 4 个标准足球场还大。

上海港已经是世界上集装箱吞吐量最大的港口之一。截至 2016 年底，上海港已经与全球 214 个国家和地区的 500 多个港口建立了集装箱货物贸易往来，拥有国际航线 80 多条。中国上海生产的集装箱装卸机械也已经达到国际先进水平，在世界各大港口被广泛采用。近年来，我国频频出口交付超大型集装箱船，在世界各地海洋上可以见到我国建造的集装箱船身影。

2. 按照船型分，可将集装箱船舶分为部分集装箱船、全集装箱船和可变换集装箱船三种

（1）部分集装箱船是指将船的中央部位作为集装箱的专用舱位，其他舱位仍装普通杂货的船舶。

（2）全集装箱船是指专门用以装运集装箱的船舶。它与一般杂货船不同,其货舱内有格栅式货架,装有垂直导轨,便于集装箱沿导轨放下,四角有格栅制约,可防倾倒。集装箱船的舱内可堆放三至九层集装箱,甲板上还可堆放三至四层集装箱。

（3）可变换集装箱船是指货舱内装载集装箱的结构为可拆装式的船舶。因此,它既可装运集装箱,必要时也可装运普通杂货。集装箱船航速较快,大多数船舶本身没有起吊设备,需要依靠港站上的起吊设备进行装卸,这种集装箱船也称为吊上吊下船。

3. 按照装卸方式分,可将集装箱船舶分为吊装集装箱船(LO/LO-lift on /lift off)、滚装式集装箱船(RO/RO-roll on / roll off)、滚-吊船(RO/LO)、载驳船(Barge Carrier)。

（1）吊装集装箱船是指利用船上或港站岸边上的起重设备将集装箱进行垂直装卸的船舶。

（2）滚装式集装箱船是指利用船侧、船首或船尾的开口,通过自身配备的跳板将集装箱与牵引车一起,沿水平方向进行滚动装卸的船舶。滚装船是一种多用途的运输船舶,除了可装载集装箱外,还可以装载长大重件、成组货物及各种车辆等。由于对装卸货物品种、类型要求的灵活性很大,故有利于提高船舶的载货量。但是,由此却使滚装船型具有与普通船型、集装箱船型不同的特点。

① 一般系多层甲板船。滚装船主甲板以上各层甲板间舱均为无横向舱壁的纵通结构形式,且为平甲板型,无梁拱,以便于用滚装方式装卸各种货物。对于船宽大于 25 m 的滚装船,允许沿纵中心线设置支柱。各层甲板之间的联通可采用升降机或斜坡道,通过狭长的甲板开口进行联系。在主甲板以下的底舱,设置双舷,形成边舱,可用于装载各种压载物和燃油。为保持承载面的连续性,机舱和上层建筑通常设在尾部。

② 采用专门跳板实现船岸滚动装卸。为了解决船舶与港站的连接问题,实现船岸之间滚动装卸作业,滚装船在尾部、首部或舷侧设有专门的开口和供各种滚装设备及车辆通行的跳板。各种开口在关闭时,均严格要求水密。有的船水密门打开时可兼作跳板,有的则另设专门跳板。

③ 船型主尺度比值选择困难。滚装船的主尺度应满足载运货物所需截面尺寸及高度,其内部净空尺寸应与货物的单元尺度相配合。各种货物在舱内的布置方案不同,由此带来滚装船主尺度的不连续变化,选择时,难以实现最佳主尺度比值。

④ 稳性问题至关重要。滚装船由于舱容利用率低,载货容积比普通货船大,因而型深高,且在露天甲板上又需装载数层集装箱,以致在各种不同装载情况下,船舶的稳性变化大。对滚装船而言,既要防止因稳性不足而危及航行安全,又要防止因稳性过大而产生剧烈横摇。此外,船舶在装卸过程中,因快速装卸而造成左右舷货物的不平衡,将导致船舶倾斜与摇摆。为此,滚装船需设置足够的压载水舱,以调整稳性。同时还需采用大容量的倾斜平衡装置系统(减摇装置),以保持船舶在各种工况下具有良好的浮态和航行性能。

⑤ 为方便靠离港站,设首推装置。由于滚装运输装卸方式的特殊性,滚装船具有与普通船不同的滚装设备。其中主要有:跳板、斜坡道、升降机、水密门、汽车甲板及其他设备。

a. 跳板。跳板是连接船舶与港站的活动桥梁,一般可分为直跳板、尾斜跳板、半旋转跳板和旋转跳板四种。直跳板是指与船体中心线平行的跳板,从船上将其放置于港站上时,犹如船内主甲板的延长,车辆通过跳板可直接出入。使用直跳板的滚装船,不能在顺岸式的港站上停泊装卸,必须设置凸出顺岸港站的滚装平台或浮港站,也可在突堤式港站的根部停靠。尾斜跳板是指与船体中心线成一定角度而布置在尾部的跳板,其与港站的夹角一般为33°—40°。尾斜跳板比直跳板使用方便,可以停靠在顺岸港站上进行滚动装卸作业。半旋转跳板是指从船舶中心线可向一舷侧旋转的跳板。若跳板设置在尾部右侧,则可向右旋转一定角度,一般为33°。旋转跳板是指可从船舶中心线向两舷侧旋转的跳板。根据潮水涨落方向,船舶停靠港站的方向有所不同,跳板可根据需要旋转。

b. 斜坡道。它是用于舱内上下层甲板间的通道结构,主要由斜置的钢板架梁构成,可分为固定式和活动式两种。采用活动斜坡道,坡道上也可以装载货物,然后与坡道一起提升成水平状态,下层坡道处照样可装载货物,提高了舱容利用率。坡道坡度一般为 1/8—1/10,坡道宽度一般按单向行驶考虑。

c. 升降机。它是滚装船各层甲板间另一种专用的交通设备,分为 U 形、L 形及剪式三种。U 形升降机是用链条或钢丝绳从四角提升的一种平台,平台的四角或两角设有导轨,控制平台升降时的位置。L 形升降机的特点是提升机构设在一侧,三面敞开,犹如用叉车的叉齿举升货物一样。剪式升降机的升降机构置于平台下,起升剪放下时平台与甲板平齐,车辆可自行开到平台上,然后用剪式升降机提升车辆至另一甲板上。根据甲板间高度的不同,可使用双剪、三剪或多剪升降机。

d. 水密门。滚装船上除设有供船员进出的一般水密门外,还有两种特殊的无门槛水密门。设在船体外壳上的水密门称外部水密门,对小型滚装船而言,它可兼做跳板,即翻下去做跳板用,收上来做水密门用。一般较短的尾直跳板和舷侧跳板是用这种水密门制作而成的。对于大型三节式的尾斜跳板,经常把第一节作为水密门。此外还有折叠式水密门和翻转式水密门等。设在大型滚装船横向舱壁上的水密门称内部水密门。一般左右舷各设一扇,由于尺度和重量均大,故需用液压机构开闭锁紧,门框四周用弹簧压紧橡皮,以保证水密。

e. 汽车甲板及其他设备。汽车甲板有固定式和活动式两种。为充分利用舱容装载小汽车,将舱内分割为 2—3 层,用斜坡道做上下联通的通道,一般设在船首。活动式汽车甲板不用时,可收藏于侧壁或甲板下。其他设备还有舷门和活动平台等。

(3) 滚-吊船是一种在舱内用跳板进行滚动装卸集装箱作业,而在甲板上用岸边集装箱起重机进行垂直装卸的特殊船舶。由于两种方式同时进行,故可加速集装箱的装卸。为了更好地配合这种船的装卸作业,国外还设有滚装-吊装两用船专用港站。

(4) 载驳船是一种把驳船作为"浮动集装箱",利用顶推船顶推驳船浮进浮出母船,或利用母船上的起重设备把驳船从水面上吊起,然后放入母舱内的船舶。载驳船又称子母船,是用一大型机动母船运载一大批同型驳船的船。其运输过程是:将货物先装载于同一规格的方形货驳(子船)上,再将货驳装于载驳船(母船)上,载驳船将货驳运抵目的港后,将货驳卸至水面,由拖船分送至各自目的地。

载驳船的特点:不需要港站和堆场,装卸效率高,便于海河联运。缺点:造价高,货驳的集散组织复杂,发展受到限制。驳船的装卸方式有3种:利用尾部门式起重机、尾部驳船升降平台和浮船坞原理装卸驳船。目前较常用的载驳船主要有"拉西"式载驳船、"西比"式载驳船。

① 拉西式载驳船。拉西式载驳船(图5-3)尾部有突出的悬尾,悬尾下方临水面。上甲板两侧,在整个载货区域内设有门式起重机运行轨道,轨道一直延伸过尾楼,轨道上设置了起重量达500 t 的门式起重机。装载时,驳船由推轮推入悬尾下的水面,然后由悬尾上的起重机吊起,并沿轨道送至固定舱位堆放。

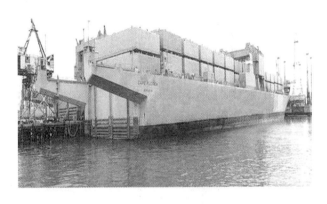

图5-3 拉西式载驳货船

② 西比式载驳货船。西比型载驳船(图5-4)为多层全通甲板船,没有舱口,其尾部设有起重量为2 000 t 的升降平台,其升降范围可从水面下一定深度到各层甲板的高度,各层甲板上设有轨道拖车系统。载驳船尾部敞开,用一个滑门封住。装船时,升降平台降到水下一定深度,顶推船将两艘驳船推上平台并固定,升降平台升到各层甲板的高度,再用拖车沿轨道送至指定位置的支座上堆放。

图5-4 西比式载驳货船

三、集装箱船舶的结构特点

与杂货船相比,全集装箱船的结构(图5-5所示)有以下特点:

1. 集装箱船均为"统舱口船"。"统舱口船"即船舱的尺度与舱口的尺度相同,并且在船体强度允许的条件下舱口尽可能开大,其主要目的是便于装卸。

2. 舱内无中间甲板,但设置为箱格结构。为了满足集装箱装卸需要,舱内无中间甲板,但为了使集装箱固定而不左右移动在舱内设置了箱格结构,这种箱格结构一般由导柱、导口、横向舱材和内底板局部加强垫板组成,由于不需要在舱内进行系紧作业,故可以提高集装箱的装卸效率。

3. 双层舱壁,双层船底。由于集装箱船是统舱口船,舱口缘材垂直向下直到舱底,从而形成双层侧壁,双层侧壁的长度占船长的一半以上。横舱壁和舱底也为双层。

4. 设置横向舱壁、纵向舱壁,增加船体的结构强度。由于船体采用箱格结构,故舷侧设有边舱,可供装载燃料或做压载用。沿船长方向一般布置有若干横向舱壁,以抵抗船舶"U"形截面致使的船舶承受的横向水压力和波浪的冲击载荷,大型的集装箱船还设有纵向舱壁,以保证船体的结构强度,提高抗沉性。

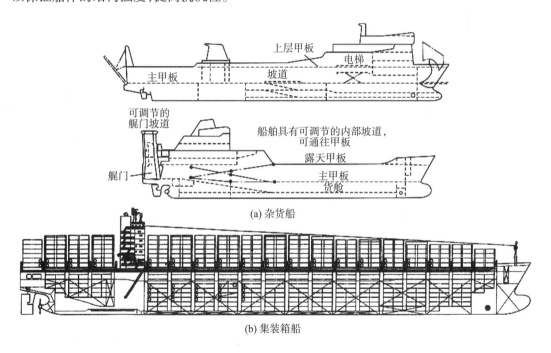

图5-5 集装箱船侧视图

5. 舱盖板为多块,且有良好的水密性。集装箱船属于布置型船型,舱容利用率较低,故集装箱船的主尺度比同吨位的普通货船大。为提高船舶载重量的利用率,甲板上也要装载相当数量的集装箱,所以要求舱盖板有足够的强度。舱盖板通常采用箱形结构,大型的集装箱船为减轻舱盖板重量,一般设置为多块,布置成多列,并且舱盖板具有良好的水密性。

6. 船舶带有系紧设备并设置大量压载。对于装载在甲板上的集装箱,为防止船舶摇摆时发生移动，必须加以绑扎系紧，并且甲板装载集装箱也会造成船舶重心升高，稳性恶化，因此必须设置大量的压载，以提高船舶在各种吃水状况下的稳性。

滚装船的特点主要体现在型深较深，设置多层甲板，主甲板以上各层甲板间均为无横向舱壁的纵通结构形式，且为平甲板型，无拱梁，便于滚装作业。各层甲板之间的交通可采用升降机或斜坡道，通过狭长的甲板开口进行联系。

载驳船主要有跳板、斜坡道、升降机、水密门、汽车甲板等。其结构特点主要体现在装卸系统和舱型上，一般可据此将其分为门机起重式载驳船、升降式载驳船、浮船坞式载驳船、下潜型载驳船或者干舱型载驳船、湿舱型载驳船、干湿舱型载驳船。

四、集装箱船舶的技术性能

1. 船舶的航行性能

船舶的航行性能主要包括浮性、稳性、抗沉性、快速性、适航性和操纵性。

（1）浮性与干舷

船舶在各种装载情况下保持一定浮态的性能，称为船舶的浮性。船舶具有浮性是由于船舶具有浮力，浮力的大小等于船舶所排开同体积水的重量。

船舶在水上航行时，受到风浪等外界条件的影响，重力与浮力的平衡状态常被破坏，致使船舶始终处在不停的浮沉升降运动之中。为了确保航行安全，船舶除了在设计水线以下具有足够的排水体积以提供浮力外，还必须在设计水线以上保留相当大的水密体积，以保证船舶在继续下沉时提供更大的浮力，使船舶不致沉没。该水密体积所拥有的浮力称为储备浮力，一般都用干舷（干舷甲板至设计水线的垂直距离 F）来表示储备浮力的大小。船舶干舷（F）近似等于型深（H）与夏季满载吃水（D）的差值。

储备浮力的大小与船的用途、结构、航行季节和区域等因素有关。为了保证船舶具有一定的储备浮力，其吃水深度决不允许超过相应的装载水线。

（2）船舶吃水

船舶吃水是指船底龙骨外缘到实际水线间的垂直距离。船舶吃水是一个变数，在不同的载重量情况下有不同的吃水，同时也反映了船舶一定的载重量。船舶吃水大小的量值称为水尺。

船舶首部吃水量值称为首吃水，船舶尾部吃水量值称为尾吃水，船中部吃水量值称为船中吃水或平均吃水。船舶的平均吃水也可以用六面水尺求得。

同一条船，在相同排水量的情况下，由于水的密度的缘故，在海水和淡水中吃水是不同的。因海水与淡水密度不同而产生的吃水差量，在船舶航行途中必须加以修正。

（3）船舶吃水差

当船体平浮时，船舶首尾部分吃水相等。当船体由于装载或其他原因产生船舶纵倾时，其首尾吃水就会不相等，产生的首尾吃水差额称为吃水差。

船舶首吃水大时叫船舶首纵倾，俗称拱头，这时船舶吃水差为正值。船舶尾吃水大时叫船舶尾纵倾，俗称尾沉，这时船舶吃水差为负值。当船舶吃水差为零时，称为船舶平吃水。

（4）稳性

船舶受外力作用离开平衡位置而倾斜,当外力消除后能自行回复至原平衡位置的能力,称为船舶的稳性。

船舶在未受外力前一般是平浮在水面上的,此时,作用于船舶的重力(G)和浮力(F)大小作用相等但方向相反,且在同一垂线上,船舶即处于平衡状态。当船舶横向受外力作用后,失去平衡,发生横向倾斜,此时船的重量并没有改变,重心仍在原来位置,但是由于船舶横倾后水下排水体积的形状发生了变化,故浮心位置就从原来的位置移到了新的位置。重力通过重心作用点垂直向下,而浮力则经过新的作用点垂直向上,重力和浮力不在同一垂线上,因而形成了一个力偶矩。它的方向同船的横倾方向相反,促使船舶回到初始状态位置,此力偶矩称为复原力矩。当外力消除后就能依靠这个复原力矩回到原来的平衡位置。

船舶横向倾斜后,通过新浮心点的浮力作用线与通过原平衡状态时浮力点的浮力作用线相交于 M 点,称为横稳心。当横倾角度较小时可以把 M 看成是一个固定点。横稳心 M 与重心 G 之间的距离称为初稳性高度,也叫横稳心高度,用 GM 表示。

当船舶失稳时,船的重心位置 G 点在稳心位置 M 点之上。当船受到外力横倾后,此时重力和浮力不在同一垂线上,所形成的力偶矩的方向与外力矩的方向相同,即船的复原力矩为负值,这个力矩就不能使船舶回到原来位置,而是加剧了船舶继续横倾。船的重心 G 点与稳心 M 点的相对位置对船的稳性影响极大。若要判断船舶是否具有复原能力,首先看船的重心位置 G 点是否在稳心位置 M 点之下,也就是要求 GM 为正值。

船的复原能力有多大,是由重力和浮力形成的力偶矩即复原力矩的大小决定的。复原力矩的大小与船舶的初稳性高度 GM 值成正比,因而通常可以用初稳性高度 GM 值的大小来衡量船舶稳性的好坏。集装箱船舶的适度稳性范围(GM 值)为 1—1.3 m。

（5）抗沉性

船舶破损浸水后仍保持一定浮态和稳性的能力,称为船舶的抗沉性。

对于运输船舶,抗沉性的基本要求为船舶进水后仍然具有一定的储备浮力和剩余稳性,保证船舶安全浮在水面,不致因进水而沉没或倾覆。

船舶的抗沉性主要是通过使船舶具有足够的储备浮力和稳性以及将船舶用水密横舱壁合理地分隔成若干水密舱室来保证的。干舷高度大,则表示储备浮力大,干舷大还意味着船可以倾斜的角度大,船舶的抗沉性就好。

为了保障海上航行安全,世界各主要海运国家对海船的抗沉性都制定了规范,并提出了具体要求。此外,航行于国际航线的船舶,对抗沉性的要求必须符合《国际海上人命安全公约》的规定。对于船舶抗沉性的衡量标准在规范中规定:船舶在任何一舱破损进水后,仍能满足抗沉性要求的称为一舱制;相邻两舱破损进水后,仍能满足抗沉性要求的称为两舱制;相邻三舱破损进水后,仍能满足抗沉性要求的称为三舱制。根据船舶的用途对各类船的抗沉性要求也做了相应规定,一般货船通常应达到一舱制的要求,大型海上客船应达到两舱制或三舱制的要求。

（6）快速性

船舶的快速性就是指船舶主机以较小的功率消耗而得到较高航速的性能。

（7）适航性

船舶在多变的海况中的运动性能和营运条件称为船舶的适航性。

（8）操纵性

船舶操纵性是指船舶能保持或改变航行方向的性能。

2. 船舶的重量性能

运输船舶的重量性能包括船舶的排水量和载重量，以 t（吨）为计量单位。

（1）排水量（Displacement）

排水量指船舶浮于水面时所排开水的重量，亦等于船的总重量。排水量又可根据不同装载状态分为：

① 空船排水量（Light Displacement）

空船排水量指船舶空载时的排水量，也就是空船重量。它包括船体、船机及设备、管系中的液体，锅炉及冷凝器中的水等重量的总和。

② 满载排水量（Full Load Displacement）

满载排水量指船舶满载时的排水量，即船舶在满载水线下所排开水的重量，它是空船、货物或旅客、燃料、淡水、食物、船员和行李以及船舶常数等重量的总和。

③ 装载排水量（Loaded Displacement）

装载排水量指船舶载一定货物时的排水量。其大小可根据船舶的装载状态确定。

（2）载重量

载重量指船舶所允许装载的重量。载重量包括总载重量、净载重量和船舶常数。

① 总载重量（Dead Weight）

总载质量指在任一水线下，船舶所允许装载的最大重量。它是货物或旅客、燃料、淡水、粮食和供应品、船用备品、船员和行李以及船舶常数等重量的总和。船舶总载重量等于相应该吃水时的船舶排水量减去空船排水量。

② 净载重量（Net Dead Weight）

船舶净载重量等于船舶总载重量减去燃料、淡水、粮食和供应品、船用备品、船员和行李以及船舶常数后的重量。

③ 船舶常数

船舶常数指实际空船重量与新船出厂资料上空船重量之间的差值，通常该值由船方提供。

（3）船舶载重线标志

为了保证运输船舶能够在各种航行条件下安全行驶，同时又能最大限度地利用船舶的载重量，国家验船机构或其他国家勘定干舷的主管机关，根据船舶航行的不同航区和季节，分别规定了船舶的最小干舷及允许使用的载重水线，称为船舶的载重线。它以载重线标志的形式,勘绘在船的中部两舷外侧,以限制船舶的最大吃水。

在海上,风浪是影响船舶安全航行的重要因素。根据海洋风浪大小和频率,将世界范围内具有相似风浪条件的海域划分成若干区带或区域,在同一区带或区域内又按风浪变化的不同划分为不同季节期。

图5-6所示为我国海船的载重线标志。ZC表示勘定该船的主管机关是中华人民共和国船舶检验局;RQ表示热带淡水载重线,Q表示夏季淡水载重线,R表示热带载重线,X表示夏季载重线,D表示冬季载重线,BDD表示北大西洋冬季载重线。上述各载重线表示适用于各种区带、区域和季节期的最大吃水,均以载重线的上边缘线为准。载重线标志中的圆圈称为载重线圈,图上的水平线与夏季载重线平齐,水平线的上边缘通过载重线圈中心,载重线圈中心位于船中。船舶在热带淡水中航行时干舷最小,夏季干舷比冬季干舷小,冬季在北大西洋航行时,干舷最大。这是因为夏季季节期一般风浪比较小,而冬季季节期风浪比较大,尤其是北大西洋冬季的气候险恶,风浪很大,所以干舷要求更大。

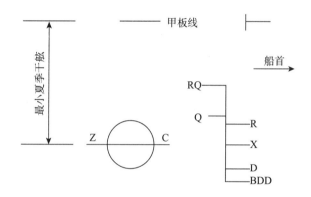

图5-6 海船载重线标志

国外船舶载重线符号多数采用英语字母表示:TF表示热带淡水,F表示淡水,T表示热带,S表示夏季,W表示冬季,WNA表示北大西洋冬季。

在内河,航区根据航道条件分为:A、B、C三级。A级航区指大河流的下游,B级航区指较大湖泊、大河流的中游及中等河流的下游,C级航区指大河流的上游及其支流以及其他小河流和小型湖泊。内河货船(或货驳)的载重线标志除了载重线圈外,还标有"A""B""C"的载重线。此外,标"J"的线段表示船舶在枯、洪水季节航行时在急流航段应使用的载重线。

3. 船舶的容积性能

船舶的容积性能包括货舱容积和船舶登记吨位,货舱容积的计量单位用m^3(立方米)或ft^3(立方英尺)表示,登记吨位的计量单位用立方米或立方英尺折算的"登记吨"表示。

(1)集装箱船舶货舱容积

集装箱船因其货舱和甲板均装载集装箱,故用船舶标准箱容量来表示货舱容积。分为20 ft集装箱最大容量、40 ft集装箱最大容量、45 ft集装箱最大容量等。

（2）船舶登记吨位

登记吨位是指按吨位丈量规范所核定的吨位。它是为船舶注册登记而规定的一种以容积折算的专门吨位。船舶投入营运以前，根据国家规定必须对船舶进行丈量以确定其登记吨位。

每艘船舶经过丈量核算后，均将结果记入"吨位证书"内。船舶登记吨位分为总吨位、净吨位和运河吨位。

总吨位是指对船舶所有封闭处经过丈量计算后确定的吨位。总吨位主要用于表示船舶大小，计算造船、买卖船舶和租船费用，是国家统计船舶数量的单位，是计算海损事故赔偿的基准以及计算净吨位的依据。

净吨位是指对船舶能够实际营运的载货（客）处进行丈量计算后得出的吨位。净吨位主要作为计算船舶向港口交纳各种费用和税收（如停泊费、引航费、拖带费及海关税）的依据。

运河吨位主要作为船舶通过苏伊士、巴拿马等运河时，管理当局据以征收运河费的基准。

五、对集装箱船的基本要求

集装箱船多作为班船运输，现在世界各类航线上，对集装箱船的最基本要求是：快速、安全、准时、节能和装卸方便。

海上干线运输是国际集装箱运输系统中的核心组成部分，其采用固定的班期，往返于既定的港口之间，主要功能是实现大批量集装箱货物的跨海运输，对发展世界贸易具有重要作用。

对海上干线运输集装箱船舶的基本要求是：

——载箱量大，航速较高，各项航行性能好；

——建造投资省，营运成本低，节能，经济性能好；

——船舶总体布局合理，便于集装箱在港站上装卸作业，减少舱内系紧作业，并保证航行安全；

——对需要通过世界主要运河和限制性航道的船舶，船型主要尺度应满足各运河和限制性航道通航尺度限制的要求；

——自动化程度高，尽量减少船员编制。

目前，随着国际集装箱运量的增长，海上干线运输集装箱船舶大型化是必然趋势。为了参与国际航运市场竞争，必须提高船舶周转率，充分发挥不同载箱量船舶的优势，提高运输效率和效益。为此，世界各主要航运公司，纷纷以大型集装箱船为主体，与中小型集装箱船相配合，构成环球运输航线的干支线运输网。

从整个运输系统分析，国际集装箱内陆集疏运线（含沿海支线和内河集疏运线）可视为海上集装箱运输的延伸与扩展，其主要功能是为海上干线运输提供集运与疏运服务，实现门到门运输。因此，对沿海支线和内河集疏运线的运输船舶，尚需要满足下列要求：

——船舶的载箱量应适中，与支线航线集装箱集运与疏运的批量相适应；

——船舶航速、发船密度或班期，应与干线船班期相衔接配合；

——与集装箱其他运输方式和中转站有良好的配合，以便有效地提高门到门运输比重；

——在条件可能时，鼓励和提倡采用江海直达船组织运输。

六、集装箱船选型时应考虑的主要因素

集装箱船属于布置型船,其船型主要尺度和主要性能参数的确定,远较普通杂货船复杂。一般应对下列主要因素,做出周密的论证分析与考虑。

——船舶载箱量的确定

船舶载箱量主要取决于航线性质和航线对集装箱船舶的限制条件,以及航线的运距、运量、航次数及需要的船舶艘数等。

集装箱运输航线对船型的限制条件主要有:停泊港的港口水域及港站对船长的限制;进港航道和港站前沿水深对船舶吃水的限制;集装箱岸边起重机外伸臂的跨距和高度对船宽与型深的限制;航区中限制性航道、运河及船闸尺度对船舶主要尺度的限制;跨河建筑物净空对船舶水线以上最大固定高度的限制等。

——航速及主机功率的确定

集装箱船的船型选择应考虑航区风浪情况,以及船体污损对航速的影响等。为保证班期,船舶主机必须具有足够大的功率储备,以保证在恶劣的海况下,以及在一定的船体污损条件下,集装箱船仍能正常航行。功率储备通常取额定功率的15%。

——甲板上集装箱装载层数的确定

为了提高船舶的载重量利用率,在集装箱船的甲板上需要装载一定数量的集装箱。首先,甲板载箱量越多越经济,但受侧面风压、稳性、驾驶视线及港口装卸条件等因素影响,甲板上的载箱层数又不宜过多;其次,甲板载箱层数还与箱内货物安全及绑扎设备强度等有关,因此需要综合考虑后确定。

——船舶的稳性与结构强度

关于集装箱船舶的稳性与结构强度问题,在设计时必须予以充分考虑。第一,由于甲板上集装箱装载量较大,船舶重心较高,采用何种压载方式(临时压载或永久压载)及压载舱设置,需做出充分论证;第二,集装箱船多为尾机型或中尾机型,航速高,主机功率大,故船体振动相对较大,需要采取有效减振措施;第三,船体采用大开口结构,扭转强度亦需特别关注。

第二节 公路集装箱运输设备

一、主要类型

公路集装箱运输设备主要为集装箱运输车辆。集装箱运输车辆按其结构形式、牵引方式和用途等可有多种分类方法。如按驾驶室形式分,有平头式、长头式;按牵引挂车的方式分,有半拖挂式、全拖挂式、杆拖挂式和双拖挂式;按车轴的数量分,有三轴至五轴的、有单轴驱动至三轴驱动的;按用途分,有箱货两用的、集装箱专用的、能自装自卸的;按挂车结构分,有骨架式、直梁平板式、阶梯梁鹅颈式、凹梁低床式、带浮动轮的摆臂悬架式、车架可伸缩式等。

（1）集装箱牵引车。集装箱牵引车按驾驶室的形式分为平头式和长头式两种。平头式牵引车（图5-7（a））的优点是：司机室短，看前方和看下方的视线好；轴距和车身短，转弯半径小。缺点是：由于发动机直接布置在司机座位下面，司机受到机器振动影响，舒适感较差。长头式（又称凸头式）牵引车（图5-7（b））的发动机和前轮布置在司机室的前面，其优点是：司机受发动机振动的影响较小，舒适感较好；撞车时，司机较为安全；开启发动机罩修理发动机较方便。缺点是：司机室较长，因而整个车身长，回转半径较大。

(a) 平头式　　　　　　(b) 长头式

图5-7　集装箱牵引车驾驶室形式

由于各国对公路、桥梁和涵洞的尺寸有严格的规定，车身短的平头式牵引车应用日益增加。

集装箱牵引车按其用途又可分为公路运输用牵引车和货场运输用牵引车。

公路用牵引车用于高速和长距离运输，功率比较大，具有多挡变速，可以达到比较高的行驶速度。货场用牵引车主要用于港口或集装箱货场做短距离运输，要求回转半径小、机动性和操纵性好；与底盘车连接或脱挂迅速、准确和方便，要求有特别良好的视野等。

（2）集装箱半挂车。集装箱半挂车具有机动性好，适用于"区段运输""甩挂运输"和"滚装运输"的特点，是一种理想的集装箱运输车型，见图5-8所示。

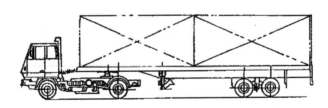

图5-8　集装箱半挂车结构示意图

根据使用场合的不同，集装箱半挂车可分为公路用半挂车和货场用半挂车两大类。公路用半挂车的外轮廓尺寸、轮压和轴荷重，均应符合国家标准规定。为了保证运输安全，挂车上安装有固定集装箱用的旋锁装置。货场用半挂车的外轮廓尺寸不受国家对车辆限界规定的限制，其固定集装箱用的装置也较公路用的简单。但半挂车的全长和轴负荷要考虑港站货场道路的技术条件。货场上用的半挂车主要有平板式和骨架式两种。

根据具体结构形式的不同，集装箱半挂车可分为平板式半挂车、骨架式半挂车及自装自卸式半挂车。

① 平板式集装箱半挂车

平板式集装箱半挂车如图 5-9 所示,其支承台面由两条承重的主梁和若干横向的支承梁构成,并在这些支梁上全部铺上了花纹钢板或木板。同时在应装设集装箱固定装置的位置,按集装箱的尺寸和角件规格要求,全部安装旋锁件,因而它既能装运国际标准集装箱,又能装运一般货物。在装运一般货物时,整个平台承受载荷。平板式集装箱半挂车由于自身的整备重量较大,承载面较高,故只有在需要兼顾装运集装箱和一般长大件货物时才采用。

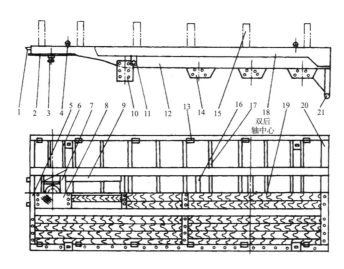

图 5-9 半挂汽车列车示意图

1—接手护板;2—牵引板;3—引销;4—转锁总成;5—前端梁;6—侧横梁;7—牵引横梁;8—盖板;9—寸口强梁;10—支承装置座板;11—支承装置摇把导板;12—纵梁;13—插座;14—悬挂座板;15—插柱;16—主横梁;17—贯梁;18—边梁;19—木地板;20—后墙梁;21—后标志杆

② 骨架式集装箱半挂车。骨架式集装箱半挂车如图 5-10 所示,这种半挂车专门用于运输集装箱。它仅由底盘骨架构成,车架的前后四角装有集装箱固定锁件装置,车架下部前方有单脚或双脚支架,后方有一个或两个车桥装有轮胎车轮。而且集装箱也作为强度构件,加入半挂车的结构中予以考虑。因此,其自身整备重量较轻,结构简单,维修方便,在专业集装箱运输企业中普遍采用。

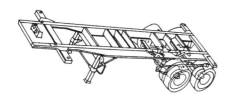
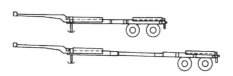

图 5-10 骨架式集装箱半挂车　　　图 5-11 可伸缩式集装箱半挂车

③ 可伸缩式集装箱半挂车。可伸缩式集装箱半挂车如图 5-11 所示,其是一种柔性半挂车。它的车架分成三段,前段是一带有鹅颈及支承 20 ft 箱的横梁,并通过牵引销与牵引

车连接,整个前段为一个框架的刚体;中段是一根方形钢管,一端插入前段的方形钢管中,另一端被后段的方形管插入,使前段和后段成为柔性连接;后段由两个框架组成,上框架与一方形管固定,后段方形管插入中段方形管后,与前段组成整个机架,支承及锁紧装运的集装箱,并且通过不同的定位销确定车架不同的长度,以适应装运不同吨位集装箱的要求,下框架则通过悬挂弹簧与后桥连接,同时,上下框架之间可以前后移动,通过移动一段距离,可以调整车组各桥的负荷,使其不超过规定数值,从而提高车辆的通行能力。

④ 自装自卸式集装箱运输车。一般的集装箱运输车都需与集装箱港站、车站、仓库等地的专用起重设备配合才能完成集装箱的装卸作业环节。而自装自卸式集装箱运输车是一种能够独立完成装卸和运输作业的专用集装箱运输车。

这种车辆按其装卸方向的不同又可分为后面装卸型和侧面装卸型两类。图5-12是后面装卸型集装箱运输车将集装箱卸下工作过程示意图,吊装作业过程与卸下时正好相反。侧面装卸型的机构,从车辆的侧面通过可在车上做横向移动的变幅式吊具将集装箱吊上吊下。由于集装箱自装自卸车具有运输、装卸两种功能,在开展由港口至货主间的门到门运输时,无须其他装卸机械的帮助,而且使用方便,装卸平稳可靠,又能与各种牵引车配套使用,除了装卸和运输集装箱外,它还可以将大件货物放在货盘上进行运输和装卸作业,因此深受各国的重视,应用范围也日趋广泛。

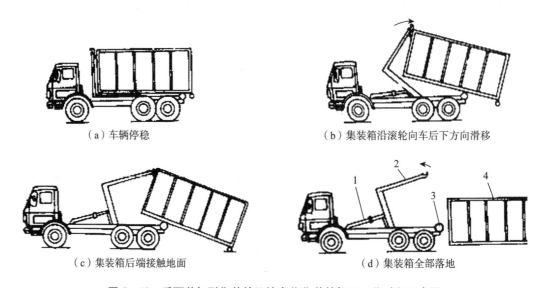

图5-12 后面装卸型集装箱运输车将集装箱卸下工作过程示意图

二、集装箱半挂车系列型谱

我国的国际集装箱公路运输用半挂车,经过多年的发展,其设计与生产技术已基本成熟,并具备了较强的生产能力,不仅可满足国内的运输需求,而且还可批量出口。在选择集装箱半挂车时,应遵循的主要原则是:挂车的载箱高度要尽量低;转弯半径要小,通过性能要好;具有合理的装载能力和轴荷分布;具有较高操纵稳定性和制动性能;自重轻;结构简单,使用维修方便;挂车零部件有较好的通用性和互换性;价格比较合理。

1. 集装箱半挂车系列型谱

我国《货运挂车系列型谱》(GB/T 6420—2017)中,将集装箱运输半挂车分为三类(详见表5-1),分别为:大鹅颈式集装箱运输半挂车、平直梁式集装箱运输半挂车和小鹅颈式集装箱运输半挂车。

表5-1 集装箱半挂车系列型谱

序号	车辆类别	基本形式	集装箱规格	车轴数量	最大允许总质量/kg	整车整备质量/kg A类	整车整备质量/kg B类	最长/mm	最宽/mm	承载面高度/mm
1	大鹅颈式半挂车		20 ft	2	35 000	—	≤4 520	11 000		≤1 300 m,但对于运输30 ft高集装箱的半挂车,应小于1 100 mm
2			30 ft	2	35 000	—	≤4 520	13 000		
3			20 ft	3	40 000	≤6 500	≤5 500	11 000		
4			30 ft	3	40 000	≤7 000	≤5 500	13 000		
5	平直梁式半挂车		20 ft	2	35 000	≤4 500	≤3 800	7 500	2 550	≤1 300 mm,但对于运输40 ft高集装箱的半挂车,应小于1 100 mm
6			20 ft	3	40 000	≤5 600	≤4 800	8 600		
7			40 ft	2	35 000	—	≤4 520	12 500		
8			40 ft	3	40 000	≤6 500	≤5 500	12 500		
9	小鹅颈式半挂车		40 ft	2	35 000	≤4 500	≤4 000	12 700		≤1 300 mm,但对于运输40 ft、45 ft高集装箱的半挂车,应小于1 100 mm
10			40 ft	3	40 000	≤6 000	≤4 800	12 700		
11			45 ft	3	40 000	≤6 800	≤5 600	13 950		

(1) 大鹅颈式集装箱运输半挂车(Drop Deck Container Chassis)

大鹅颈式集装箱运输半挂车的鹅颈落差大于300 mm,后承载面高度不大于1 300 mm,鹅颈上表面为非承载面,其是专门用于集装箱运输的框架式半挂车。

(2) 平直梁式集装箱运输半挂车(Flat Top Container Chassis)

平直梁式集装箱运输半挂车的车架纵梁上平面为平直结构,整个车架上表面直接承载,其是专门用于集装箱运输的框架式半挂车。

（3）小鹅颈式集装箱运输半挂车（Gooseneck Container Chassis）

小鹅颈式集装箱运输半挂车的鹅颈落差大于 121 mm，纵梁前后上平面均直接承载，其是专门用于集装箱运输的框架式半挂车。

2. 集装箱半挂车的主要技术要求

根据国标《半挂车通用技术条件》（GB/T 23336—2009）的规定，对集装箱半挂车的技术要求，重点体现在以下内容：

（1）整车技术要求

① 半挂车应符合相关强制性标准的要求，并按照规定程序批准的图样及技术文件制造。

② 半挂车中具有专用功能的部件及总成应符合相应的国家标准或行业标准。

③ 集装箱半挂车装载空箱的高度应不大于 4 000 mm。

④ 使用 50#、90#牵引销的半挂车与牵引车有关的连接装置应符合 GB/T 20070 的规定。

⑤ 半挂车的结构应保证半挂汽车列车满载时，能适应 90 km/h 的车速。

⑥ 当半挂车需要采用货箱顶盖时应满足使用要求。在使用过程中货箱顶盖应能够阻止货物的散落、遗洒；顶盖处于开启状态时，不得与车辆行驶部分发生干涉。

⑦ 半挂车的主要尺寸参数见图 5-13；允许偏差应满足表 5-2 的规定。

a）半挂车轮距 D 允许尺寸偏差±5 mm。

b）牵引销中心线至后轴轴线垂直距离 E 允许尺寸偏差±10 mm。

c）牵引销中心线至车厢前端距离 F 允许尺寸偏差±5 mm。

⑧ 半挂车支承装置收起后，最低点离地高度应不小于 320 mm。

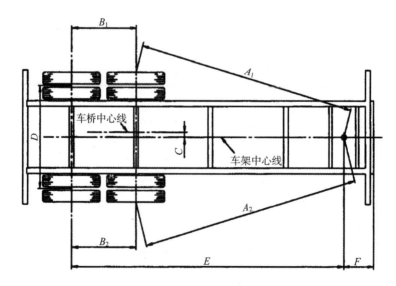

图 5-13 半挂车主要尺寸参数示意图

表 5-2 半挂车允许尺寸偏差

项目名称	允许尺寸偏差/ mm
A_1-A_2(牵引销中心线至半挂车第一轴左右轮中心线距离差)	±3
B_1-B_2(半挂车相邻车轴之间的距离差)	±1.5
C(车轴中心线和车架中心线的偏差)	≤6
多轴半挂车相邻两车轴轴端平面度	≤5

（2）车架

① 车架总长度不大于 8 000 mm 时，其长度极限偏差为±5 mm；当总长度长度每增加 1 m（不足 1 m 按 1 m 计算），长度极限偏差增加±1 mm；宽度极限偏差在任意点测量±4 mm。

② 在纵、横梁的任意横断面上，上下翼面对腹板的垂直度公差不大于翼板宽度的百分之一。

③ 纵梁腹板的纵向直线度公差，在任意 1 000 mm 长度内为 2 mm，在全长上为其长度的千分之一。

④ 车架对角线偏差，当车架长度不大于 4 m 时，车架对角线之差不大于 5.5 mm；长度每增加 1 m（不足 1 m 按 1 m 计算），车架对角线之差允许增加 1 mm。

（3）半挂车主要总成

① 半挂车支承装置应符合 JT/T 476 的规定。

② 半挂车车轴应符合 JT/T 475 的规定。

③ 半挂车牵引销应符合 GB/T 4606、GB/T 4607 的规定。

（4）制动装备

① 半挂车应具有供给管路、控制管路分别独立的双管路制动系统。

② 半挂车制动装备应符合 GB 7258、GB 12676 的规定。

（5）制动性能

① 行车制动距离

a. 半挂车组成汽车列车后的行车制动性能应符合 GB 7258 的规定。

b. 半挂车制动距离，在满载、高附着系数（K_G = 0.8）道路状态下，挂车储气筒气压为 0.63 MPa，车速为 50 km/h，不使用牵引车的制动，其制动距离应不大于[20×（汽车列车轴荷/挂车轴荷）]m；不得有任何部位偏离出 3.6 m 宽的车道。

② 半挂车制动力应符合 GB 7258 的规定。

③ 半挂车制动促动时间，当挂车储气筒的初始气压为 0.70 MPa 时，从行车制动阀开始启动时起，每一个制动气室的气压达到 0.42 MPa 的时间不得大于 0.3 s。

④ 半挂车制动放松时间，当行车制动气室的初始气压为 0.67 MPa 时，从行车制动阀开始启动时起，每一个制动气室的气压达到 0.035 MPa 的时间不得大于 0.65 s。

⑤ 驻动制动性能

a. 半挂车静态制动力应符合 JT/T 487—2003 中 4.4.1 的规定。

b. 半挂车驻坡能力应符合 JT/T 487—2003 中 4.4.2 的规定。

⑥ 半挂车组成汽车列车后的制动力平衡性能

半挂车制动减速度与汽车列车制动减速度的比值不得小于半挂车重量与汽车列车重量的比值的 95%。

⑦ 半挂车组成汽车列车后的制动滞后时间

半挂车最后轴制动动作滞后于牵引车前轴制动动作的时间不大于 0.2 s。

⑧ 制动系统密封性能

气压制动传动装置气压下降速度,在贮气筒气压达到 637—735 kPa 时:

非制动状态:不大于 10 kPa/10 min;制动状态:不大于 6 kPa/10 min。

2. 半挂车尺寸参数的确定

(1) 外廓尺寸

依据《货运挂车系列型谱》(GB/T 6420—2017)和《道路车辆外廓尺寸、轴荷及质量限值》(GB 1589—2004)的规定,集装箱半挂车车长不能超过 13 m;与整体封闭式厢式半挂车组成的铰接列车在高等级公路上使用时,车长最大限制为 18.1 m;总宽不能超过 3 m,总高自地面起不能超过 4.2 m。

(2) 半挂车的轴距和轮距

半挂车的轴距和轮距,应符合《道路车辆外廓尺寸、轴荷及质量限值》(GB 1589—2004)中 4.3.1 和 4.3.2 的规定。

三、集装箱车辆运行作业的条件

1. 运输条件

(1) 集装箱的规格尺寸和额定总重量对车辆的要求。按照《系列 1 集装箱 分类、尺寸和额定质量》(GB/T 1413—2008)国家标准的规定,集装箱的宽度均为 2 438 mm,高度有<2 438 mm、2 438 mm、2 591 mm 和 2 896 mm 四种,长度有 13 716 mm(45 ft)、12 192 mm(40 ft)、6 058 mm(20 ft)、9 125 mm(30 ft)和 2 991 mm(10 ft)五种,额定总质量有 30.48 t 和 10.16 t 两种。其中使用较为普遍的主要是 40 ft 和 20 ft 两种规格的集装箱,另外随着对外贸易的增加,45 ft 集装箱使用占比也越来越高。

半挂车的结构以直梁骨架式和平板式为主。运输超高型集装箱,则需采用鹅颈式或凹梁式半挂车。由于集装箱每次装载各类货物的单位容重有很大差异,而且货物的包装尺寸也各不相同,故货物装箱后集装箱的实际总质量是不相等的。如果车辆的吨位结构只按照集装箱的额定总质量标准来配置,必将出现重箱实载率过低现象。为了合理确定所配置集装箱运输车辆的吨位结构,则应对载货运输中的 20 ft、40 ft 和 45 ft 集装箱的实际总质量进行统计分析,并将其划分成若干吨级档次,从中找出各档次之间的数量比例关系,以此作为配置不同吨位车辆的依据,从而提高企业和车辆的运用效率和经济效益。

根据目前我国生产的适于集装箱运输的车辆吨位结构情况,可考虑将集装箱车辆的吨位结构划分为 4—5 个档次,即 20 ft 集装箱车可分为:4 t(空箱运输)、10 t、15 t、20 t 四档;

40 ft 集装箱车可分为：8 t（空箱运输）、15 t、20 t、25 t 和 30 t 五档。各档之间应配置车辆数量的比例，可参照对集装箱实际总重量进行统计分析后所得到的结构比例关系确定。但应该说明，所谓合理配置车辆，是指在一个阶段内的相对合理，因为集装箱实际总重量的吨级比例会随着进出口商品的变化而变化。因此，企业在经过一个阶段之后，应根据集装箱载重量结构的变化，对所配置车辆的吨位结构比例做必要的调整，调整时可结合车辆更新或配套工作进行。

（2）集装箱运量和运距对车辆的要求。集装箱运量和运距是确定需配置运输车辆数量、结构形式和吨位结构比例的重要依据。当集装箱运量不大时，为提高车辆的利用率，宜采用平板式箱货两用型车辆。当集装箱运量较大、箱源集中时，宜采用骨架式集装箱专用车辆，并应设置专业车队。汽车运输的合理运距与公路技术等级、企业经营管理水平和箱内货物的价值有关。我国集疏运港口国际集装箱的汽车合理运距为：二级和三级公路一般为 200—300 km；一级和高速公路一般为 300—500 km。车辆的持续行驶里程通常可达 400—600 km。我国沿海主要外贸港口至其腹地的许多中心城市的距离，一般均在汽车合理的经济运距范围内，而且路况普遍较好，这为开展集装箱运输创造了良好的条件。

2. 道路条件

道路条件对集装箱车辆的运输过程和运用效率影响很大，路面的承重能力、桥涵的通过能力及公路的限界标准，都决定着车辆允许的载重量、行驶速度和车辆的外廓尺寸。各国对汽车列车的总重量和轴载重量均有相应的规定。我国目前尚未制定专门的国家标准，但在某些相关标准和法规中已有原则规定。因此，在选择集装箱车辆时，要依据已有的规定并结合车辆使用地区道路桥涵的实际承载能力，来确定车辆的总重量和轴载重量值。根据《货运挂车系列型谱》（GB 6420—2017）的规定，集装箱半挂车的最大允许总重量不超过 40 t，最大长度不超过 13 950 mm（45 ft 时）。根据《公路工程技术标准》（JTG B01—2014），车辆载荷总重为 550 kN。《公路工程技术标准》规定，装载重量在 30 t 以下的车辆，基本上可以在二级公路上行驶。但用 40 ft 集装箱车运载两个 20 ft 集装箱时，20 ft 集装箱总重量应该考虑重箱与轻箱搭配或单箱运输。

3. 气候条件

气候条件对集装箱运输车辆的要求是：应能满足夏季温度最高时，汽车发动机不过热，冬季温度最低时，能够容易启动。例如华东沿海地区，上海市一年中最高气温为 37.8℃，最低气温为 -10℃，江苏、浙江地区与上海市的温差只有 1—2℃，说明这些地区的气温对车辆没有特殊的要求。但东北地区、华南地区冬夏季的温差很大，在选配车辆时必须采取防冻、防过热措施，并要考虑低温启动的影响。

四、集装箱运输车辆需要量的计算方法

集装箱运输企业运力的配备要与运量基本保持平衡，同时还要考虑车辆品种和吨位的需要。按照集装箱的规格标准，车辆需要配备不同的吨位。为了计算口径一致，在《集装箱公路中转站站级划分及设备配备》（GB/T 12419—2005）国家标准中，将集装箱车辆数折合为换算标准箱位数进行计算。各种箱型集装箱与换算标准箱的折算方法如表 5-3 所示。

公路集装箱运输车辆折合换算标准箱位数量的车辆计算公式为:

$$N = \frac{Q \times L}{T \times a \times L_c \times b \times c} \quad (5-1)$$

式中:N ——集装箱运输车辆折合换算标准箱位数量,TEU;

Q ——年箱运量,TEU;

L ——平均运距,km;

T ——年工作天数,一般取 365 天;

a ——车辆工作率,%;

L_c ——平均车日行程,km/天;

b ——箱位利用率,一般取 0.8—0.9;

c ——里程利用率,%。

表 5-3 各种箱型集装箱与换算标准箱的折算方法

箱 型	换算标准箱数量
1AAA、1AA、1A、1AX	2
1CC、1C、1CX	1
1D、1DX	1/2
原标准 5t 箱	2/3
非标准 1t 箱	1/12

1. 年箱运量(Q)

年箱运量指计划年度内由公路中转站运输的集装箱总量。随着对外贸易量的增长和公路集装箱集疏运系统的不断完善,内陆中转站的作用将日趋重要,集装箱的运量会逐步增加。为此,在调整运力之前,应对服务区域的集装箱进行一定范围的预测。

2. 平均运距(L)

平均运距指报告期内实际运送的集装箱货物的平均距离,其计算公式为:

$$L = \frac{集装箱周转量}{集装箱运量} \quad (5-2)$$

3. 年工作天数(T)

年工作天数指统计年度内的日历天数,一般取 365 天,节假日不停产。

4. 车辆工作率(a)

车辆工作率指统计期内工作车日与总车日之比,用以表示企业总车日利用程度,其计算公式为:

$$a = \frac{工作车日}{总车日} \quad (5-3)$$

目前从事集装箱运输的有些企业车辆工作率不高,主要是由于运量不稳定,货源较少,有些企业车辆完好率较低。随着集装箱的车辆稳步增长,企业内部管理水平的提高,车辆和道路条件的改善,车辆工作率将会显著提高,一般可在75%左右。

5. 平均车日行程(L_c)

平均车日行程指车辆在统计期工作车日内的平均速度,是评价车辆速度时间综合利用的指标,其计算公式为:

$$L_c = \frac{车辆在统计期工作车日内的总行程}{工作车日} \tag{5-4}$$

或:

$$L_c = 车辆在路线上的平均工作时间 \times 营运速度$$

L_c 值的提高,与企业提高车辆营运速度和合理调度车辆有关。

6. 里程利用率(c)

里程利用率指统计期内车辆的载重行程与总行程之比,用以表示车辆总行程的有效利用程度。

里程利用率直接影响企业的运输生产率和运输成本。目前 c 值低的原因,主要是货源不足,迫使调车空驶行程多。随着货源和运输组织工作的改善,c 值应达到70%以上。里程利用率的计算公式为:

$$c = \frac{车辆载重行程(重箱行程)}{车辆总行程(重空车行程)} \tag{5-5}$$

7. 箱位利用率(b)

箱位利用率指统计期内车辆总箱位的利用程度。在实际运输中,有时一辆40 ft集装箱车只装载一个20 ft集装箱的货,则其箱位利用率只有50%。根据统计分析,b 值一般为80%—90%,若企业车辆以40 ft为主,则 b 值取80%。

第三节　铁路集装箱运输设备

一、铁路集装箱运输设备概述

铁路集装箱运输设备主要为铁路集装箱专用车辆。它是指专为运送国内和国际标准集装箱而专门设计和制造的车辆。

在我国铁路集装箱运输的发展初期,通常采用通用车辆(主要是敞车)来装运集装箱。如我国20世纪50年代投入使用的总重为3 t的集装箱和70年代投入使用的总重为5 t的集装箱(高2 450 mm,宽2 000 mm,长1 220—1 285 mm),分别采用30 t、50 t和60 t敞车(砂石车)来装运。由于敞车侧板较高,装卸作业时需要提升,故影响装卸作业效率;另外,在装卸过程中集装箱容易碰到敞车的侧板和端板,造成箱体和车体的损坏。在运行过程中,由于集装箱在车上没有加固,可能会使箱体窜动,损坏箱体和车体,同时还会造成货物总重心的偏移。因为敞车在装运集装箱时存在上述问题,所以发展适合装运集装箱的专用车辆势在必行。

铁路集装箱车辆的发展大约经过了三个阶段。

第一阶段:将普通平车改造成集装箱专用车。这样处理费用较低,能应付急用。但缺点是集装箱的固定较困难,作业效率低;数量仍然有限。

第二阶段:大量新造集装箱专用车。自20世纪60年代开始,集装箱国际标准化的推进和运量的大幅增加,对铁路集装箱运输提出了越来越多的要求,这促使欧洲各国设计制造了集装箱专用车。这些专用车与国际标准集装箱配套,装卸与固定便捷,作业效率高,能很好地体现集装箱运输的优越性。

第三阶段:不断创新,改进集装箱专用车的结构。围绕降低能耗、提高车速、简化结构、加长尺寸等,欧美各国进行了大量的研究与试验,对集装箱专用车进行了很多创新,出现了集装箱双层运输专用车等高效率的专用车,它对提高国际集装箱多式联运和陆桥运输的效率和效益,发挥了重要作用。

二、铁路集装箱运输专用车辆的基本构造

集装箱运输经过多年的发展,由于型号、用途和运行条件不同,铁路集装箱专用车辆形成了许多类型,但其构造基本相同。以四轴车为例,铁路集装箱专用车辆的基本构造由车体、车底架、走行部、车钩缓冲装置、制动装置等五部分组成。

1. 车体

车体是装载集装箱的部分。车体的构造主要有平板式和骨架式两种。

2. 车底架

车底架由中梁、侧梁、枕梁、横梁、端梁等组成(图5-14)。其主要作用是:

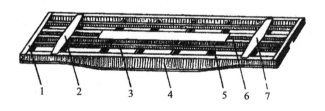

图5-14 货车车底架
1—端梁;2—枕梁;3—纵梁;4—侧梁;5—横梁;6—中梁

(1)是车体的基础。

(2)承受车体和货物的重量,并通过上心盘、下心盘将重量传给走行部。

(3)列车运行时,车底架中梁在纵向承受机车牵引力、制动力和各种冲击力。

中梁——位于车底架中央,为车底架的骨干,两端是安装车钩缓冲装置的地方,是主要承受垂直载荷和纵向力的重要部件之一。

枕梁——是车底架与转向架摇枕衔接的地方。在枕梁下部装有上旁承和上心盘,分别与转向架摇枕上的下旁承和下心盘相对,可将重量传给走行部。

3. 走行部

走行部主要由轮对、侧架、摇枕、弹簧减震装置、轴箱油润装置等装置组成。其作用是引导车辆沿着轨道运行,并把重量传给钢轨。

(1) 转向架

在四轴货车上,走行部由两个相同的转向架组成。车辆采用转向架的形式,能相对于车底架自由转动,并能缩短车辆的固定轴距,使车辆能顺利通过曲线。货车铸钢侧架式转向架见图 5-15 所示。

(2) 车辆轴距

如图 5-16 所示,A 为固定轴距,B 为全轴距。

(3) 轮对

轮对由紧密压装在一根车轴上的两个车轮组成,见图 5-17。轮对承受车辆的全部重量,并以较高的速度引导车轮在钢轨上行驶。

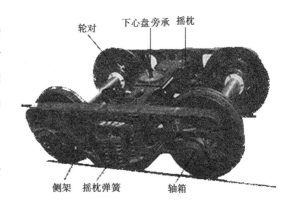

图 5-15 货车铸钢侧架式转向架

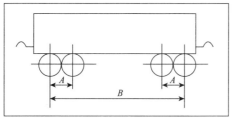

图 5-16 车辆轴距示意图

图 5-17 车辆轮对
1—车轮;2—车辆

车轮与钢轨头部的接触面称为踏面。踏面做成一定的斜度,一可以使转向架顺利通过曲线;二可以使车辆的中心落在线路的中心线上,减少车辆的蛇行运动。车轮内侧外缘凸起的部分叫轮缘。它的作用是防止轮对脱轨,并使车轮沿着钢轨运行,保证车轮在线路上运行的安全。

(4) 轴箱油润装置

轴箱油润装置使轮对和侧架连接在一起,将车辆的重量传给轮对;使轴承与轴颈得到润滑,减少摩擦保护轴颈,防止在高速运行时发生热轴,以保证车辆安全运行。现在大量采用的滚动轴承轴箱,如图 5-18 所示。

图 5-18 滚动轴承轴箱

（5）侧架

侧架负责把轴箱、轮对和摇枕连接成转向架,侧架的结构如图 5-19 所示。

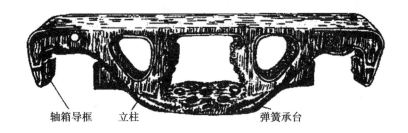

图 5-19 侧架

（6）摇枕

车体的重量和载荷通过下心盘、摇枕和两侧的枕弹簧传给侧架,并通过摇枕将两个侧架联系起来,摇枕的结构如图 5-20 所示。

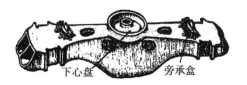

图 5-20 摇枕

摇枕上的下心盘和装在车体枕梁下面的上心盘相对,车体重量由心盘传给摇枕。下旁承装在摇枕两侧的旁承座内。当车辆通过曲线时,向下倾斜一侧的上旁承和下旁承相接触,可以防止车体过分摇动和倾斜。

（7）弹簧减震装置

弹簧减震装置能减缓车辆在运行中的垂直震动,并减轻车辆对线路的冲击。弹簧减震装置的结构如图 5-21 所示。

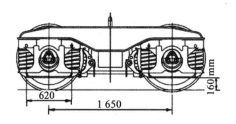

图 5-21 弹簧减震装置(单位:mm)

4. 车钩缓冲装置

车钩缓冲装置(图 5-22)包括车钩、缓冲器两部分,安装在车底架中梁的两端。其作用是:使机车和车辆或车辆之间连挂在一起,并且传递牵引力和制动力,缓和列车运行或调车作业时所产生的冲击力。

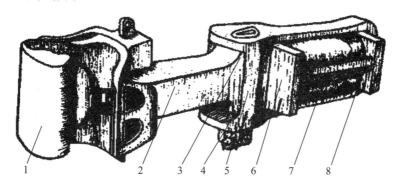

图 5‑22　车钩缓冲装置
1—钩舌；2—钩身；3—钩尾；4—钩尾销；5—钩尾框；6、8—从板；7—缓冲器

车钩包括钩头、钩身和钩尾三部分。钩头里装有钩舌、钩舌销、钩提销、钩舌推铁和钩锁铁等零件。为实现挂钩或摘钩，使车辆连接或分离，车钩具有以下三种位置(又称车钩三态，图 5‑23)。

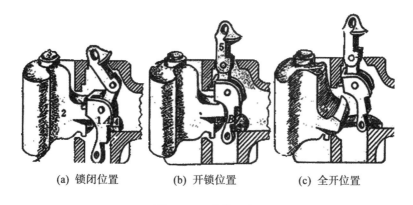

(a) 锁闭位置　　　(b) 开锁位置　　　(c) 全开位置

图 5‑23　车钩三态

(1) 锁闭位置——车钩的钩舌被钩锁铁挡住不能向外转开的位置。两个车辆连接在一起时车钩就处在这种位置。

(2) 开锁位置——钩锁铁被提起，钩舌只要受到拉力可以向外转开的位置。

(3) 全开位置——钩舌已经完全向外转开的位置。

摘钩时，只要其中一个车钩处在开锁位置，就可以把两辆车分开。

挂钩时，只要其中一个车钩处于全开位置，就可以把两个车辆连挂在一起。

三、铁路集装箱运输专用车辆的分类

1. 按装卸方式分类

铁路集装箱专用车按装卸方式分类，可分为：

(1) 吊装式集装箱专用车。这种集装箱专用车是集装箱的装卸采用各种起重设备进行吊装的铁路集装箱专用车。目前大部分的集装箱专用车均属于这种吊装式集装箱专用车。

（2）滚装式集装箱专用车。对于平板式集装箱专用车，可以采用滚装的办法装卸拖车式集装箱。用于驼背运输的车辆都是滚装式集装箱专用车。由于集装箱连同拖车一起装载在铁路集装箱专用车上，其稳定性较差，载重量利用率低，并且容易超出铁路机车车辆限界。为降低其装载高度，欧美国家和日本均采用了袋鼠式凹平台的驼背运输专用车。

（3）侧移式集装箱专用车。在侧移式集装箱专用车上装备引导用的 U 形导轨，通过液压装置和锁链把集装箱移到拖车上。这种装卸方式不需要专用的装卸机械，只需要特殊的车底结构，就能直接完成铁路与公路的转运。日本和欧美的内陆运输中采用了这种车辆。

（4）回转式集装箱专用车。在回转式集装箱专用车上设置可以回转的转台，利用集装箱转台上的回转来完成集装箱的铁路与公路的换装。

2. 按车底板结构分类

铁路集装箱专用车按车底板结构分类，可分为：

（1）平板式集装箱专用车。类似于普通平车，平板式集装箱专用车只是在集装箱底角件的位置增设了固定集装箱的紧固装置，通常为翻板式的锥形定位销。这种车辆通用性较强，既可以装载集装箱，也可以当成普通平车使用。

（2）骨架式集装箱专用车。其车底架呈骨架式结构，专门用于装载各型集装箱。它相比普通平车高度降低了 10%~15%，造价降低约 15%，是装载集装箱经济安全的车型。

一些专门用于装运大型集装箱的车辆，其车底板结构还可以简化。如美国的骨架式的铰接车组，其车底架结构大大简化了，设计一根重型中心梁作为车底架承载梁和纵向力的构件，承载着拖车走行轮或集装箱的底角件，同时也是承受纵向力的构件，平均每辆车自重减至 14.5 t。美国的双层集装箱专用车铰接车组，则是由侧梁承载集装箱的重量并作为承受纵向力的构件，中间设计一个 12.2 m（40 ft）集装箱箱底大小的孔（类似落下孔车），在孔底集装箱底角件处设置支承面，以承载集装箱。车辆两端有带折角的端壁，以固定集装箱。端壁高出下层箱顶 6.1 m（20 ft）集装箱，以固定上层集装箱，折角可以转动，以便装卸下层集装箱。这种双层集装箱专用车的承载面高度为 3.51 m（11.5 ft）集装箱，自重相当于普通平车的一半，是一种经济、高效的集装箱专用车车辆。但这种车辆装载高度过高，不能在电气化区段运行，并且超过了许多国家的轨距和车辆限界，另外由于铰接车组使用的是三轴特制转向架，每台转向架承载的重量达到 100—125 t，轴重达到 32—36 t，也超过了许多国家铁路最大允许轴重的限制。这种双层集装箱专用车目前只限于在美国、加拿大、墨西哥之间运行。

3. 按车底板长度分类

铁路集装箱专用车按车底板长度分类，可分为：

（1）40 ft 集装箱专用车。它具有两个 TEU 箱位，可装载 1 个 12.2 m（40 ft）集装箱或 2 个 6.1 m（20 ft）集装箱，也可装载 3.0 m（10 ft）集装箱和国内中小型集装箱，适应面较广，能灵活运用。如我国的 X6A 型集装箱专用车的车底板长度为 13 m。

（2）60 ft 集装箱专用车。它具有 3 个 TEU 箱位，可装载 1 个 12.2 m（40 ft）集装箱和 1 个 6.1 m（20 ft）集装箱或 3 个 6.1 m（20 ft）集装箱。这种长度的车辆也比较多。

(3) 24.4 m(80 ft)集装箱专用车。它具有 4 个 TEU 箱位,适合装载 2 个 12.2 m(40 ft)集装箱。1961 年在美国最先使用。

(4) 27.4 m(90 ft)集装箱专用车。它适合装载 2 个 13.7 m(45 ft)集装箱。1968 年在美国最先使用。

(5) 其他长度的集装箱专用车。为了适应各种非国际标准集装箱的装载,世界各国还制造了各种非标准长度的集装箱专用车。如德国的 19.2 m(63 ft)集装箱专用车、芬兰的 21.7 m(66 ft)集装箱专用车等。

4. 按车辆的轴数分类

铁路集装箱专用车按车辆的轴数分类,可分为:

(1) 转向架式四轴车。13 m(40 ft)和 19.7 m(60 ft)集装箱专用车,通常使用两台两轴转向架,共四个轴。

(2) 转向架式六轴车。当集装箱专用车车体较长、载重量较大时(如装载 4 TEU 的 26.2 m(80 ft)集装箱专用车),使用两台两轴转向架超过了最大允许轴重,则应使用两台三轴转向架,共六个轴。

(3) 铰接式车组。1984 年,美国设计制造的双层集装箱专用车采用了铰接式结构,即将五辆双层集装箱专用车铰接在一起,形成一个固定的车组。

5. 按车辆组织方式分类

铁路集装箱专用车按车辆组织方式分类,可分为:

(1) 编挂于定期直达列车的专用车辆

这类集装箱专用车结构比较简单,大部分车采用骨架式,底架有旋锁加固装置,用以固定集装箱。因为这类车辆都以固定形式编组,且定期往返于两个办理站之间,无须经过调车作业,所以车辆不必有缓冲装置,各种用于脱挂钩、编组的设施都可简化。美国联合太平洋铁路公司研制的双层集装箱专用车辆,采用凹底平车,全长 19.2 m,可压放两个 40 ft 的集装箱。这类集装箱专用车,因为连接部分采用特殊装置,整车的结构简单,所以一方面重量轻于普通平车,另一方面运行中空气阻力小,停车、启动和行驶中震动很小。

(2) 随普通货物列车零星挂运的专用车辆

这类专用车辆需要编挂到普通货物列车中运行。因为要进行调车作业,所以必须像普通铁路车皮一样装有缓冲装置,结构比前一种专用车复杂。

我国铁路部门已研制了 X6B 型集装箱专用车,载重量为 60 t,可装载 1 个 40 ft 集装箱,或 2 个 20 ft 集装箱,或 1 个 45 t 集装箱,或 6 个 10 ft 集装箱。X6B 型集装箱专用车全长 16 388 mm,最大宽度为 3 170 mm,空车装载面高度为 1 166 mm,运行速度为 120 km/h,自重为 22 t,能满足对铁路集装箱专用车辆的需求。

四、典型的铁路集装箱运输专用车辆简介

1. X4K 型集装箱专用平车

随着我国国民经济的快速发展,铁路集装箱在箱型、载重等方面发生了很大变化。大部分的 20 ft 集装箱在装载粮食、化肥、工业原料、机械配件、建材等重质货物时其额定重量向 30.48 t 发展的同时,也有 20 ft 集装箱在装载家用电器、牛奶、服装等轻质货物时其额定重量在 24 t 以下。鉴于集装箱运输的特殊性及经济性,采用单一车型已很难满足市场多元化的需求。根据中铁集装箱运输有限责任公司的需求,中国南车集团北京二七车辆厂研制了 X4K 型集装箱专用平车(图 5-25),该车是载重 70 t 级的集装箱运输车,适合铁路提速重载的发展方向。2006 年 1 月通过了铁道部运输局会同科技司的技术审查。

图 5-24　X4K 型集装箱专用平车

X4K 型集装箱专用平车技术参数见表 5-4。

表 5-4　X4K 型集装箱专用平车技术参数

轨距/mm	1 435
载重/t	72
底架长度/mm	18 440
自重/t	22
底架宽度/mm	2 750
车钩	E 级钢 17 号连锁式车钩或铁道部批准的新型车
车辆长度/mm	19 366
转向架型式	转 K6 型转向架
车钩中心线距轨面高(空车)/mm	880
商业运行速度/(km/h)	120
集装箱装载面距轨面高(空车)/mm	1 140
制动系统	120-1 型空气制动机系统
车辆定距/mm	14 200
限界	符合 GB146.1—2020《标准规距铁路机车车辆限界》的规定

2. NX17BK 型集装箱平车

NX17BK 型集装箱平车为我国标准轨距、载重 61 t、具有普通平车和装运集装箱双重功能的四轴平车。当普通平车使用时,能运装原木、机器、车辆、钢材、桥梁、构件、成箱货物及军用设备。当集装箱平车使用时,还可装载 GB/T 1413—2008 所规定的 1AAA、1AA、1A、1AX、1CC、1C、1CX 型集装箱及 45 t、48 t 长大集装箱和 TB/T 2114—1990 规定的铁路 10 t 通用集装箱。NX17BK 型集装箱平车技术参数见表 5-5。

表 5-5 X4K 型集装箱平车技术参数

轨距/mm	1 435
载重/t	61
车辆长度/mm	16 338
自重/t	22.9
车辆宽度/mm	3 165
集重	25 t/1 m、30 t/2 m、40 t/3 m 45 t/4 m、50 t/5 m
转向架	转 K2 型
车钩	13 号下作用式车钩
构造速度/(km/h)	100
限界	符合《标准轨距铁路限界 第 1 部分:机车车辆限界》(GB 146.1—2020)的要求

3. X6B 型集装箱平车

X6B 型集装箱平车适用于中国标准轨距(1 435 mm)铁路,能装载 GB/T 1413—2008 所规定的 1AAA、1AA、1A、1AX 及 1CC、1C、1CX 型集装箱,同时也能装载 45 t 国际箱和符合中国铁路标准 TB/T 2114—1990 规定的 10 t 集装箱。X6B 型集装箱平车见图 5-25。

图 5-25 X6B 型集装箱平车

X6B 型集装箱平车技术参数见表 5-6。

表 5-6　X6B 型集装箱平车技术参数

项目	参数
轨距/mm	1 435
车底架长度/mm	15 400
车钩高/mm	880
载重/t	60
车底架宽度/mm	2 970
转向架型式	转 8A 型（改进型）
自重/t	22.4
车辆定距/mm	10 920
构造速度/(km/h)	100
车辆长度/mm	16 338
车钩	自动车钩
制动系统	空气制动
集装箱装载面距轨面高度（空车）/mm	1 166
限界	符合《标准轨距铁路机车车辆限界》（GB 146.1—2020）的规定，能通过机械化驼峰

4. X2H 型双层集装箱专用平车

X2H 型双层集装箱专用平车（图 5-26）是为了满足铁路集装箱运输的要求而专门设计的集装箱平车。X2H 型平车是新一代的铁路集装箱运输平车，能够满足货运提速的要求。目前我国研制的双层集装箱平车还在试验阶段，因此产量不多。

该车在中国标准轨距且其建筑限界满足双层集装箱车运行的铁路上使用。可装运 GB/T 1413—2008 所规定的 1AAA、1AA、1A、1AX、1CC、1C、1CX 型国际标准集装箱及 45 ft、48 ft、50 ft、53 ft 等长大集装箱；集装箱双层叠装。

图 5-26　X2H 型双层集装箱专用平车

X2H 型集装箱专用平车装载工况如表 5－7 所示。

表 5－7 装载工况表

装箱工况	下层箱型及数量	上层箱型及数量	总载重
工况一	2 个 20 ft/45 ft/48 ft	1 个 40 ft/50 ft/53 ft	78 t
工况二	1 个 40 ft/45 ft/48 ft	1 个 40 ft/50 ft/53 f	61 t
工况三	2 个 20 ft	2 个 20 ft	78 t

X2H 型集装箱专用平车技术参数见表 5－8。

表 5－8 X2H 型集装箱专用平车技术参数

项目	参数
轨距/mm	1 435
自重/t	≤21.8
载重/t	78
自重系数	0.28
每延米载重/(t/m)	约 5.15
商业运行速度/(km/h)	120
通过最小曲线半径/m	145
车辆长度/mm	19 466
车体长度/mm	18 500
车体宽度/mm	2 912
凹底长度/mm	12 300
凹底宽度/mm	2 600
车辆定距/mm	15 666
集装箱承载面距轨面高度(空车)/mm	290
车体最低点距轨面高度(空车)/mm	190
制动率	
重车	17.4%
空车	27.1%
限界：1. 空车符合《标准轨距铁路机车车辆限界》(GB146.1—2020)的规定 2. 重车下部符合 1959 年以后修建铁路的 GB146.1—2020 车限期-1B 3. 集装箱双层装载后其上部轮廓在扩展后的机车车辆限界内 4. 车辆禁止通过驼峰	

第四节　航空集装箱运输设备

相对铁路、公路和水路运输,航空运输是最平稳、对所运货物冲击最小的运输方式。所以航空运输货物,包装可以相对轻薄,从而可减少货物的包装费用。由于运输平稳,货损、货差就少,也可以相应降低运输成本。海陆空联运国际标准集装箱的出现,使航空运输进入了国际集装箱多式联运的运输链。

航空集装箱运输设备包括航空集装箱和货机两部分。

一、航空集装箱

国际航空运输协会(International Air Transport Association,IATA)将在航空运输中所使用的成组工具称为"成组器"(Unit Load Devices,ULD)。根据国际航空运输协会的数据,全球约有90万个ULD设备,价值超过10亿美元,平均每个价值超过1 100美元。ULD的分类和技术参数如表5-9和图5-27所示。成组器分为航空用成组器和非航空用成组器两类,如表5-10所示。

表5-9　ULD的分类和技术参数

型号	内容积/m^3	高度/cm	深度/cm	基础宽度/cm	总宽度/cm	IATA型号	适用机型
LD3-45	3.7	114.3		156.2	243.8	AKH	A320
LD2	3.5			119.4	156.2	APE	波音宽体
LD3	4.5			156.2	200.7	AKE	宽体客机
LD1	5.0				233.7	AKC	波音宽体
LD4	5.5		153.4	243.8	243.8	AQP	767,777,787
LD8(2×LD2)	6.9					AQF	767,787
LD11	7.2				317.5	ALP	747,777,787
PLA(P1P)	7.1					PLA	747,777,787
LD6(2×LD3)	8.9	162.6				ALF	747,777,787
LD26	13.3				406.4	AAF	747,777,787
LD7/翼板	14.0			317.5		P1P	747,777,787
LD7/ P1P 托盘	10.7		223.5		317.5	P1P	宽体客机
LD9(基于 P1P)	10.8					AAP	波音宽体
LD29(基于 P1P)	14.4				472.4	AAU	747
LD39(基于 P1P)	15.9		243.8			AMU	747
P6P 托盘	11.5				317.5	P6P	747,767,777,787

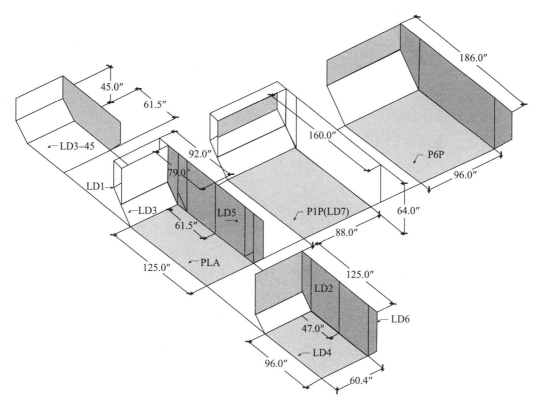

图 5-27 ULD 的分类和技术参数

表 5-10 航空集装箱分类

航空集装箱	航空用成组器	部件组合式	航空用托盘
			航空用货网
			固定结构圆顶
			非固定结构圆顶
		整体结构式	主货舱用集装箱
			下部货舱用集装箱
	非航空用成组器	国际标准集装箱	国际航空运输协会标准尺寸集装箱
			航空运输专用集装箱
			陆空联运用集装箱
			海陆空联运用集装箱

航空用成组器是指与飞机的形体结构完全配套,可以与机舱内的固定装置直接联合与固定的成组器。它分为部件组合式与整体结构式两种。

部件组合式是指由集装板、货网(图 5-28、图 5-29)、固定结构圆顶或非固定结构圆顶

组合而成的一个可在机舱内固定的装卸单元。其各组成部分如下:

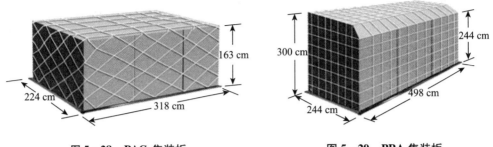

图 5-28　PAG 集装板　　　　　　　图 5-29　PRA 集装板

整体结构式是指单独形成一个完整结构的成组器,它的外形不是长方形,而是与机舱形状相配合,可直接系固在机舱中。这类成组器又可分为"上部货舱用集装箱(又称主货舱用航空集装箱)"和"下部货舱用集装箱"两种。不同机型的这类组合器,相互尺寸都不一样。这类组合器又可分为半体形和整体形两种(图 5-31、图 5-32)。

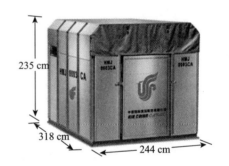

图 5-30　AKE 航空集装箱　　　　　图 5-31　HMJ 航空集装箱(可装 3 匹马)

非航空用成组器中的"非航空用"只是指成组器的形状与飞机内部不吻合,为长方形,也不能直接在机舱中系固。它主要分为国际航空运输协会标准尺寸集装箱和国际标准集装箱两种。

国际航空运输协会标准尺寸集装箱是按国际航空运输协会的规定制造的集装箱。该协会对属于非航空用成组器范畴内的集装箱有如下定义:"集装箱是指用铝、波纹纸、玻璃纤维、木材、胶合板和钢材等组合而制成的,可以铅封和密闭的箱子。侧壁可以固定,也可以拆卸。制成的集装箱必须能承受压缩负荷。"这类集装箱因与 ISO 国际标准集装箱不配套,所以不能进行多式联运。

国际标准集装箱是指与国际标准化组织(ISO)制定的集装箱标准同型的集装箱。这类集装箱因与 ISO 国际标准相衔接,所以可以进行多式联运。国际标准集装箱按尺寸通常可以分为 10 ft、20 ft、30 ft、40 ft 四种尺寸。按是否可以联运又分为三种:

① 航空运输专用集装箱

这类集装箱的形状为长方形,不能在机舱内直接系固,在箱上不设角件,不能堆装。

② 陆空联运集装箱

这类集装箱可以用空运和陆运系统的装卸工具进行装卸和搬运。有的上部无角件而下部有角件,不能堆装;有的上下部都有角件,既可吊装,也可堆装;还有的除上下都有角件外,还有叉槽,可以使用叉车进行装卸。

③ 海陆空联运集装箱

这类集装箱的特点是上下部都有角件,可以堆装。

海陆空联运集装箱与一般的集装箱有很大的区别,主要是其结构强度比一般集装箱弱得多。这种集装箱的堆码层数受到严格的限制。海陆空联运时,要注意装卸时必须与其他标准集装箱严格区别开来,装船时绝对不能装在舱底。

二、货机

货机中能装载航空成组器的机型主要有波音(Boeing)和空客(Airbus)两类,部分国家和地区仍然保有少量的早期麦克唐纳-道格拉斯公司(该公司已经被波音公司收购)的机型。因为各飞机制造公司基本采用相同的基本尺寸,所以成组器在各种机型中的互换性较好。这种互换性使航空公司可以减少"互换器"的备用量,节约投资,在转机运输时,使货物不必捣载,缩短了转机时间。

目前全球的客机数量远超货机数量,且所有的客机机腹都具备载货能力。因此,能装载航空成组器的机型分为两类,一是客机,二是货机。各类主要装载航空成组器的飞机的主要技术参数如表5-11和表5-12所示。

表5-11 装载航空成组器的部分客机主要技术参数

机型	飞机性能						货舱	
	最大起飞重量/t	燃料重量/t	航速/(km/h)	标准座位/个	最大载重/t	续航距离/km	容积/m³	集装箱·托盘/只
B747LR	372.3	164.2	897	416	64.1	8 150	172	30-LD39
A300B4	157.6	49.9	834	243	34.1	3 340	104	20-LD34
B767	136.2	47.4	834	211	30.9	2 970	85	22-LD23

表5-12 部分货机主要技术参数

项目	机型						
	B747-400F	B767-300ER	B777-200	A340-313	B737-800	A330-300	A321-200
机身全长	70.60 m	54.94 m	63.85 m	63.60 m	39.47 m	63.68 m	63.68 m
翼展长度	64.90 m	47.57 m	61.50 m	60.30 m	35.79 m	60.30 m	60.30 m
高度	19.41 m	15.39 m	20.60 m	16.70 m	12.57 m	16.82 m	16.82 m

续　表

项目	机型						
	B747-400F	B767-300ER	B777-200	A340-313	B737-800	A330-300	A321-200
最大载货重量	120 t	35.6 t	56.9 t	44.8 t	8.4 t	44.7 t	12.8 t
最大货仓容积	946 m³	114.2 m³	160 m³	153.3 m³	160 m³	159.7 m³	58 m³
主货舱	30PAP/PMC型集装器 (738 m³)	-	-	-	-	-	-
前下货舱	5PAP/PMC型集装器 (100 m³)	4PMC/PAG 或 16LD2 (19 595 kg)	18LD3 或 6PMC/PAG (30 617 kg)	18LD3 或 6PMC/PAG (22 861 kg)	3 558 (19.6) m³	76 m³	25.4 m³
后下货舱	4PMC+2LD3 或 4PAG+4LD3 型集装器 (93.4 m³)	14LD2 (13 090 kg)	14LD3 (22 226 kg)	14LD3 或 5PMC/PAG (17 957 kg)	4 850 (25.5) m³	64 m³	25.1 m³
散货舱	6 749 kg (15 m³)	2 926 kg (12 m³)	4 082 kg (17 m³)	3 468 kg	-	19.7 m³	7.5 m³
最大集装器装载数	主货舱:30PMC 下货舱:9PMC+4LD3	4PMC+14LD2	6PMC+14LD3	11PMC	-	11PAG/PMC 或 32LD3	-
巡航速度	916 km/h	900 km/h	945 km/h	923 km/h	876 km/h	871 km/h	829 km/h
最大巡航距离	8 415 km	7 200 km	11 000 km	10 000 km	5 575 km	11 750 km	5 926 km

【案例分析】

中欧班列:改写铁路运邮史　"一带一路"上的新邮差

中欧班列是指按照固定车次、线路等条件开行,往来于中国与欧洲及"一带一路"沿线各国的集装箱国际铁路联运班列。近年来,中欧班列开行的数量和密度不断加大,多条线路实现了每日一来一回的常态化运行。如今中欧班列的开行,使中国和班列经过的其他沿线国家的贸易额直线上升。中欧班列运输的货物品类,由开行初期的手机、电脑等IT产品,逐步扩大到衣服鞋帽、汽车及配件、粮食、葡萄酒、咖啡豆、木材、家具、化工品、机械设备等品类。

2018年,中欧班列共开行6 300列,比上年增长72%。其中,返程班列开行2 690列,同比增长111%。迄今为止,中欧班列已经累计开行超过90 000列,国内开行城市达到56个,可通达欧洲25个国家223个城市。

据阿拉山口海关统计,截至2018年12月7日,阿拉山口口岸进出中欧货运班列

2 388 列,同比增长 31.72%。其中,出口班列 1 466 列,进口班列 922 列,完成货运量 123.16 万 t,同比增长 48.78%。阿拉山口口岸进出境中欧班列累计已达到 7 123 列,从这里开行的中欧班列占全国的七成左右。此外,2018 年霍尔果斯口岸进出中欧班列 404 列,其中出口 240 列,进口 164 列。随着作为中欧班列最重要的出入境口岸的阿拉山口运力趋于饱和,未来霍尔果斯口岸可能会更多分摊阿拉山口口岸中欧班列出入境压力。

新冠疫情带火中欧班列

2020 年 5 月 25 日,一列满载医用物资等商品的中欧班列从成都国际铁路港出发,驶出广袤的成都平原,奔赴荷兰蒂尔堡。截至当日,中欧班列(成都)今年以来已合计始发 312 列 13 854 辆,同比增长 70%。返程 402 列 17 706 辆,同比增长 15%。在经济增速下滑的当下,中欧班列运量逆势增长,成绩亮眼。

近日,美国《华尔街日报》一篇题为《新冠疫情带火中欧班列》文章称,中国近年来重新激活了经由中亚连接中国和欧洲的铁路货运,中欧班列(成都)经历了史上最繁忙的一个月,2020 年 4 月班列开行数量达到 976 列,同比增长 47%。

2020 年以来,新冠疫情对海、空运造成巨大冲击,中欧班列运量大增,成为中国保障国际物流供应链的重要支撑。

国家战略与市场需求双向发力

相对于航空和海运,中欧班列铁路运输只有海运时间的 1/3、航空价格的 1/5。近年来,在"一带一路"倡议与市场需求双向发力下,中欧班列逐渐受到国内外客户认可,成为深化我国与沿线国家经贸合作的重要载体和抓手。

电视"大亨"TCL,在波兰拥有占地面积 10.5 万 m^2 的组装基地,每年都要把大量的半成品、零配件运往欧洲。2016 年 3 月,中欧班列(成都)TCL 专列首发,此后 TCL 成都工厂出口量和出口额实现了平均每年 30% 的增速。

"2020 年一季度,TCL 搭乘成都的中欧班列,出口同比增长 200%,这个增量的背后离不开成都国际通道的畅通。"TCL 成都工厂供应链部经理蒲海说,"以前在总部惠州生产的产品通过海运方式运输,物流环节至少需要 30 天,而搭乘成都的中欧班列,出口至欧洲的货物只需要 12 天至 15 天。正是基于这种国际物流通道的优势,我们计划年内把 80% 的产能转移至成都。"

2020 年 5 月 11 日,一批近 8 万单、货值逾 200 万元的跨境直邮商品,搭乘中欧班列从成都始发奔向荷兰蒂尔堡。这是成都国际铁路港与顺丰国际携手在跨境电商、物流配送、全球业务等领域展开的全方位深度合作,引领跨境电商创新发展。

在中欧班列(成都)为中国中西部地区对外开放带来新动能的同时,沿线国家也从"蓉欧枢纽"的通道拓展中享受红利。

2018 年 8 月,在双边海关、贸易企业、运输企业的共同努力下,首批白俄罗斯牛肉搭乘中欧班列特制冷柜来到中国,为白俄罗斯优质肉类顺利进入中国消费市场开拓了新路径,也带动了当地牛肉生产加工企业的蓬勃发展。

随着中欧班列(成都)直达波兰的开行班次日益增加,原本悠闲的罗兹场站变得繁忙起来,周边的仓储设施租金较班列开行前翻了一番,带动贸易额大幅提升,为当地人民带来了更多就业机会。

在"创新"中追求高质量发展

在中国国家铁路集团有限公司牵头、中国铁路成都局集团有限公司具体执行下,中欧铁路(成都)率先开展宽轨段"三并二"运输,首创内外贸货物"集拼集运"混装模式。

"由于我国铁路轨道宽度与俄罗斯等国家轨道宽度不同,在阿拉山口出境时,将原来三列车整合为两列,使物流成本下降5%—10%,也有效缓解班列拥堵。"成都国际班列公司总经理陈泽军介绍,"我们首创了'集拼集运'模式,实现内外贸货物混装,同时与国内很多城市合作,去程加挂西宁、兰州、乌鲁木齐等地的外贸货,回程加挂内贸货,推动'一带一路'沿线城市协同开放。"

为最大程度利用欧洲铁路网络和多式联运资源,优化中欧班列境外运输模式,成都国际班列提出"欧洲通"方案:依托欧盟境内供应商铁路、公路、水运等网络资源,以波兰、德国主要枢纽城市为分拨点,组织城厢(中欧班列(成都)始发站所在地)至枢纽城市点到点直达班列。以波兹南和马拉为枢纽,目前已覆盖西欧和中东欧主要物流节点,下一步将逐步扩大范围。

相比海空运,铁路运输的国际物流与贸易规则最初并不非常健全,中国铁路成都局集团有限公司在此基础上进行了积极探索和完善。

"我们在全国首创了多式联运'一单制'。'一张提单'具有承运货物收据、运输合同证明凭证、唯一提货凭证等功能,实现'一单到底'全程物流监管。国际铁路运输、铁铁联运、空铁联运、海铁联运等多式联运都可以使用这张提单管全程。"中国铁路成都局集团有限公司货运部相关负责人说,"我们将以'一单制'为切入点,不断探索建立基于国际铁路联运的物流与贸易规则,推动人民币国际化。"

中欧班列(成都)不断创新以供应链为支撑的金融服务体系。目前,已与工商银行合作建立"中欧e单通"跨境区块链平台,与建设银行合作成立建行自贸区分行,与天府银行共同设立100亿元供应链金融基金,为班列供应链企业提供结、付、汇等金融服务。

推动四川打造"对外开放新高地"

按照四川省委省政府"四向拓展,全域开放"的指导思想,中欧班列(成都)目前已构建7条国际铁路通道和5条海铁联运通道,连接境外27个城市和境内15个城市。下一步将以川欧经贸往来为基础,打造中欧班列(成都)沿线国家临港贸易集群,进一步拓展四川与沿线地区在文化、人才、教育、科技等领域的广泛合作,推动四川成为对外开放新高地。

一列火车,不仅改变了企业的运输方式,更带来了产业聚集。通过中欧班列(成都),地方政府吸引了盒马鲜生、菜鸟、京东等多家大型电商和物流企业聚集成都。青白江已初步建成了西南物流分拨中心,预计这里将成为西部物流单位密度最大的区域。

为进一步嫁接"一带一路"沿线资源,带动蓉欧进出口贸易,成都国际铁路港将在3年内建设多个国家商品馆。据悉,目前已签约"一带一路"沿线多个国家商品馆,建成投用意大利、希腊、法国、波兰等6个国家馆,初步形成"亚蓉欧"国家商品馆集群发展。

作为"一带一路"和内陆开放的重要载体,中欧班列已成为成渝地区双城经济圈建设的重要内容。目前,川渝两地已展开深入探讨,涉及通道优势互补、海外资源共建、区域协作分工、自贸试验区改革共创、信息数据互认、口岸开放共享、人才共用共育等方面,以提升两地枢纽联通水平,联合打造西部对外开放合作新标杆。

同时,作为四川对外开放大通道的"主引擎",中欧班列(成都)已与泸州、德阳、自贡、眉山、乐山、宜宾、遂宁、广安、广元、内江、攀枝花等城市深入合作,创建"蓉欧+"战略合作平台,形成四川"陆海新通道联盟"。"蓉欧+"正成为推进区域协调发展、优化四川开放布局、共享门户枢纽红利的重要载体。

越来越多的城市和国家,正选择同中欧班列一道,并肩"奔跑"在欧亚大陆上,共同打造这条"新丝路",合作共赢。

思考题:铁路发展中欧班列的优势与意义有哪些?

【复习思考题】

1. 水路集装箱运输设备主要有哪些?它们的分类如何?
2. 集装箱船舶的结构特点和技术性能有哪些?
3. 公路集装箱运输设备主要有哪些?它们的分类如何?
4. 集装箱牵引车的选型有哪些基本要求?
5. 铁路集装箱专用车辆的基本构造有哪些?
6. 铁路集装箱专用车辆的分类有哪些?
7. 航空集装箱运输设备主要包括哪些?
8. 常见的航空集装箱分类有哪些?

第六章 集装箱运输实务

> **学习目标**
> 1. 了解内河集装箱运输简况
> 2. 理解集装箱货流特性与水运线路的选择
> 3. 掌握集装箱海运流程
> 4. 掌握公路集装箱运输业务的组织与流程
> 5. 掌握铁路集装箱运输业务的组织与流程
> 6. 理解航空集装箱运输业务的组织与流程

第一节 水路集装箱运输实务

水路集装箱运输是利用水路交通设备,将集装箱作为运输载体的一种运输方式。其主要以海上国际集装箱运输为主,包括内河集装箱运输和海上集装箱运输。海上国际集装箱运输是指集装箱运输船舶装载的国际集装箱货物经由海上从一个国家或地区运至另一个国家或地区的方式运输。

随着国民经济产业结构的调整和国际集装箱运输的发展,国内外货主对运输质量、时间和价格的要求不断提高,水路集装箱运输已进入一个高速发展的阶段。

一、集装箱内河运输

我国内河水系发达,有相当优良的航道条件,在长江沿岸已形成了颇具规模的南京、南通、张家港等集装箱港口,发展集装箱内支线运输前景广阔。我国的一些船公司和上海等大的集装箱港口早已将视线聚焦于我国的内支线运输,我国的长江等主要水系的内支线集装箱运输,也将逐渐成为我国集装箱水路运输的重要组成部分之一。根据相关统计数据显示,水路运输相较公路运输运量大、经济成本低,尤其是内河集装箱运输方式更能发挥内河运输优势。以上海—无锡内贸集装箱运输业务为例,单箱综合成本公路为 1 100 元/TEU,水路仅为 430 元/TEU;收入利润率公路为 22%,水路为 24%。据了解,目前长三角仅有的几个定班集装箱航线的船舶运载率高达 80%,这些企业都是定向来回的,苏锡常、杭嘉湖地区有一批外贸型来料加工企业,原料运输重载进重载出。内河运输成本不仅比陆上运输便宜,而且符合环保节能的科学发展观要求。

1. 长江内支线运输的中心港口

长江由于其优良的水道和航运条件,已经成为我国集装箱内河支线运输的主要水系。2018 年,长江干线货物通过量达到 26.9 亿 t,同比增长 7.6%,稳居世界内河运输首位,长江干线年集装箱吞吐量、三峡枢纽通过量均创下历史新高。

目前由上海港向长江上游,一直到宜昌港,具有装卸国际集装箱能力的港口有上海港、南通港、张家港、江阴港、高港港、扬州港、镇江港、南京港、芜湖港、安庆港、九江港、南昌港、黄石港、武汉港、沙市港、宜昌港等。这些港口中的一部分将成为长江内支线的"中心港口",其余的则作为"支线港站"。

中心港口的主要功能是提供国际集装箱进出口的装卸、中转、堆存、拆装箱等业务,以及与集装箱或货物的相关物流服务,如修理、清洗、储存及其他增值服务等。中心港港站及其拆装箱设施应按照公平、公开的原则对所有用户提供服务,充分利用现有设施,形成一定的经济规模。中心港口一般应位于区域综合运输网络的重要节点,有多种交通干线交会,是长江干线上的重要港口,具有开展集装箱多式联运的水路中转业务的条件;有中心城市作为依托,位于区域工业与经济中心,所在城市的经济实力和社会发展水平在周边地区处于领先地位,可提供一定规模的集装箱货源和信息、金融、贸易以及口岸管理服务;具有较大的腹地辐射范围,集装箱运输有一定规模,现有集装箱港口具有一定规模,港站设施较好,并具有进一步扩展的条件。

支线港站是指为本地区集装箱运输服务的各种交通运输中转港站,主要为中心港口提供喂给服务。支线港站的主要功能是提供进出口国际集装箱的装卸、堆存、拆装箱及其他相应的物流服务,在保证中心港口发展的同时,围绕中心港口适当发展其腹地范围内的内陆港站。通过充分发挥铁路、公路和水路联运的优势,形成完善的多式联运网络系统,覆盖并扩大长江多式联运的影响范围。支线港站及其拆装箱设施应按照公开、公平的原则对所有用户提供服务,并应达到一定的经济规模。

从长远的角度来看,上海港作为长江流域对外贸易的重要门户,其腹地广阔,历史悠久,现有港站条件较好,2010 年集装箱吞吐量已居世界第一位,现有大量远洋、近洋集装箱班轮航线挂靠,是长江内支线运输中心港口的枢纽港。上海港现已建立且还准备建立一些内支线专用集装箱港站,配备了专用于集装箱驳船装卸的集装箱装卸桥吊,为长江内支线运输的发展提供了一定的基础。

江苏省的南京港、张家港、南通港,港口自然条件都比较好,有良好的自然航道条件,其腹地经济比较发达,集装箱生成量大,且均有专用的集装箱港站。除了拥有长江内支线集装箱航线外,还有多条近洋集装箱航线。长江中、上游的近洋集装箱货物可在南京港等港口中转,通过近洋集装箱航线上的中、小型集装箱船运输,在南京港过驳到集装箱长江驳船,再转运至长江中游与上游的支线港站。所以南京港、张家港、南通港等有条件成为江苏省的长江内支线中心港口。

安徽省的芜湖港具有良好的交通运输条件,经济腹地范围辐射到皖南地区和长江以北安徽省的部分地区,有条件成为安徽省的长江内支线中心港口。

江西省的九江港是我国主要交通枢纽之一,具有良好的运输条件。九江及其附近的南昌和景德镇均为江西省经济贸易发达地区,且九江还有条件吸引鄂东地区的部分集装箱货物,因此九江有条件成为江西省的长江内支线中心港口。

湖北省的武汉是省会城市,经济贸易发达、地理位置适中、交通条件优越,港口的腹地范围及发展潜力较大,而且港口已形成较大规模,有条件成为湖北省的长江内支线中心港口。

目前,我国正大力推进江海直达运输的发展,重点发展长江干线及长三角地区至宁波舟山港、长江干线及长三角地区至上海洋山港的集装箱江海直达运输。长江内支线以上海为出海口,可联运东业、美国西部、地中海/欧洲各远洋集装箱干线航线和沿海各近洋航线。长江集装箱内支线运输网络以长江沿线的南京港、张家港港、南通港、芜湖港、九江港、武汉港为中心港口,以江阴港、高港港、扬州港、镇江港、安庆港、黄石港、沙市港、宜昌港等为支线港站,上游可直溯重庆港,是非常有发展潜力的内支线运输网络。

2. 长江内支线运输的主要船型

(1) 自航驳,即带有动力的集装箱专用驳船。2017 年以前,长江中游的集装箱船舶大多为老旧高能耗的小型集装箱船舶,单次运输量一般在 600 TEU 左右,日均燃油消耗 13 t。

2017 年以后,国家发展改革委批复同意建设长江干线武汉至安庆段 6 m 水深航道整治工程,国家同时加快了江海直达船型的研发和推广应用。国家重点支持研发武汉至洋山港 1 100 TEU 左右、长三角水网至洋山港 124 TEU 左右、重庆至洋山港符合通过三峡航运枢纽船舶技术要求的江海直达集装箱船船型。目前"汉海 1 号""汉海 2 号"(1 140 TEU)均已在长江航道上投入使用,该船型日均燃油消耗 15 t,平均每个标箱省油达 35%。此外,新船氮氧化物和颗粒物排放明显减少,还配备了岸电系统,比 600 TEU 船型的碳排放减少 40%以上。该船型的装载量上升,航速却更快。从上海航行至武汉,从过去耗时约 5 天缩短至 100 小时左右。

而长江下游,南京以下航道水深由 10.5 m 提升至 12.5 m,通航的主要船型从 3 万 t 级提高到 5 万 t 级。

(2) 自航驳顶推船组,即集装箱自航驳采用顶推方式组合而成的驳船组。这种方式适用于运量大,但航道吃水受限制的情况,以及适用于多港挂靠的情况。尤其是在支线港站多港挂靠的情况下,顶推船组可自由组合,采用在支线港站放下某些驳船与编组新的驳船的方式,可缩短靠泊时间,提高船队航行率,从而提高船队的经济效益。

(3) 顶推船队,即拖轮采用顶推方式组合而成的驳船队。这种方式具有与自航驳顶推船组同样的特点,同样适合多港挂靠的集装箱内支线运输。

(4) 拖带船队,即拖轮采用拖带方式组合而成的驳船队。这种船队吃水最浅,组合最灵活,适合在中心港口与支线港站之间的喂给航线运输以及在长江某些支流的集装箱驳船运输。

3. 京杭运河水系的集装箱运输

京杭运河南起杭州,北到北京,途经浙江、江苏、山东、河北四省及天津、北京两市,贯通海河、黄河、淮河、长江、钱塘江五大水系,全长约 1 794 km。京杭运河对中国南北地区之间的经济、文化发展与交流,特别是对沿线地区工农业经济的发展具有巨大促进作用。京杭运河的全年通航里程为 877 km,主要分布在黄河以南的山东、江苏和浙江三省。其中,京杭运河江苏段就有 687 km。近年来,船舶主运货种由原来以原材料为主,转为钢材、木材、矿粉、水泥、大型构件等工业半成品类物资。

目前,江苏已经基本形成以淮安港、无锡内河港、徐州港、苏州内河港四大港口为重点,以宿迁港、盐城内河港、南通内河港、常州内河港等为补充的内河集装箱港口布局;积极构建苏北至连云港港线、苏北经苏中至太仓港线、苏南至太仓港线三大示范航线,实现内河航线"五定"(定点、定线、定船、定时、定价)运行;主要集装运输通道沿线将建成 6—8 个现代化内河集装箱作业区。

京杭运河江苏段两岸集聚了 18 个国家级开发区,沿线 8 市 GDP 总量占全省的比重已连续数年超过 2/3,货运量达到 4.8 亿 t,约占京杭运河全线货运量的 80%,比莱茵河货运量的 2 倍还多,较好地支撑了运河沿线地区经济和社会的发展。作为苏南运河连接长江的"北大门"——谏壁船闸,年货物通过量连续两年超亿吨,相当于沪宁铁路单线货运量的 4 倍。

(1)船舶尺度限制

京杭运河为限制性航道,周边水网发达,船舶密度较大,航道附属设施情况复杂,船闸尺寸不一、桥梁建设标准不一、航道等级不一。京杭运河苏北段全程航道水深和航道宽度均是按二级航道标准建设的,航道水深和航道宽度已达到限制性二级航道标准;苏南段也基本完成了"四改三"工程,即将原来的四级航道改造成三级航道,由 60 m 拓宽至 70 m 或 90 m。京杭运河苏南段全线 212 km 航道已全部建成可通航千吨级船舶的三级航道,由此可看出,京杭运河航道条件得到了极大改善。

根据航道条件,并依据我国《运河通航标准》(JTS180—2—2011)和《内河通航标准》(GB 50139—2014)中对于航道、船闸与通行船舶尺度的规定以及它们之间的相互关系,得出航道条件对京杭运河通行船舶的尺度限制如表 6-1 所示。

表 6-1 京杭运河通行船舶尺度限制情况

支线名称	京杭运河	
	苏南段	苏北段
船长/m	≤120	≤160
船宽/m	≤13.7	≤18.0
吃水/m	≤2.8	≤3.6

(2)典型集装箱船布置情况

2017 年 5 月交通运输部颁布新修订的《京杭运河通航管理办法(试行)》规定:"在京杭

运河航行的集装箱船、滚装货船和江海直达特定航线船舶,进入四级航段的船舶总长不得大于 65 m,总宽不得大于 12.7 m;进入三级航段的船舶总长不得大于 80 m,总宽不得大于 12.7 m;进入二级航段的船舶总长不得大于 90 m,总宽不得大于 17.8 m。"京杭运河现有的典型集装箱船布置情况如表 6-2 和图 6-1 所示。

表 6-2 京杭运河现有典型集装箱船布置情况

	行数×列数×层数		最小船长×船宽	箱位数/TEU
苏南航段	5×3×2	6×3×2	44 m×10 m	30/36
	6×4×2	8×4×2	49/62 m×12.5 m	48/64
苏北航段	6×4×3	8×4×3	49/62 m×12.5 m	72/96
	8×5×3	10×5×3	62/77 m×15.6 m	120/150

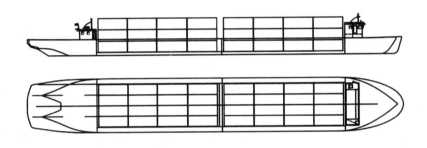

图 6-1 京杭运河现有典型集装箱船布置示意图

① 48 TEU

舱内装载 4 列、6 行、2 层,船长 49—55 m,船宽 12.6 m,航道限制吃水 2.8 m,箱量为 48—52 TEU。舱内 48 TEU,机舱顶上最多可装载 4 个 TEU。本船型为无锡苏华国际集装箱码头有限公司正在营运的船舶,也是苏南三级航道集装箱船运公司的主要船型。

② 64 TEU

舱内装载 4 列、8 行、2 层,船长 62—68 m,船宽 12.6—13.0 m,航道限制吃水 2.8 m,箱量为 64—68 TEU。舱内 64 TEU,机舱顶上最多可装载 4 个 TEU。按照船宽 12.6 m,吃水 2.8 m,估算垂线间长为 60 m。假定方形系数为 0.85,则排水量为 1 866 t。若按平均箱重 20 t 计,68 TEU 总重 1 360 t,则可推算出空载重为 506 t,约占排水量的 27%。若按平均箱重 18 t,吃水 2.5 m,其他数据不变,则空载重约为 408 t,约占排水量的 22%。因此吃水范围可定为 2.5—2.8 m。

③ 72 TEU

舱内装载 4 列、6 行、3 层,船长 52—58 m,船宽 13.2—13.8 米,吃水 3.6 m,箱量为 72—84 TEU。舱内 72 TEU,机舱顶上最多可装载 12 个 TEU。按照船宽 13.5 m,吃水 3.6 m,估算垂线间长为 50 m。假定方形系数为 0.85,则排水量为 2 258 t。若按平均箱重 18 t 计,84 TEU 总重 1 512 t,则可推算出空载重为 746 t,约占排水量的 33%。

④ 80 TEU

舱内装载 4 列、10 行、2 层,船长 79—80 m,船宽 12.6 m,吃水 2.8 m,箱量为 80—82 TEU。舱内 80 TEU,机舱顶上最多可装载 2 个 TEU。考虑苏南航道桥梁的高度,装载 2 层集装箱,按照船宽 12.6 m,吃水 2.8 m,估算垂线间长为 75 m。假定方形系数为 0.85,则排水量为 2 258 t。若按平均箱重 20 t 计,82 TEU 总重 1 640 t 吨,则可推算出空载重为 618 t,约占排水量的 27%。

⑤ 96 TEU

舱内装载 4 列、8 行、3 层,船长 64—68 m,船宽 13.2—13.8 m,吃水 3.6 m,箱量为 96—108 TEU。舱内 96 TEU,机舱顶上最多可装载 12 个 TEU。本船型与苏南段 64 TEU 布置相似,只是增加了层数。考虑增加了箱量,货重增加,所以应增加排水量。按照船宽 13.8 m,吃水 3.6 m,估算垂线间长为 64 m。假定方形系数为 0.85,则排水量为 2 713 t。若按平均箱重 20 t 计,96 TEU 总重 1 920 t,则可推算出空载重为 793 t,约占排水量的 29%。

⑥ 120 TEU

舱内装载 5 列、8 行、3 层,船长 72—76 m,船宽 15.6—16.0 m,吃水 3.6 m,箱量为 120—136 TEU。舱内 120 TEU,机舱顶上最多可装载 16 个 TEU。按照船宽 15.8 m,吃水 3.6 m,估算垂线间长为 65 m。假定方形系数为 0.85,则排水量为 3 155 t。若按平均箱重 18 t 计,120TEU 总重 2 160 t,则可推算出空载重为 995 t,约占排水量的 31%。

⑦ 150 TEU

舱内装载 5 列、10 行、3 层,船长 83—88 m,船宽 15.6—16.0 m,吃水 3.6 m,箱量为 150—166 TEU。舱内 150 TEU,机舱顶上最多可装载 16 个 TEU。考虑受桥梁限制,装载 3 层集装箱,按照船宽 15.8 m,吃水 3.6 m,估算垂线间长为 79 m。假定方形系数为 0.85,则排水量为 3 834 t。若按平均箱重 18 t 计,150 TEU 总重 2 700 t,则可推算出空载重为 1 134 t,约占排水量的 29%。

二、集装箱海上运输

1. 国际海上集装箱运输组织者

国际海上集装箱运输涉及面广,环节多,影响大,是一个复杂的运输工程,涉及海关、船舶代理公司、货运代理公司等众多机构,它们相互配合,在整个运输过程中发挥着各自的重要作用。

(1) 经营集装箱货物运输的实际承运人

这种承运人拥有大量的船舶和一定数量的集装箱,直接为货主提供运输服务,是集装箱货物运输中的实际承运人,直接揽货,是运输合同的当事人。

(2) 无船公共承运人

集装箱运输大多是海陆空多种方式的联合运输,为了保证集装箱在各个环节上迅速、顺利流转,一般有一个全面负责集装箱运输全过程的机构,即无船公共承运人。他一般不掌握运输工具,一方面以承运人的身份向货主揽货,接受货主的托运,另一方面以托运人名义向实际承运人托运。

(3) 集装箱船舶出租公司

集装箱船舶租赁业务始于 20 世纪 60 年代,是随着集装箱运输的发展而兴起的行业。目前,集装箱租船市场的份额在不断上升,规模不断扩大。

(4) 国际货运代理人

随着国际贸易以及运输方式的发展,特别是国际集装箱多时联运的发展,货主和运输经营人不再亲自办理每一项具体业务,而是通过国际货运代理公司办理业务。

国际货运代理人的主要业务有:订舱、揽货、货物装卸、报关、理货、拆装箱、集装箱代理、货物保险等。国际货运代理人一方面作为货物承运人与货物托运人签订运输合同,另一方面又作为委托人与运输部门订立合同。

(5) 集装箱港站经营人

集装箱港站经营人是拥有港站和集装箱堆场经营权,从事集装箱交接、装卸、保管等业务的服务机构。其具体业务有:对整箱货运的交接、储存和保管;与集装箱货运站办理拼箱货运的交接;办理集装箱货运的装卸配载以及有关单证的制定和签发;开展集装箱的维修、清理等工作,并根据所提供的服务项目,收取一定的费用。

2. 国际海上集装箱运输及其辅助业务的经营者应具备的条件

(1) 根据《中华人民共和国国际海运条例》规定,经营国际集装箱船舶运输业务,应具备下列条件:

① 有与经营国际海上运输业务相适应的船舶,其中必须有中国籍船舶;
② 投入运营的船舶符合国家规定的海上交通安全技术标准;
③ 有提单、客票或者多式联运单证;
④ 有具备国务院交通主管部门规定的从业资格的高级业务管理人员。

(2) 根据《中华人民共和国国际海运条例》规定,经营国际船舶代理业务,应具备下列条件:

① 高级业务管理人员中至少 2 人具有 3 年以上从事国际海上运输经营活动的经历;
② 有固定的营业场所和必要的营业设施。

(3) 根据《中华人民共和国国际海运条例》规定,经营国际船舶管理业务,应具备下列条件:

① 高级业务管理人员中至少 2 人具有 3 年以上从事国际海上运输经营活动的经历;
② 有持有与所管理船舶种类和航区相适应的船长、轮机长适任证书的人员;
③ 有与国际船舶管理业务相适应的设备、设施。

3. 国际集装箱班轮运输

国际海上集装箱运输多为班轮运输,国际集装箱班轮运输是指集装箱船舶按照预先公布的船期表和相对固定的费率,在固定的国际航线上,以既定的挂靠港口顺序有规则地从事货物运输的运输经营方式。国际集装箱班轮运输分为定线定期集装箱班轮运输和定线不定期集装箱班轮运输两种。定线定期集装箱班轮又称核心班轮,集装箱船舶在航行过程中严格按照预先公布的船期表运行,到离港口的时间基本固定不变;定线不定期集装箱班轮运输中虽有船期表和固定的始发港和终点港,但中途挂靠的港口视货源情况可以有所变化,故又称弹性班轮。

（1）国际集装箱班轮公司

截至2019年7月1日,全球班轮公司运营集装箱船总数为6 099艘、总运力为2 311.275 9万TEU。全球班轮公司运力排名前三的依次为马士基航运(APM-Maersk,414.951 3万TEU)、地中海航运(Mediterranean,342.444 0万TEU)以及中国远洋海运集团(COSCO,290.621 1万TEU),这三大班轮公司总运力占市场份额的45.4%。位列排行榜第四至第十的分别是:达飞轮船(第4)、赫伯罗特(第5)、海洋网联船务(第6)、长荣海运(第7)、阳明海运(第8)、现代商船(第9)、太平船务(第10)。全球排名前10的班轮公司运力达到1 916.02万TEU,占全球100大集装箱班轮公司的82.90%。

（2）世界主要集装箱班轮运输航线

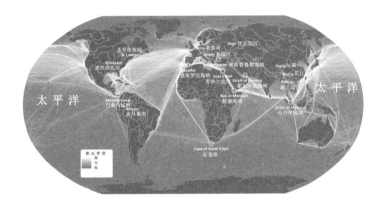

图6-2　世界主要航线

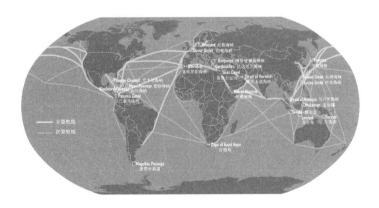

图6-3　世界主要集装箱运输航线

目前,世界上主要的集装箱班轮运输航线如图6-2,图6-3所示。主要有以下几条：

①远东—北美西岸航线。这条航线主要由远东—加利福尼亚航线和远东—西雅图、温哥华航线组成。它涉及的港口主要包括远东的高雄、釜山、上海、香港、东京、神户、横滨等,

北美西海岸的长滩、洛杉矶、西雅图、塔科马、奥克兰和温哥华等;涉及的国家和地区包括亚洲的韩国、日本和中国(内地、香港地区、台湾地区)以及北美的美国和加拿大东部地区。这两个区域经济总量巨大,人口特别稠密,相互贸易量很大。近年来,随着中国经济总量的稳定增长,这条航线上的集装箱运量越来越大。目前仅上海港,在这条航线上往来于美国西海岸的班轮航线就有40余条,见图6-4所示。

该航线随季节有波动,一般夏季北移、冬季南移,以避开北太平洋上的海雾和风暴。该航线是第二次世界大战后货运量增长最快、货运量最大的航线之一。

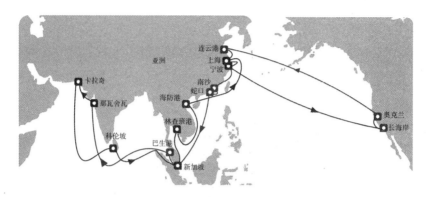

图6-4 中国远洋海运集团经营的远东—美西南航线

② 远东—北美东岸、海湾航线。这条航线主要由远东—纽约航线等组成,涉及北美东海岸地区的纽约—新泽西港、查尔斯顿港和新奥尔良港等。这条航线将海湾地区也串联了起来。在这条航线上,有的船公司开展的是"钟摆式"航运,即不断往返于远东与北美东海岸之间;有的则经营环球航线,即从东亚开始出发,东航线为:太平洋—巴拿马运河—大西洋—地中海—苏伊士运河—印度洋—太平洋;西航线则反向而行,航次时间为80天。该航线不仅横渡北太平洋,还越过巴拿马运河,因此一般偏南,横渡大洋的距离也较长,夏威夷群岛的火奴鲁鲁港是它们的航站,船舶在此添加燃料和补给品等,本航线也是太平洋货运量最大的航线之一,见图6-5所示。

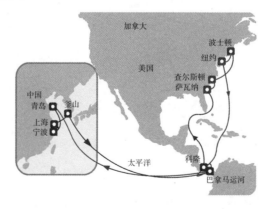

图6-5 中国远洋海运集团经营的远东—美东/海湾航线

③ 远东—西北欧航线。这条航线是世界上最古老的海运定期航线,见图6-6所示。这条航线在欧洲地区涉及的主要港口有荷兰的鹿特丹港,德国的汉堡港、不来梅港,比利时的安特卫普港,英国的费利克斯托港等。这条航线将中国、日本、韩国和东南亚的许多国家与欧洲联系了起来,贸易量与货运量十分庞大。作为与这条航线配合的,还有西伯利亚大陆桥、新欧亚大陆桥等欧亚之间的大陆桥集装箱多式联运。

图6-6 中国远洋海运集团经营的远东—西北欧航线

④ 远东—地中海航线。这条航线由远东经过地中海到达欧洲,见图6-7所示。与这条航线相关的欧洲港口主要有西班牙南部的阿尔赫西拉斯港、意大利的焦亚陶罗港和地中海中央马耳他南端的马尔萨什洛克港。北欧集装箱化的迅速发展,带动了地中海国家的集装箱运输。

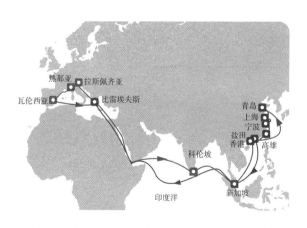

图6-7 中国远洋海运集团经营的远东—地中海航线

⑤ 北美—欧洲、地中海航线。该航线实际包括三条航线,即北美东岸、海湾—欧洲航线,北美东岸、海湾—地中海航线,北美西岸—欧洲、地中海航线,见图6-8所示。该航线采用大型集装箱船队,提供钟摆式或环球一周的集装箱运输服务。这一航线将世界上最发达与富庶的两个区域联系了起来,船公司之间在集装箱水路运输方面的竞争最为激烈。

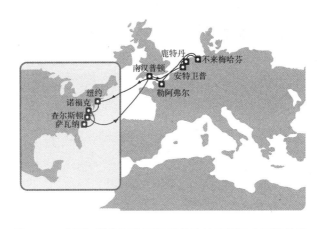

图 6-8　中国远洋海运集团经营的欧地直线及大西洋航线

除以上几大集装箱航线外，世界上还存在一些规模较小的航线和支线运输线路。如远东、北美、欧洲分别开辟的赴澳大利亚航线等。

我国所处的东亚地区是近年来集装箱运输发展最快的地区，居于世界集装箱港口吞吐量前几位的港口，如香港、新加坡、釜山、高雄、上海等，均集中于这一地区。这一地区主要集装箱航线又可分为四个航区，分别是：

① 日本/韩国—中国台湾、中国香港—新加坡航区。

② 东亚—东南亚航区。该航区主要从青岛、上海南下经香港、新加坡、巴生到泰国曼谷，见图 6-9 所示。

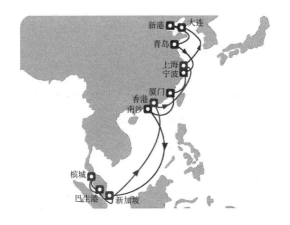

图 6-9　中国远洋海运集团经营的中国—东南亚航线

③ 中国—印度尼西亚/菲律宾航区。这一航区多为短程航线，均从我国大陆沿海港口出发，向南到达中国香港、马尼拉等，进行钟摆式运输。该航区主要有上海—香港航线，青岛—香港航线，青岛—厦门—马尼拉航线等，见图 6-10 所示。

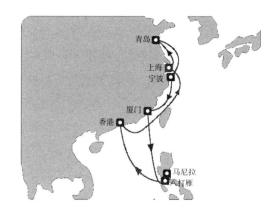

图 6-10　中国远洋海运集团经营的菲律宾航线

④ 东亚—东北亚航区。这一航区从我国沿海港口出发,到达日本、韩国等,见图 6-11 所示。

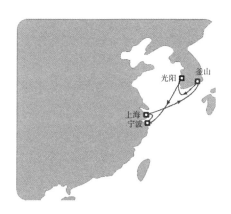

图 6-11　中国远洋海运集团经营的韩国航线

三、集装箱货流及线路选择

1. 货源调查

集装箱水路运输货源与货流的形成,与一般件杂货水路运输货源与货流的形成相比,具有一些不同的特点。大致可归纳如下:

(1) 与人口稠密程度和经济发达程度存在密切联系。人口稠密的地区,一般会存在大量商品的产出以及原材料和消费品的需求,通常其需运输货物的货源就比较多,货流就比较大。可以说各类货物、各种运输方式,与地区人口稠密程度都成正比。集装箱货物的货源和货流固然与人口稠密程度有关,但更与经济发达程度有关。

(2) 货流比件杂货运输更趋于集中。现代集装箱多式联运的发展,使集装箱水路运输的货流比件杂货运输显得更为集中。原因如下:首先,集装箱运输是一种资金密集型的运输方式,这种运输方式需形成一个集装箱港站,组成一个集装箱船队,其投资的起点比杂货运输高得多,由此如没有足够的货流,难以确保投资的回收。其次,集装箱运输是一种高效率的运输方式,因为其标准化程度高,便于各种运输工具之间的换装,所以更适合通过多式联运,将分散的货源集中到少数中心港口,通过庞大的船队,进行集中的长途水运,以降低运输成本。所以集装箱水路运输与一般件杂货的水路运输相比,表现出货流更为集中的特点。

考虑到集装箱水路运输货源与货流的以上特点,集装箱水路运输货源调查主要考虑以下因素:

第一,腹地经济发达程度和人口稠密程度。

经济发达程度与人口稠密程度必须同时予以考虑。人口稠密地区进出口商品流量相对会比较大,但其中的适箱货比例不一定很高。只有经济达到一定的发达程度,适箱货比例才会相应提高,集装箱化程度也会比较高。

第二,周边地区集装箱多式联运发展程度。

在沿海、沿河地区,应充分考虑世界主要集装箱班轮航线和国内沿海支线、内河支线的走向,以便确定本地区在整个集装箱水路运输网络中的地位和发展前景,由此确定集装箱货源的发展趋势,货流形成的可能性和规模,集装箱货源揽集的主要方向。若是在内陆地区,则应调查周边集装箱铁路办理站、公路中转站和内陆集装箱货运站的设置、规模、货物主要流向,这样就可确定开展集装箱运输的可能性、揽货的方向、形成货流以后最经济的处理方法和流向。

第三,政府运输政策和布局。

集装箱运输是大投资、大布局、进行规模运输和多式联运运输的运输方式。特定地区集装箱运输开展的可能性、发展趋势、发展方向,通常与政府的运输政策和宏观物流布局存在密切关系。因此,特定地区集装箱货源的调查,一定先要收集政府相关宏观政策与布局资料,要与政府的宏观控制同步规划和发展。

2. 集装箱水路运输航线的类型

目前,集装箱水路运输航线大致可分为以下两种类型。

(1)多港挂靠的直达运输航线。多港挂靠的直达运输航线是传统班轮营运中最普遍采用的一种航线结构。船舶每个往返航次通常要挂靠 5—10 个港口。这种航线结构的优点是:能够将货物直接运送到目的港,可减少运输环节,具有较高的送达速度和货运质量。但如果货源并不充足,为了有限数量的货物,挂靠过多港口,无论在船期上,还是在费用上都会产生浪费。限于港口自然条件和货源条件,这种航线设计往往不能采用大型集装箱船舶,载箱量一般在 1 000—2 000 TEU 之间,无法更好地发挥集装箱运输的优势。因此,近年来,这种具有传统特征的班轮航线结构正逐步地被干线支线中转运输航线所取代。

(2)干线支线的中转运输航线,即通过支线集装箱运输,将货物集中到少数中转港,再通过干线运输,将货物运往目的港。采用这种航线结构,选择的中转港一般都具有各方面的优越条件。在干线上可配制大型的集装箱船,支线运输则采用小型灵活的喂给船来承担。

这种航线结构可以充分发挥集装箱运输的规模经济效益,克服传统多港挂靠航线的缺陷。但是,由于采用了中转运输的方法,实际的货物装卸费用将增加,并且还要支付二程船的费用,同时由于环节增多,货物实际运达时间可能会延长。

3. 集装箱水路运输航线配船

航线配船就是在集装箱运输航线上如何最合理地配置船型、船舶规模及其数量,使其不仅能满足每条航线的技术、营运要求,而且能使船公司获得良好的经济效益。因此,所配船舶的技术性能和营运性能,应与航线上的货物种类、流向以及船舶挂靠港口的状况相适应。

集装箱航线配船通常应考虑以下因素:

(1) 在考虑航线配船时,应注意船舶的航行性能要适应航线的营运条件,船舶的尺度性能要适应航道水深、泊位水深,船舶的结构性能、装卸性能及船舶设备等应满足航线货源及港口装卸条件的要求。

(2) 必须遵循"大线配大船"的原则。在适箱货源充足,港口现代化水平高的集装箱航线上,应配置大吨位集装箱船;而在集装箱化程度不高,集装箱货源较少或处于集装箱运输发展初期的航线上,则宜使用中、小型半集装箱船或多用途船。

(3) 在航行条件允许的情况下,船舶规模的大小与适箱货源的多少及航行班次有关。在货运量一定的情况下,发船间隔越大,航行班次越少,船舶数越少,船舶规模则越大。在发船间隔和航行班次一定的情况下,船舶规模与货运量成正比,即货运量越大,船舶规模也越大。在货运量和发船间隔一定的情况下,船舶规模与往返航次的时间和船舶数有关,即船舶规模与往返航次时间成正比,与船舶数成反比。当船舶数和挂靠港数目不变时,航线上船舶航速越快,往返航次时间就越短,船舶规模可缩小。

(4) 在我国广阔的内河水系,进行内支线集装箱运输时,应考虑河道航运条件、沿河港口装卸条件等。可采用带独杆吊的集装箱驳船,这样即使在没有集装箱岸边起重机的港口,也可进行集装箱装卸。

4. 航线挂靠港的确定

所谓集装箱航线的挂靠港,是指一条集装箱航线沿途停靠的港口。船舶的停靠与火车、汽车的停靠不同,进港和出港的消耗时间很长,所以是否能正确确定集装箱水路运输航线的挂靠港,通常决定了该航线营运的成败。

集装箱水路运输航线挂靠港选择的相关因素通常有:

(1) 地理位置

挂靠港位置应在集装箱航线之上或离航线不远。挂靠港应靠近铁路集装箱办理站、公路集装箱中转站近,以便于开展集装箱多式联运。挂靠港应有相对有利的开辟沿海支线运输与内支线运输的条件。

(2) 货源与腹地经济条件

这是选择挂靠港最重要的因素。挂靠港所在地区经济应较发达,本地进出的适箱货源较多,其经济腹地的适箱货源吸引和发生量较大。要满足以上条件,挂靠港(尤其是集装箱干线航线的挂靠港)通常应依托经济发达、人口稠密的大城市,应优先考虑选择沿海的大城市作为挂靠港。

(3) 港口自身条件

港口自身条件是指港口的水深、航道水深、港口泊位数量、泊位长度、装卸机械配备情况、装卸机械数量、港口管理的效率、港口的现代化程度等。国际集装箱干线航线所使用的船舶一般都较大,吃水深,所以航道与港站前沿应具有足够的水深。而且像超巴拿马型船,船体宽度超过32 m,所以港站应拥有具有相应跨度的集装箱桥吊,同时港口还应有足够大的堆场,有良好的集疏运条件,这样才能确保港口不堵塞,不会出现船舶等泊的情况。另外,干线航线的挂靠港应尽可能设施齐备,如拥有堆放冷藏箱的相应电源、设备等。

(4) 其他相应条件

作为一个条件良好的挂靠港,还应有发达的金融、保险等企业,有各类中介服务企业和设施,便于集装箱运输各类相关业务的开展。

四、船期表的制定

制定班轮船期表,是集装箱班轮运营组织工作的一项重要内容。班轮公司制定和公布船期表,一是为了招揽航线途经港口的货载;二是有利于船舶、港口和货物及时衔接,使船舶在挂靠港口短暂停泊中达到尽可能高的工作效率;三是有利于提高船公司航线经营的计划质量。

班轮船期表的内容通常包括:航线、船名、航次编号、始发港、中途港、终点港港名、到达和驶离各港的时间以及其他相关事项等。典型船期表如表6-3所示。

集装箱班轮运输具有速度快、装卸效率高、港站作业基本不受天气影响等优点,所以相对于其他班轮的船期表,集装箱班轮的船期表可以编制得十分精确。

表6-3 班轮船期表

船名	航次 VOY	CEN/美国周班线				联系人		电话		
		大连 DAL	新港 XIN	青岛 QIN	神户 KOB	温哥华 VCR	长滩 LGB	大连 DAL	新港 XIN	青岛 QIN
秀河	0070E/ 0071E	23— 23/05	24— 27/05	26— 27/05	29— 29/05	10— 11/06	14— 15/06	04— 04/07	05— 06/07	07— 08/07
茶河	0079E/ 0080E	30— 30/05	31— 01/06	03— 03/06	25— 05/06	17— 18/06	21— 22/06	11— 11/07	12— 13/07	14— 15/07
雅河	0067E/ 0068E	06— 06/06	07— 08/06	09— 10/06	12— 12/06	24— 25/06	28— 25/06	18— 18/07	19— 20/07	21— 22/07

编制船期表通常有以下基本要求:

(1) 船舶的往返航次时间(班期)应是发船间隔的整数倍

船舶往返航次时间与发船间隔时间之比,应等于航线配船数。很明显,航线上投入的船舱数必须是整数,所以船舶往返航次时间应是发船间隔的整数倍。实际操作中,按航线参数及船舶技术参数计算得到的往返航次时间,往往不能达到这一要求,多数情况下采取延长实际往返航次时间的办法,人为地使其成为倍数关系。

(2)船舶到达和驶离港口的时间要恰当

船舶应尽可能避免在双休日、节假日、夜间到达港口,最好在早晨6:00到达港口,这样可减少船舶在港口的非工作停泊,到达后就可开工,加速船舶周转。一般港口的白天作业,装卸费率也是最低的。当有几个班轮公司的船舶同时到达某一港口时,装卸公司一般会具体安排每艘船舶的停泊时间。在这种情况下,制定船期表时,还必须考虑这方面的时间限制。

(3)船期表要有一定弹性

因为海上航行影响因素多,条件变化复杂,所以在制定船舶运行的各项时间时,均应留有余地。在港口停泊中,装卸效率变化、航道潮水等对船期也会产生影响,对这些问题,都应根据统计资料和以往经验,留有一定的余地,保留足够的弹性。

五、集装箱配积载

1. 集装箱配载的含义与作用

(1)含义

集装箱船舶配载是指对于预定装载出口的集装箱,按船舶的运输要求和港站的作业要求,制定具体的装载计划。

(2)作用

① 满足船舶稳性、吃水差、负荷强度等技术规范,保证船舶的安全航行;
② 满足不同货物的装载要求,保证货物运输的安全质量;
③ 充分利用船舶的运输能力,提高船舶的箱位利用率;
④ 合理安排堆场进箱计划,减少翻箱倒箱,提高堆场的利用率;
⑤ 有效组织港站装船作业,提高生产作业效率;
⑥ 是港站装船作业签证的原始依据和吞吐量实绩的统计资料。

2. 船舶配积载图

(1)船舶箱位的表示方法

集装箱在船舶上的位置称为船舶箱位(图6-12),船舶箱位通常用六位阿拉伯数字表示(图6-13)。

行位(Bay):前两位数字表示行位,即集装箱在船舶上的前后位置。行位分为20′和40′两种,表示方法是:从船艏至船艉,20′箱依次用01、03、05、07、09、11、13、15、…表示,40′箱依次用02、04、06、08、10、12、14、…表示。

列位(Row):中间两位数字表示列位,即集装箱

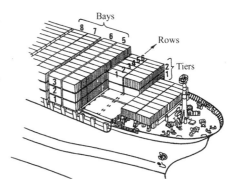

图6-12 船舶箱位示意图

在船舶上的左右位置。表示方法是:以船舶纵向中轴为基准,分别向两舷编号,从船中向左舷依次用 02、04、06、08、10、…表示,从船中向右舷依次用 01、03、05、09、11、…表示,当列数为奇数时,中间一列用 00 表示。

层位(Tier):最后两位数字表示层位,即集装箱在船舶上的上下位置。层位分为舱内和舱面两种,表示方法是:从下往上,舱内依次用 02、04、06、08、10、12、14、…表示,舱面依次用 82、84、86、88、90、…表示。

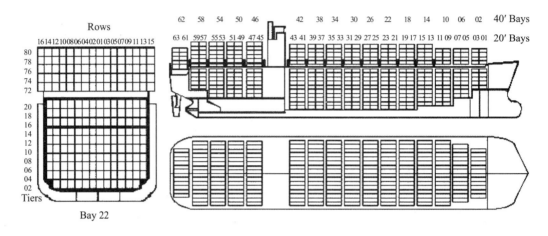

图 6-12　船舶箱位的表示方法

(2) 船舶配积载图

船舶配积载图通常有三种表示形式,即由船公司或其代理公司制作的预配图,由码头配载员根据预配图制作的配载图(需要经船长或大副确认),以及由理货长制作的积载图,这三种船图的表示方法基本相同,通常由封面图(图 6-14)和 BAY 位图(图 6-15)两部分组成。

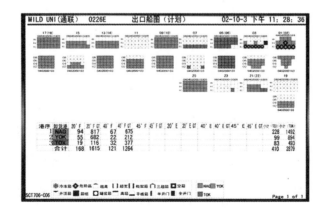

图 6-14　船舶配积载的封面图

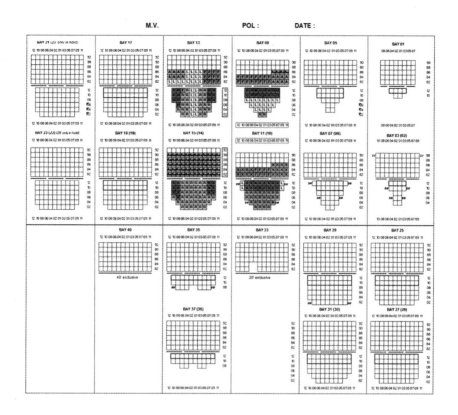

图 6-15 船舶配积载的 BAY 位图

3. 集装箱配载所需要的资料

为了科学合理地做好配载工作,首先应掌握配载所需的资料,这些资料主要有:

(1) 集装箱船舶箱位容量。该箱位容量指船舶最大的载箱数量,通常用 TEU 表示。

(2) 船舶堆积负荷强度。该负荷强度包括舱底和甲板所设集装箱底座所允许堆积的集装箱最大重量,分为 20 ft 箱和 40 ft 箱两种,配载时必须注意无论舱内或是舱面,每一列集装箱的总重量不能超过船舶所规定的堆积负荷强度,尤其应注意当同一列配载较多重箱或超重箱时,以免损伤船体。

(3) 船舶的长度、宽度和吃水要求。长度包括总长(Length Overall, LOA)和垂线间长(Length Between Perpendiculars, LBP),总长是靠泊的依据,也是配载人员决定装卸路数的依据;LBP 是配载后计算吃水差的依据。宽度通常指形宽,是决定使用不同外伸距岸吊的依据,也是计算船舶摇摆周期和初稳性高度的依据。吃水指的是满载吃水。

(4) 冷藏箱位和对危险货物箱位的限制。每艘船都有自己的最大冷藏箱位数量和危险货物最大箱位数量的限制,不能超过该数值。

(5) 空船重量和船舶常数。

(6) 稳性和吃水差计算书。

4. 堆场集装箱资料

（1）集装箱装箱单(Container Load Plan)。它是详细记载每一个集装箱内所装货物名称、数量、尺码、重量、标志和箱内货物积载情况的单证，对于特殊货物还应加注特定要求，比如对冷藏货物要注明对箱内温度的要求等。它是集装箱运输的辅助货物舱单，其用途很广。

（2）装货单(Shipping Order)。它是接受了托运人装运申请的船公司签发给托运人的用以命令船长将承运的货物装船的单据。它既能作为装船的依据，又是货主用以向海关办理出口货物申报手续的主要单据之一，所以又叫关单。对托运人来讲，它是办妥货物托运的证明。对船公司或其代理来讲，它是通知船方接收装运该批货物的指示文件。

（3）冷藏箱、框架箱、开顶箱、平台箱、罐装箱等对配载有特殊要求集装箱清单，配载人员要事先做好充分的考虑和准备。

（4）危险品集装箱清单记载的内容除载货清单所应记载的外，还增加了货物的性能、类别、联合国编号、页号和装船位置。它的作用主要是确保船舶、货物、港口及装卸、运输的安全，让有关部门及人员在装卸作业和运输保管中引起特别注意。

（5）预配船图。这是集装箱码头堆场出口装船的主要依据之一，因为凭借此图可以使集装箱装船准确、快捷、方便。

（6）集装箱场堆位置。

5. 集装箱的积载要求

根据中华人民共和国交通运输部编制的《驳船积载要求》，集装箱的积载应满足以下要求：

（1）积载前，应根据船舶的重心和集装箱的重心，进行合理的配载，并对所配载船舶的稳性进行核算，要求装载后整体重心高度不高于允许重心高度，且要求左右前后积载均衡。

（2）积载时应检查集装箱箱体和铅封，发现箱体有异常或铅封脱落等存在安全隐患的集装箱，不予装载，并应及时记录、汇报。

（3）集装箱积载宜从货舱后端依次向船舶的纵长方向逐层积载。同时，可酌情采用陆、海侧交替装载的方法，以保持船体的平衡。

（4）积载集装箱的货舱或甲板面层应平整，无突出物或其他障碍物，积载时只允许由集装箱的四个底角件支承。

（5）集装箱积载堆码时，上下层集装箱的角件应充分接触，且要对齐。

（6）上下堆码的集装箱，其长度尺寸一般应相同。如长度尺寸不同，堆码时应满足下列要求：

① 集装箱上不应堆放小于其长度尺寸的任何集装箱，如 40 ft 集装箱上堆放两个 20 ft 集装箱(图 6-16)。

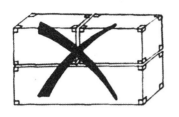 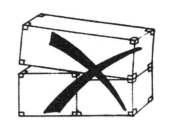

图 6-16　上下堆码禁止示例 1　　　　图 6-17　上下堆码禁止示例 2

② 单个集装箱上不应堆放大于其长度尺寸的任何集装箱。

③ 两个集装箱上堆放一个集装箱时,下面两箱高度应一致,不同不应堆放(图 6-17)。堆放时,上面集装箱的四个角件应与下面集装箱外端的角件对齐。为避免上下箱的箱间位置发生移动,可采取上下箱箱间转锁连接,或利用连接件将下箱组合成与上箱一致的长度尺寸等措施(图 6-18);

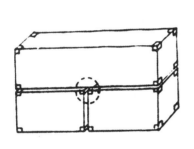 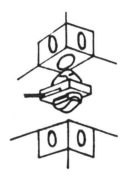

图 6-18　上下堆码的箱间转锁连接示意图

④ 图 6-19 所示的各种错误的堆码形式。

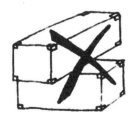 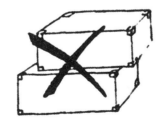 

图 6-19　错误的堆码形式

(7) 超长、超宽和超高的台架式集装箱、平台式集装箱和敞顶式集装箱应放在船舱或甲板的顶层,但应不影响船舶的稳性要求。

(8) 对积载在无格槽的船舱或甲板上的集装箱应按《系列 1 集装箱　装卸和栓固》

（GB/T 17382—2008）的要求采取相应的栓固件（或与 GB/T 17382—2008 等效的栓固件）和下列栓固措施：

① 在舱底或甲板上应设置连接锁底座，底层的集装箱应由销锁（或转锁）固定在底座上。

② 上下集装箱应对齐，箱间使用转锁连接并锁定。

③ 甲板上集装箱的箱端宜使用连接拉索或拉杆栓固。

（9）积载作业时，应按《集装箱港口作业安全规程》（GB 11602—2007）的相关操作要求进行。

六、集装箱水路运输组织的一般程序

集装箱水路运输组织的一般程序大致包括以下步骤：

1. 订舱

订舱又称"暂定订舱"，是指发货人或托运人根据贸易合同或信用证的有关规定，向船公司或其代理人、经营人申请订舱，填订舱单。若发货人已与货运代理签订运输合同，则由货运代理代替发货人向船公司或其代理人申请订舱。订舱单的内容主要有以下几项：

（1）起运港和目的港；

（2）每箱的总重量；

（3）集装箱的种类、箱型和数量；

（4）在备注中应注明特种箱的特性和运输要求。

2. 接受托运申请

接受托运申请又称"确定订舱"。接受托运申请前，船公司或其代理人应考虑航线、港口、运输条件等能否满足托运人的具体要求；接受托运申请后，船公司或其代理人应着手编制"订舱清单"，分送港站堆场和货运站，据以安排空箱调动和办理货运交接手续。订舱清单形式见表 6-4 所示。

表 6-4 航次订舱清单

POL/POD （装/卸港）	GROSS WEIGHT (TONS/PERUNIT) （t/箱）	QUANTITY		REMARK （备注）
		20′	40′	
		（数量）		
SHA/KOB （上海/神户）	22	1		
	21	4		
	20	37	2	INCL. IMDG6.1 20′×1 （内含国际危规 6.1 级 20′箱 1 个）
	19	14		
	18	6	2	
	17	9		

表 6-4 是冰河轮第 18 号航次的订舱摘要。从表中可知,上海—神户共 75 TEU,总重量为 1 449 t,其中有 6.1 级 20 ft 危险货物箱 1 个;40 ft 集装箱 1 个,每个毛重 22 t;40 ft 集装箱 4 个,每个毛重 21 t;20 ft 集装箱 37 个,每个毛重 20 t;40 ft 集装箱 2 个,每个毛重 20 t;20 ft 集装箱 14 个,每个毛重 19 t;40 ft 集装箱 2 个,每个毛重 18 t;20 ft 集装箱 6 个,每个毛重 18 t;20 ft 集装箱 9 个,每个毛重 17 t。

3. 发放空箱

发放空箱时,应区别是"整箱货"还是"拼箱货"这两种情况。

(1) 整箱货空箱:应由发货人或其货运代理人到港站堆场领取。

(2) 拼箱货空箱:应由集装箱货运站负责领取。

4. 拼箱货装箱

应由发货人将货物送到集装箱货运站,由集装箱货运站根据"订舱清单",核对"场站收据"后装箱。

5. 整箱货交接

应由发货人或其货运代理人自行负责装箱,并加海关封志,然后将整箱货送至港站堆场。港站堆场根据"订舱清单",核对"场站收据"及"装箱单"后验收货物。

6. 集装箱交接签证

港站堆场在验收货物和集装箱后,应在"场站收据"上签字,并将已签署的"场站收据"交还给收货人或其货运代理人,据以换取提单。

7. 换发提单

发货人或其货运代理人凭已签署的"场站收据",向船公司或其代理人换取提单,凭此向银行结汇。

8. 装船

港站堆场根据待装船的货箱情况,制定"装船计划",待船舶靠泊后,即安排装船。

9. 海上运输

装好船后,按指定航线在海上运输。

10. 卸船

船舶抵达卸货港前,卸货港港站堆场根据装货港代理人寄送的有关货运单证,制定"卸船计划",待船舶靠泊后,即安排卸船。

11. 整箱货交付

若内陆运输由收货人或其货运代理人自行安排,则由港站堆场根据收货人或其货运代理人出具的提货单,将整箱货交付。否则,将由承运人或其代理人安排内陆运输,将整箱货运至指定地点交付。

12. 拼箱货交付

拼箱货一般先在指定的集装箱货运站掏箱,然后由集装箱货运站根据提货单将拼箱货交付给收货人或其货运代理人。

13. 空箱回运

收货人或集装箱货运站在掏箱完毕后,应及时将空箱运回到指定的港站堆场。

七、国际海上集装箱运输相关公约

1.《海牙规则》

由于海上集装箱运输在国际贸易发展过程中的重要性,世界各国制定了大量关于海上运输的法律规范。1921年9月,国际法协会在海牙召开了会议,起草了有关海运提单的内容。1924年8月25日,26个国家的代表在布鲁塞尔签署了《统一提单若干法律规则的国际公约》,即《海牙规则》。该规则于1931年6月2日正式生效。

《海牙规则》是海上运输方面的一个非常重要的公约,它作为一个国际货运公约,仅适用于参加制定该规则的国家,但没有参加制定该规则的一些国家在制定提单和开展实际航运业务中执行的内容与《海牙规则》并无区别,许多国家的航运公司都在其制发的提单上规定采用本规则,据以确定承运人在货物装船、收受、配载、承运、保管、照料和卸载过程中所应承担的责任与义务,以及其应享受的权利与豁免。该规则的主要内容有:承运人的责任与义务;承运人的免责事项;货物托运人的责任和义务;承运人的赔偿责任限制;索赔与诉讼时效;公约的适用范围等。由于《海牙规则》主要由当时海运业务发达的一些国家制定,因此比较明显地偏袒承运人的利益,在风险分担上很不均衡。

2.《维斯比规则》

《海牙规则》生效后的半个世纪,国际贸易和海上集装箱运输发展迅速。由于《海牙规则》自身存在的和在实施过程中出现的各种问题,以及国际经济、政治关系的变化和海运技术的发展,某些内容已经过时。随着时代的发展,主要保护像英国那样航运大国利益的海牙公约所表现的过多维护承运人的利益、责任条款不公平和不合理、举证责任不明确等弊端受到第三世界国家的极力反对,多数国家特别是代表货方利益的国家强烈要求修改本规则。

1963年,国际海事委员会在斯德哥尔摩会议上订立了一个对《海牙规则》的修改议定书。会议期间,代表们访问了附近的哥德特兰岛的海运古城维斯比,并在那里由会议主席正式签署了该规则的修改建议,因此,习惯上将该规则称为《维斯比规则》。该规则于1968年2月23日在布鲁塞尔的会议上正式通过,并定名为《修改统一提单的若干法律规则的国际公约的议定书》,于1977年6月生效。《维斯比规则》只是对《海牙规则》进行了修补,对海牙规则的适用范围、赔偿责任限制、提单的最终证据、对侵权行为的请求、集装箱运输的计算单位等做了一些合理的改进,但未能触动《海牙规则》不合理的基石。

3.《汉堡规则》

自《海牙规则》《维斯比规则》实施以来,国际贸易运输又有了新的发展,在代表货方利益的第三世界国家的反复斗争下,联合国贸易和发展会议成立工作组,主要讨论国际海商法给发展中国家的经济带来的障碍。经过各国代表多次磋商,于1978年3月由联合国主持在汉堡召开了海上货物运输会议,会议通过了《1978年联合国海上货物运输公约》,即《汉堡规则》,该规则于1992年生效。《汉堡规则》主要是扩大了承运人的责任,废除和修改了众多免责条款,将传统的"钩到钩"责任期间改为"港到港"责任期间,简化和统一了举证规则,实行了完全过失责任制,成为一个全新的国际海运规则,但目前《汉堡规则》对国际海运影响不是很大。

4.《中华人民共和国海商法》

1993年7月1日颁布实施的《中华人民共和国海商法》(以下简称《海商法》),是我国第一部全面调整海上运输关系、船舶关系的专门性法律,其有关海上货物运输合同的规定主要是参照国际上现行的三个调整海运提单公约而制定的。

我国《海商法》对承运人免责规定实行的是不完全过失责任制,允许承运人在法定情况下,即使有过失也可不承担赔偿责任;关于举证责任,采用了推定过失或疏忽的原则;关于赔偿限额,《海商法》规定,承运人对货物的灭失或损坏的赔偿限额,按照货物件数或者其他货运单位计算,每件或者每个其他货运单位为666.67计算单位,或者按照货物毛重计算,每公斤为2计算单位,以二者中赔偿限额较高的为准(托运人在货物装运前已经申报其性质的价值,并在提单中载明的,或者承运人与托运人已经另行约定高于本条规定的赔偿限额除外)。

第二节 公路集装箱运输实务

公路集装箱运输是集装箱运输的重要组成部分,最大的特征是能够实现"门到门"运输。公路集装箱运输既是一个独立的运输体系,又是铁路车站、港口和机场集散物资的重要手段,且是连接铁路、水运和航空运输等各种运输方式的重要节点。

一、公路集装箱运输业务的组织和流程

1. 公路集装箱货源组织

开展公路集装箱运输的前提条件是存在对公路集装箱运输的需求,即相应的公路集装箱货源,因此各公路运输企业均应重视集装箱货源的组织工作,采取各种方式争取更多的集装箱货源。

合同运输是公路集装箱运输的主要货源组织形式。由船公司、货运代理或货主直接与公路运输企业签订合同,确定其公路运输任务。根据货源大小、合同期限的长短,还可以分为临时托运和长期合同关系。临时托运通常是小批量的、无特殊要求的集装箱货物运输,主要由一些短期的、临时的客户托运。它是公路运输企业组织货物的一个不可缺少的来源,往往也是承托双方建立长期合同关系的基础。

计划调拨运输是公路运输企业获得货源的另一种方式,即由货运代理公司或配载中心统一受理口岸进出口的集装箱货源,由货运代理公司或配载中心根据各公路运输企业的车型、运力,以及货源对口情况,统一调拨运输计划。计划调拨运输对公路集装箱运输的运力调整和结构调整起着指导作用。

2. 公路集装箱货运流程

按照公路集装箱运输服务的对象区分,其业务内容及生产作业流程主要如下:

(1) 公路集装箱货物进口运输业务流程

① 编制进口箱运量计划。根据船期动态表以及船公司或货运代理公司提供的进口箱数,结合公司运力编制运量计划。

② 接收汽车托运。收货人或其代理人向公司提出进口集装箱陆上运输申请,公司在了解箱内货物和卸货地点后,对符合条件的接收托运。

③ 申请整箱放行计划、安排运输。根据货物具体情况,合理安排运输计划,超重、超限、跨省运输应向有关部门申请。

④ 向港站申请作业并办理理货、卫检等事宜。及时向港区提出作业申请,港区根据需要配备机械和人力。

⑤ 从堆场提取重箱。在取得放行单和设备交接单后在指定地点提取重箱,办理出场集装箱设备交接单。

⑥ 交付货物,运回集装箱。货主接收货物后,在交接单上签收,集装箱卡车公司将集装箱空箱按指定的时间运回指定地点。

公路集装箱货物进口运输业务流程如图 6-20 所示。

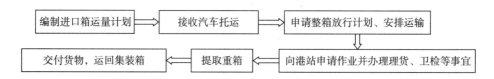

图 6-20　公路集装箱进口运输业务流程

(2) 公路集装箱货物出口运输业务流程

① 组织货源。广泛组织货源,掌握船公司和货运代理公司近期内待装运的箱源,预先做好运输准备。

② 接收托运。掌握待装货物和装箱地点后,接收发货人或其代理人的托运申请,符合条件的予以承运并订立运输契约。

③ 安排作业计划。接收托运后,及时编制作业计划,超重、超限、跨省运输应向有关部门申请。

④ 向港站申请作业,领取空箱。凭签发的出场集装箱设备交接单和托运单到指定地点提取空箱。

⑤ 装箱和送交重箱。

二、公路集装箱运输组织方式

一般而言,公路集装箱运输组织方式有下列四种(图 6-21):

(1) 汽车货运方式。这种方式是指用一般货车来运送集装箱,集装箱对货车而言,只是一件较为庞大的货物而已,货车除了可用于装运集装箱外,还可装载其他货物。

(2) 全拖车方式。这种方式从货车运送方式演变而来,除了用一般货车装载集装箱外,还在货车尾端以一拖杆牵带一辆车架运送集装箱。

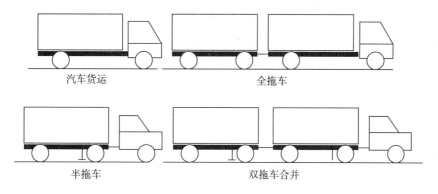

图 6-21　公路集装箱运输组织方式示意图

（3）半拖车方式。这种方式是指在一辆拖车后拖一车架用以装运集装箱,拖车可脱离车架灵活调度使用,以增加使用率。

（4）双拖车合并方式。这种方式是指在半拖车之后衔接另一车架用以装运第二个集装箱。

扩展公路集装箱运输是航运公司提高竞争力的重要措施,因为航运公司若是在目的地港拥有公路集装箱运输权,则可将集装箱直接运往收货人处所,亦可利用公路集装箱运输企业扩大揽货业务,以对抗新兴起的无船公共承运人的竞争,并可节省运送成本进而建立公司的商誉。

三、公路集装箱运输在集装箱多式联运中的作用

集装箱多式联运是现代运输发展的必然趋势,而公路运输以其机动灵活、快速直达的优势,在集装箱多式联运中成为重要的第一个和最后一个环节。公路运输既能独立构成运输系统,完成货物运输的全过程,又是衔接铁路、水运、航空等运输方式的重要环节。无论哪种运输方式,都需要用汽车将集装箱从托运人地点运至机场、港站、铁路车站,同时还要将集装箱从机场、港站、铁路车站再运送到收货人地点。所以,公路集装箱运输在集装箱内陆运输系统和海陆联运中,都占有重要的地位。

目前,公路集装箱运输主要承担 5 项经营业务：

（1）海上国际集装箱由港口向内陆腹地的延伸运输、中转运输以及后续运输工作；

（2）国内铁路集装箱由车站到堆场间的"门到门"运输；

（3）内河水运集装箱由港口向内陆腹地的延伸运输、中转运输及后续运输工作；

（4）城市之间干线公路直达的集装箱运输；

（5）边境口岸出入国境的集装箱运输、接驳运输以及大陆桥运输。

第三节　铁路集装箱运输实务

一、铁路集装箱运输货源组织

铁路集装箱运输主要包括货源组织、计划配装、装车、中转、卸车、交付等环节。与传统

的零担运输和整车运输相比,铁路集装箱运输是一种现代化的先进运输方式。

铁路集装箱货源组织方式主要有下列四种:

1. 整列集装箱货源

一般情况下,同一货物品名的整列集装箱货源较少。但在与海运联运时,即与集装箱港站相连的枢纽站接运时,集装箱船载箱量大,可以编排整列的、到达同一终点站的集装箱直达列车。

2. 整车集装箱货源

铁路整车集装箱货源比较普遍。目前,有些国家的铁路为了争取集装箱货源,规定集装箱运价按整车收取,集装箱总长不得超过 24.4 m,装多装少均按车计费,优惠的运输费用使铁路整车集装箱货源相对容易组织。

3. 整箱集装箱货源

对货运量较少的货主来说,在其货源不够装满一节整车但又能装满一个整箱时,有些国家采取按箱计费的办法。

4. 拼箱集装箱货源

拼箱集装箱货源是指运输部门根据不同货主托运的货物,加以整理后装载在一个集装箱内。

二、铁路集装箱运输业务流程

铁路集装箱运输业务流程指集装箱货物从接收、装车运送至卸车、货物交付的整个工作过程。

1. 确定集装箱承运日期表

集装箱承运日期表是集装箱按计划组织运输的重要手段,其作用在于使发货人明确装往某一方向或到站的装箱日期,有计划地安排货物装箱,以及准备短途搬运工具等,它是搞好集装箱货物计划运输的依据。

2. 集装箱货物的接收

大多数车站都采用由货运公司集中受理的形式,这种受理形式又分为集装箱单独受理和集装箱零担统一受理两种情况。集装箱的接收一般采取随时受理的方式,发货人如实填写货物的完整品名、重量及其他注意事项。

3. 货物运单的审核

受理货运员接到运单后,按有关规定逐项详细审核下列内容:

(1) 托运的货物能否装载集装箱运输;

(2) 所到站能否受理该吨位、种类、规格的集装箱;

(3) 有关货物重量、件数、尺码等是否按规定填写;

(4) 应注明的事项是否准确、完整。

4. 发放空箱和装箱

车站在发放空箱时,应认真检查集装箱外表状况是否会影响货物的安全运输而产生不

应有的责任,在发放空箱和装箱时应做到以下几点:

(1) 发送货运员在接到运单后,应核实批准进箱日期,审核运单填写是否准确,并根据货物数量核对需要发放的空箱数。

(2) 对实行门到门运输的货物,应开具"集装箱门到门运输作业单"交给发货人,填写集装箱门到门运输登记簿。

(3) 会同发货人共同检查空箱箱体状态。发货人在"集装箱门到门运输作业单"上签字后,领取空箱。应注意的是,如发货人认为所领取的空箱不能保障货物安全运输时,发送货运员应予以更换;如无空箱更换,发货人有权利拒绝使用;如使用后发生货损行为,应由车站负责。

(4) 货物装箱时应堆码稳固,装载均匀,充分利用箱内容积,不撞击箱体。装箱完毕后,由发货人关闭箱门,并在规定的位置悬挂标签和加封。

(5) 发货人加封完毕后,在货运单上逐箱填记集装箱箱号和相应的施封号码,已填记的施封号码不得随意更改,如必须更改时,应在更改处盖章证明。

5. 集装箱货物的接收和承运

发送货运员在接收集装箱货物时,必须对由发货人装载的集装箱货物逐箱进行检查,符合运输要求的才能接收承运。接收集装箱货物后,车站在货物运单上加盖站名、日期戳记,表明此时货物已承运。

在接收所托运的集装箱货物时,发送货运员应做到以下几点:

(1) 对由发货人装载的集装箱货物,应逐批、按箱检查箱门是否已关好,合格后在运单上批注货位号码。对门到门运输的集装箱货物还要核对是否卸入指定货位,然后在"集装箱门到门运输作业单"上签字,返还给发货人一份。

(2) 以运单为依据,检查标签是否与运单记载一致,集装箱号码是否与运单记载相符,铅封号码是否正确。

(3) 检查箱体是否受损,如有损坏,应编制集装箱破损记录;如损坏系由于发货人过失所致,则要求发货人在破损记录上签章,以划分责任。

(4) 检查确认无误,车站便在货运单上签字,交给发货人发票。对进行门到门运输的集装箱,还应补填集装箱门到门运输登记簿上要求的有关事项。

6. 装车

装车货运员在接到配装计划后到站确定装车顺序,并应做到以下几点:

(1) 装车前,对车体、车门、车窗进行检查,确认是否过了检查期,有无运行限制,是否清洁等。

(2) 装车时,装车货运员要做好监装,检查待装的箱子和货运票据是否相符,并对箱体、铅封状态进行检查。

(3) 装车后,要检查集装箱的装载情况,确认是否满足安全运送的要求,如使用棚车装载时还要加封。装车完毕后,要填写货车装载清单、货运票据,除填写一般内容外,还应在装载清单上注明箱号,在货运票据上填写箱数总和。

7. 卸车

集装箱货物到达卸站后,即开始卸车。卸车时应做到以下几点:

(1) 做好卸车前的准备工作,首先要核对货运票据、装载清单等与货票是否相一致,然后确定卸车地点,并确定卸箱货位。

(2) 开始卸车,对棚车进行启封,做好监卸和卸货报告。如在卸车过程中发生破损应做好记录,以便划分责任。

(3) 做好复查登记,要以货票对照标签、箱号、封号,在运单上注明箱子存放的货位号码,根据货票填写集装箱到达登记簿和卸货卡片。

8. 集装箱货物的交付

交货时,交箱货运员在接到转来的卸货卡片和有关单据后,认真核对车号、封号、标签,核对无误后通知装卸交货,并当面点交收货人。

铁路集装箱运输业务流程图如图 6-22 所示。

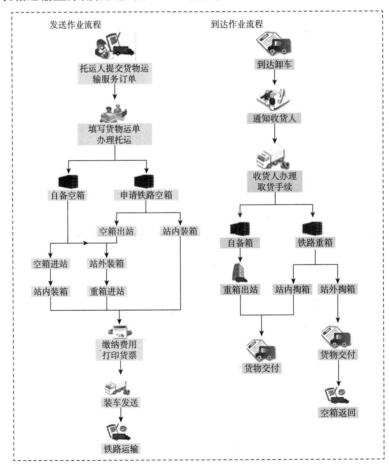

图 6-22　中铁集装箱运输有限责任公司业务流程图

三、铁路集装箱运输组织方式

利用铁路平车装载集装箱以担当陆上较长运输距离的集装箱运输服务,是一种所谓"背载运输"的组织方式。根据集装箱的装载情况,铁路集装箱运输组织方式又可分为下列两种(图6-23):

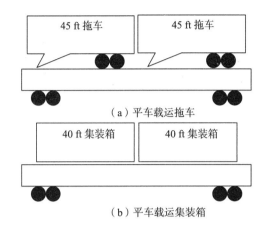

图 6-23　铁路集装箱运输组织方式示意图

(1)平车载运拖车。平车载运拖车集装箱运输组织方式是指将集装箱和拖车一起固定于铁路平车上,做长距离运送,到达目的站以后,则可以用拖车将集装箱直接送往收货人处。

(2)平车载运集装箱。平车载运集装箱运输组织方式是指利用机具将集装箱直接固定于铁路平车上,待运抵目的站后,再用机具将集装箱卸放至拖车的车架上送抵收货人货仓,这种运输方式是较为常见的。近年来,双层集装箱列车的出现,使得铁路集装箱运输的经济效益又有了进一步的提高。

四、铁路与发货人、收货人之间的责任划分

铁路与发货人、收货人之间的交接,主要指集装箱的接收、交付两个环节,这两个环节直接关系到铁路与发货人、收货人之间的责任划分。

铁路集装箱的交接均应在铁路车站、货场内进行,主要检查箱体外表状况,重箱还应检查铅封。铁路集装箱起运时应由发货人将集装箱堆放在指定的货位上,关好箱门,按批逐箱与货签核对,检查完毕后,在运货单上加盖承运日期戳表明已承运。在交付集装箱时,发货人将收货人提交的货物运单与集装箱到达登记簿进行核对,然后到货场会同收货人逐箱进行检查对照,经确认无误后,将集装箱一次性点交给收货人,并注销交货卡,交付完毕后责任终止。在车站货场交接集装箱时,箱号、施封号与货物运单记载一致,施封有效,箱体外表状况良好时,即使箱内货物发生损害,铁路也没有责任赔偿。

收货人在接收集装箱时,应按货物运单核对箱号,检查施封状态、封印内容和箱体外状。发现不符或有异状时,应在接收当时向车站提出。自备集装箱由于承运人责任造成上述后

果时,由承运人负责赔偿。

五、国际铁路货物联运协定的主要内容

1. 适用范围

国际铁路货物联运协定适用于所有缔约国之间的货物运输,协定中的内容对承运人、发货人、收货人均有约束力。从参加国际货协铁路的国家,通过协定参加国铁路,将货物运往未参加协定的国家(或反向货物的运输),应按协定的附件办理。

下列货物的运输则不适用本协定:

(1) 货物发站、到站在同一国内,而发送的铁路可通过另一国家过境运输时;

(2) 两个国家车站间,用发送国或到达国车辆通过第三国过境运输时;

(3) 两国相邻车站间,全程运输使用同一方的铁路车辆,并根据这一铁路的国内规章办理货物运输时。

上述(1)、(2)、(3) 提及的货物运输,可根据各国有关铁路间签订的特别协定办理。

2. 海关手续和其他有关规章应办理的文件

在货物托运装车之前,发货人必须将因货物运输而履行海关手续和其他有关规章应办理的文件附在运单上,必要时,还应附有证明书和明细表,这些文件只限与运单中所记载的货物有关。发货人在运单上加附的一切文件,应记入"发货人加附的文件"一栏内,并使其牢固地贴附在运单上,以避免运输途中脱落。

如发货人未在运单上附有关货物出口的文件、证明书、明细表等,则应在"发货人声明"或"发货人附加文件"一栏内说明,否则发站有权拒绝货物承运。

对铁路来说没有义务检查发货人在运单上附加的文件是否正确和齐全。相反,如由于附加的文件不齐全、不准确而导致的后果,发货人应对铁路负责。此外,由于这些文件不准确、不齐全致使货物运输、交付发生滞留时,则应支付车辆运输滞留费和货物保管费。

3. 运单

适合铁路运输的单证叫运单。按照《国际铁路货物联运协定》第六条、第七条的规定,发货人在托运货物时,应对每批货物按规定的格式填写运单和运单副本,并在签字后向始发站提出。从始发站承运货物(连同运单)时起,即认为运输合同已经生效。

运单随同货物从始发站至终点站全程运输,最后交给收货人。运单既是铁路承运货物的凭证,也是铁路方面在终点站向收货人核收运杂费和交货的依据。运单不是物权凭证,不能转让买卖。运单副本在铁路加盖戳记后,应退还给发货人。运单副本虽然不具有运单的效力,但按我国与国际货协各国所签订的贸易交货共同条件的规定,运单副本是卖方通过有关银行向买方结算货款的主要单证之一。

发货人在填写运单时,必须对运单内容的填写、申报的准确性负责。由于发货人填写或申报过失造成的一切后果,由发货人负责。

对铁路方面来说,铁路有权检查发货人在运单中所记载的事项是否准确,但此项检查仅限于在海关和其他规章的规定情况下,以及保证运输中行车安全和货物完整时,铁路才在途中检查货物内容。

发货人除填写运单外,还应将货物在运送途中为履行海关或其他规章所需要的文件附在运单上,以便铁路方面在必要时检查。如发货人未履行此项规定,始发站可拒绝接收该项货物。同时,铁路不对发货人所附的文件准确性负责。

运单的组成和作用是:

(1) 运单正本

运单正本是运输契约,它随同货物到站,并连同货物到达通知单和货物一起交给收货人。

(2) 运行报单

运行报单是参加联运各铁路办理货物交接、划分运送责任、结算运送费用、统计运量和运费收入的原始依据,它随同货物至到达站,并留存到达站。

(3) 运单副本

运单副本于运输契约缔结后交给发货人,但它并不具有运单的效力,仅证明货物已由铁路承运。发货人可凭此副本向收货人结算货款,向铁路提出变更运输要求,以及在货物和运单全部灭失时向铁路提出赔偿要求。

(4) 货物交付单

货物交付单随同货物至到达站,并留存到达站。

(5) 货物到达通知单

货物到达通知单随同货物至到达站,并同运单正本和货物一起交给收货人。

4. 铁路的责任和豁免

按运单进行货物运输的各铁路承运人,应对货物负连带责任,也就是说,按运单进行货物运输的铁路,应负责货物的全程运输。这是因为每一铁路承运人从接收附有运单的货物时起,已作为参加这一运输,并承担由此而产生的责任。

对由于下列原因造成的货物损害,铁路则不负责任:

(1) 铁路不能预防和不能消除的情况。

(2) 货物的自然特性所致。

(3) 货物的灭失、损害是发货人、收货人过失所致。

(4) 货物损害是发货人、收货人装卸过失所致。

(5) 使用敞车类货车运送货物(路运规章许可除外)。

(6) 包装不牢、标志不清。

(7) 发货人未按协定办理货物托运。

(8) 货物自然耗损。

(9) 发货人申报内容不准确、不完全、不确切所致。

5. 货物的交付与拒收

当货物运抵终点站后,在收货人支付清运单中所记载的一切应付的运输费用后,铁路将运单和货物交给收货人。也就是说,收货人以支付清全部费用换取提货的权利。

如收货人在提取货物时,发现货物有损害时不能拒收,只有在货物失去使用价值、毁损、腐烂、质变的情况下才可拒收。如在提取货物时发现货物缺少,也不能少付运费,收货人仍应按运单规定的货物数量支付运费,只是对少交的那部分货物享有要求赔偿的权利。

如铁路方面在货物应交付日期后30天内仍未交付,收货人也提不出证据,可认为该批货物业已灭失。

6. 铁路对货物的损害赔偿

在任何情况下,铁路对货物的损害赔偿不超过全部灭失时的货物款额。通常,对货物的赔偿有这样几种情况:

(1) 若发货人有申报价,则按申报价赔偿。

(2) 若部分灭失,则按剩余部分销售价赔偿。

(3) 延误赔偿时,则以铁路所收运费为基础。主要就延误时间的长短,向货物受损人支付逾期罚款。如延误不超过总运期1/10—4/10,应支付的罚款相当于运费的10%;如延误超出总运期4/10,应支付的罚款相当于运费的30%。

收货人和发货人都可提出赔偿要求。如由发货人提出时,只能向始发站提出。如由收货人提出,只能向终点站提出。

不管是发货人,还是收货人,在提出赔偿要求时应做到:

(1) 在货物全部灭失时,如由发货人提出赔偿要求,发货人应出具运单副本;如由收货人提出赔偿要求,收货人应出具运单副本和运单正本。

(2) 在货物部分灭失,或毁损、腐烂时,发货人或收货人除出具运单正本和运单副本外,还要出具终点站交给收货人的商务记录。

(3) 货物在延误运送时的赔偿要求,由收货人提出。铁路对发货人、收货人的赔偿要求,应从接到申请赔偿要求之日起,在180天内做出答复。

7. 运输合同的变更

根据《国际铁路货物联运协定》第十九条规定,发货人和收货人都有权对运输合同进行变更,但只能变更一次,而且,在变更运输合同时,不准将同一批货物分开办理。

发货人可对运输合同做下列变更:

(1) 在始发站将货物领回。

(2) 变更终点站。

(3) 变更收货人。

(4) 将货物运回始发站。

收货人可对运输合同做下列变更:

(1) 在到达国范围内变更货物的到达站。

(2) 变更收货人。

下列情况铁路不受理变更：

（1）应执行变更运输合同的车站，在接到申请书或由发站（到站）发来的电报通知后已无法执行时。

（2）此种变更违反铁路营运管理时。

（3）此种变更与参加运送铁路所属国家现行法令和规章有抵触时。

（4）在变更到站情况下，货物的价值不能抵偿运到新指定到达站的一切费用时。

在变更运输合同时，铁路方面应按有关规定向收货人、发货人核收各项运杂费用。

第四节　航空集装箱运输实务

航空集装箱运输的适箱货源主要是那些价值高，对运送速度、安全性能要求较高的货物。适箱货源的这些特点决定了航空集装箱运输的货源往往是小批量的，无法像海上、铁路集装箱运输那样组织大批量货源。为了节省营运成本，航空承运人通常只负责货物从一个机场至另一个机场的运输，而揽货、接货等业务则由航空货运代理办理。

一、航空集装箱运输概述

1972年，波音公司的B747-200F大型专用货机在大西洋航线上投入运营，并采用了标准集装箱装载系统，从而实现了国际标准集装箱的航空运输。近年来，随着国际贸易货物对运输要求的变化，航空集装箱运输在国际贸易货物运输中所占的比例明显增加。波音747-400F的货舱装货示意图如图6-24所示。

1. 航空集装箱运输的优点

（1）安全性能高。

（2）通行便利，不受地面地理条件限制。

（3）运送速度快。

（4）货物周转时间短，破损少，可减少仓储、包装、保险等费用支出。

2. 开展航空集装箱运输的条件

（1）航空集装箱货源

航空集装箱货源主要是指价值高，对运送速度、安全性要求较高的货物。航空承运人通常只负责货物从一个机场到另一个机场的运输，而揽货、接货等业务由航空货运代理办理。

（2）航空集装箱

国际航空运输协会（IATA）将在航空运输中使用的成组工具称为"成组器"（Unit Load Device，ULD），它又分为航空用成组器（是指装载在飞机内与固定装置直接接触，不用辅助器就能固定的装置，可以看成是飞机的一部分）和非航空用成组器（是指不满足航空用成组器条件的成组器，可用叉式装卸车进行装卸）。

为避免飞机的损伤以及减轻集装箱重量，空运集装箱和国际航空协会批准的成组货载装置、弯顶、低底板的集装箱都比国际标准化集装箱轻得多,以追求最大装载重量。制造材料一般采用铝合金或高强度纤维(玻璃钢)。为充分利用飞机货舱容积,避免因碰撞或摩擦对飞机造成损伤,需将航空用集装箱和货舱成组器的上部制作成圆顶结构,使之能与飞机机体相应部分的形状一致。这样,传统航空集装箱难以在其他运输方式中使用,而国际标准集装箱也难以广泛运用于航空集装箱运输。

但随着科学技术发展,目前新型宽体飞机已能载运 20 ft 标准集装箱。

二、航空集装箱货物运输组织方式

1. 班机运输(Scheduled Carriage)

班机运输是指在固定航线上飞行的航班,它有固定的始发站、途经站和目的站。一般航空公司都使用客货混合机型组织班机货运,其货舱舱容有限,不适用于大批量的货物运输。

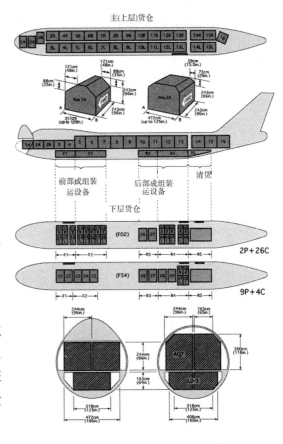

图 6-24 波音 747-400F 的货舱装货示意图

2. 包机运输(Chartered Carriage)

包机运输包括整机包机和部分包机。

(1) 整机包机是指航空公司按照事先约定的条件和费用将整机租给承租人,适合运送大批量的货物。

(2) 部分包机是指几家货运代理公司或托运人联合包租一架飞机,或者包机公司把一架飞机的舱位分别租给几家空运代理公司。

3. 集中托运(Consolidation Transport)

集中托运是指空运货代公司将若干单独托运人的货物集中起来组成一整批货物,由航空公司托运到同一到站,货物到达国外后由到站地的空运代理办理收货,报关后分拨给各个实际收货人。

4. 急件传递(Air Express)

与一般的航空邮寄和航空货运不同,急件传递是指专门经营这项业务的公司与航空公司合作,派专人以最快的速度在货主、机场、用户之间运输和交接货物,又称"桌到桌"(Desk to Desk)运输。

三、航空集装箱货物运输业务流程

1. 托运人向航空公司申请航班和装货设备。

2. 托运人提取装货设备后运回自己的工厂或仓库,将货物装入集装箱或成组器,并缮制装箱单。

3. 托运人填制国际货物托运书,这是托运人托运货物的正式文件,也是航空公司填制货运单的依据,要求逐项准确填写,并对填写内容承担责任。

4. 托运人向口岸或内陆监管部门报关、报验,经查验符合规定后获得出口货物放行证明。

5. 托运人通过内陆运输将集装箱、成组器货物按期限运抵出口口岸空港。

6. 托运人将填制好的国际货物托运书、装箱单和其他有关单证交给航空公司核验,并提供起运地海关的关封。航空公司根据托运人填制的国际货物托运书检查核对,必要时可以开箱或拆组检查,其中包括衡量货物的重量及大件货物的体积。

7. 收受的集装箱、成组货物经核对准确无误后,航空公司可向托运人开具经双方共同签署的航空货运单。

8. 航空公司与托运人计算航空运费和其他有关费用,并按规定方式计收和结清运费和其他款项。

9. 航空公司对受理的货物进行全面的安全检查后,根据有关货运单证编制整个航班的货物舱单,并连同航空货物运单向海关申请验放。

10. 航空公司将货物从起运地机场运至目的地机场,将集装箱、成组器货物从飞机货舱内卸下并搬运至机场货运站内指定的位置,经核对航空货运单与集装箱、成组器货物齐备无误后,存放在货运站临时库区里。

11. 航空公司根据航空货运单上的收货人名称、地址发出到货通知书,以催促收货人尽快办理货物报关、提货手续。

12. 航空公司代理人将集装箱、成组器货物通过陆路运输运至航空货运单指定的地点,与收货人一起清点货物,经核对航空货运单与集装箱、成组器货物及收货人名称无误后,双方在航空货运单上签字、盖章,收货人接收货物。

13. 拆箱、拆组后的装货设备由航空公司代理人回运至指定存放地点,并办理装货设备交接手续。

【案例分析】

中铁集装箱运输有限责任公司

中铁集装箱运输有限责任公司成立于2003年11月,注册资本39亿元人民币,资产规模达129亿元人民币,是经中华人民共和国原国家工商行政管理总局注册,隶属中国国家铁路集团有限公司的国有大型集装箱运输企业,是中国国家铁路集团有限公司中欧班列统一经营服务平台,是中欧班列运输协调委员会秘书处单位。

公司主要负责集装箱购置、租赁、维修;铁路箱管理信息系统的开发、维护;集装箱国际和国内货运代理、接取送达、堆存保管;中欧中亚集装箱国际联运班列经营与客户服务等工作。公司自成立以来,始终以打造世界一流现代物流企业为目标,积极推进中欧班列、多式联运、箱管箱修三大品牌建设,品牌效应和社会影响力不断扩大,公司先后获得"AAAAA"级物流企业、中国服务业企业500强、全国先进物流企业和中国物流百强企业等荣誉称号。

1. 企业优势

(1) 资源优势:拥有78万余个20 ft国际标准中国铁路通用箱和20 ft新型宽体集装箱、6万余个40 ft国际标准中国铁路通用箱,拥有6 000个20 ft超高集装箱,拥有四大类十余种约8.5万个中国铁路特种集装箱、16万张铁路货车篷布。

(2) 场站优势:拥有14个铁路集装箱中心站,分别是昆明、大连、重庆、成都、武汉、郑州、青岛、西安、上海、乌鲁木齐、宁波、天津、钦州、广州。

(3) 国际优势:是北美多式联运协会(Intermodal Association of North America,IANA)、跨西伯利亚运输国际协调委员会(Coordinating Council on Trans-Siberian Transportation,CCTT)理事会员;与哈萨克斯坦、俄罗斯、白俄罗斯、立陶宛、德国铁路等铁路组织建立合作关系;与哈萨克斯坦、俄罗斯铁路签署"集装箱相互使用协议"。

(4) 专业优势:是中国国家铁路集团有限公司直属企业,是中国国家铁路集团有限公司中欧班列统一经营服务平台。

(5) 网络优势:公司下设18个分公司、36个营业部。对外投资企业15个,其中全资子公司5家(中铁国际多式联运有限公司、中铁集装箱哈萨克斯坦国际物流有限公司、中铁集装箱欧洲物流有限公司、中铁集装箱俄罗斯国际物流有限公司、中铁集装箱车盟国际有限公司);控股子公司3家;参股子公司10家。公司是中外合资企业中铁联合国际集装箱有限公司和上市公司中铁铁龙集装箱物流股份有限公司的第一大股东,总部设在北京。

2. 欧亚通道建设

(1) 西部通道,主要吸引中国中西部地区与欧洲间的进出口货源,从阿拉山口(霍尔果斯)出入境,经哈萨克斯坦、俄罗斯、白俄罗斯、波兰到达欧洲。西部南通道,从阿拉山口(霍尔果斯)出入境,经哈萨克斯坦、乌兹别克斯坦、土库曼斯坦、伊朗、土耳其(或哈萨克斯坦、阿塞拜疆、亚美尼亚、格鲁吉亚、土耳其)到达欧洲。

(2) 中部通道,主要吸引中国华北、华中地区与欧洲间的进出口货源,从二连浩特口岸出入境,经蒙古、俄罗斯、白俄罗斯、波兰到达欧洲。

(3) 东部通道,主要吸引中国华东和华南沿海、东北地区与欧洲间的进出口货源,从满洲里口岸出入境,经俄罗斯、白俄罗斯、波兰到达欧洲。

3. 中欧、中亚班列

中欧、中亚班列旨在倡导快捷准时、安全稳定、绿色环保的货运方式,促进中国与欧洲、中亚国家间贸易便利化,现已成为欧亚国际物流陆路运输的骨干方式,得到国际社会的广泛好评和沿线各国的普遍欢迎,成为推进中国与沿线国家经贸交流的重要载体和"一带一路"建设的重要抓手。

（1）中欧班列。按照固定车次、线路、班期和全程运行时刻开行,运行于中国与欧洲以及"一带一路"沿线各国的集装箱国际铁路联运班列,分别从中国重庆、成都、郑州、武汉、苏州、义乌等开往德国、波兰、西班牙等国家的主要城市。目前国内开行中欧班列的城市已经达到43个,到达欧洲14个国家42个城市。截至2018年年底,中国已经开行中欧班列运行线路65条。

中欧班列日均运行1 300 km,正点率接近100%;最快10天抵达欧洲,运输时间是海运的1/3。自2011年3月开行以来,截至2019年10月底,已累计开行班列19 000多列。2016年6月8日,正式启用中欧班列统一品牌标识(图6-25)。

图6-25 中欧班列统一品牌标识

（2）中亚班列。往来于中国至哈萨克斯坦、乌兹别克斯坦等中亚各国的集装箱国际铁路联运班列,分别从中国天津、西安、济南、合肥、连云港、郑州、武汉、胶州、广州、成都开往中亚五国的主要城市。

4. 铁水联运

公司与港口、船公司以及物流企业密切合作,先后开发经营了苏州至上海、金华至宁波、成都至上海、广州至成都等多条集装箱铁水联运班列,形成完整的铁水联运产品链条,打造了铁水联运品牌。

5. 资产经营

为适应集装箱运输的快速发展,更好地满足不同客户群、不同货物品类集装箱运输的用箱需求,近年来,公司围绕集装箱资产经营,在不断加大国际通用集装箱投入的同时,会同中铁铁龙集装箱物流股份有限公司以液态散装货物、干散货物、冷鲜货物三大品类为重点,大力推进特种集装箱的研发和市场培育,截至2017年年底,拥有30万TEU的20 ft、40 ft国际标准中国铁路通用箱和20 ft新型宽体集装箱,拥有6 000 TEU 20 ft超高集装箱,拥有四大类十余种约8.5万余个中国铁路特种集装箱、16万张铁路货车篷布。

按照国家铁路发展规划,公司参与投资的昆明、上海、重庆、成都、郑州、大连、青岛、武汉、西安、乌鲁木齐、天津等11个集装箱中心站已陆续建成投入使用。已建成的集装箱中心站总占地面积为12 429亩,近、远期设计运量分别为13 077万t和24 235万t,装卸线均具备整列到发的条件,并配备有先进的集装箱场站管理信息系统和50台集装箱专用门吊、22台正面吊等大型集装箱装卸设备。公司通过整合铁路集装箱运输资源,利用现代化集装箱场站优势,拓展集装箱场站经营业务,可以向社会提供集装箱直达班列运输、零散发运、装卸、堆存、掏装箱、货物仓储及站到门、门到站等物流服务。公司的组织机构如图6-27所示。

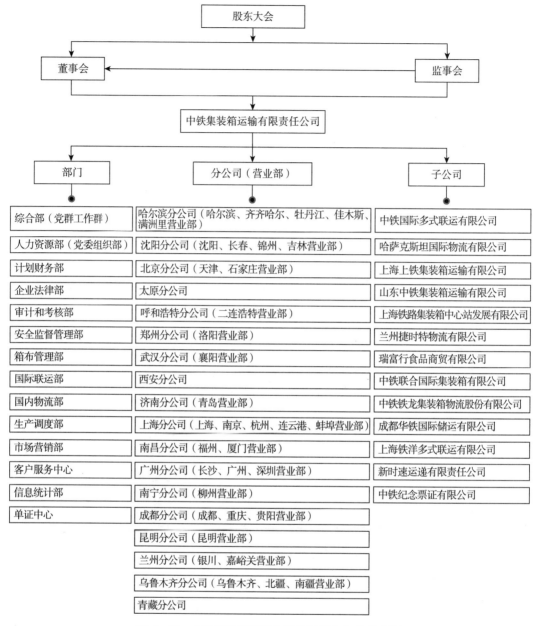

图 6-26 中铁集装箱运输有限公司组织机构示意图

【复习思考题】

1. 简述内河集装箱运输的主要特点。
2. 国际海上集装箱运输组织者有哪些?
3. 什么是国际集装箱班轮运输?
4. 简述公路集装箱货运流程。

5. 简述公路集装箱运输与国际集装箱联运的关系。
6. 简述公路集装箱运输中转站的作用。
7. 铁路集装箱运输货源组织方式有哪些?
8. 简述铁路集装箱运输业务流程。
9. 简述航空集装箱运输业务流程。

第七章　集装箱运费

学习目标

1. 了解集装箱运价的确定原则
2. 熟悉集装箱运价的基本形式
3. 明确集装箱运费的构成
4. 熟练掌握集装箱海运运费计算
5. 熟悉集装箱运费计收有关条款
6. 熟练掌握集装箱多式联运下的价格术语

第一节　集装箱运价概述

随着集装箱运输以及国际多式联运的发展，承运人的业务范围也随之有所扩大，船公司的责任由海上向陆上两端延伸。多式联运不仅方便了货主，而且还扩大了船公司的货运量，承运人对货物的责任也有所扩大，其费用有所增加，而增加的费用只能从运费中收回，这对运价的制定提出了新的要求，即应制定出一套适合集装箱运输的费率、规定和有关条款。

我国现行集装箱运输的拼箱货运费计收与普通班轮运输的件杂货运费计收方法基本相同。所不同的是整箱货有最高运费和最低运费的计收规定。而且，集装箱货物最低运费的计收不是某一规定的金额，而是规定了一个最低运费吨，又称计费吨，这一概念与普通船运输下最低运费的规定是完全不同的。因为，普通船运输下最低运费是以运费金额为标准计收的，也就是某一提单下的货物运费没有达到费率本中规定的金额时，仍应按规定金额收取。

集装箱货物在进行门到门运输时，可通过多种运输方式完成整个运输过程，该过程可分为出口国内陆运输、装船港运输、海上运输、卸船港运输、进口国内陆运输等五个部分。其中，船公司通常负责出口国集装箱货运站或港站堆场至进口国集装箱货运站或港站堆场的运输，这一范围通常是集装箱运输所包括的范围。集装箱多式联运下，船公司作为提单的签发人，除负责自己的运输区段外，还要与负责其他运输区段的承运人订立分运合同，委托他们负责公路、铁路、内河等区段运输。船公司与各运输区段承运人之间的关系和责任划分依据是合同条款的规定,并受船公司对合同各方提供的服务所支付费用的制约,这些费用由船公司直接交付给各分运合同的承运人。

因为船公司支付了集装箱货物在运输过程中的全部费用,所以集装箱货物的运费结构应包括海上运输费用、内陆运输费用、各种装卸费用、搬运费、手续费、服务费等。上述费用被定为一个计收标准,以确保船公司在整个运输过程中全部支出后,均能得到相应补偿。

一、集装箱运价的确定原则

集装箱运价的确定通常基于下列三个基本原则:

1. 运输服务成本原则

所谓运输服务成本(The Cost of Service)原则是指班轮经营人为保证班轮运输服务连续、有规则地进行,以运输服务所消耗的所有费用及一定的合理利润为基准确定班轮运价。根据这一原则确定的班轮运价可以确保班轮运费收入不至低于实际的运输服务成本。该原则被广泛应用于国际航运运价的制定。

2. 运输服务价值原则

运输服务价值定价(The Value of Service)原则是指从需求者的角度出发,依据运输服务所创造的价值的多少进行定价。它是指货主根据运输服务能为其创造的价值水平而愿意支付的价格。运输服务的价值水平反映了货主对运价的承受能力。如果运费超过了其服务价值,货主就不会将货物交付托运,因为较高的运费将使商品在市场上失去竞争力。因此,如果说按照运输服务成本原则制定的运价是班轮运价的最低下限,那么按照运输服务价值原则制定的运价则是其最高上限,因为基于运输服务价值水平的班轮运价可以确保货主在出售商品后能获得一定的合理收益。

3. 运输承受能力原则

运输承受能力原则过去普遍采用。考虑到航运市场供求情况对班轮运输的巨大影响,运输承受能力(What the Traffic Can Bear)原则采用的定价方法是用高价商品的高费率补偿低价商品的低费率,从而达到稳定货源的目的。按照这一定价原则,承运人运输低价货物可能会亏本,但是,这种损失可以通过对高价货物收取高费率所获得的盈利加以补偿。虽然价值较高货物的运价可能会高于价值较低货物的运价很多倍,但从运价占商品价格的比重来看,高价货物比低价货物要低得多。根据联合国贸发会的资料统计,低价货物的运价占该类货物离岸价格(FOB)的30%—50%,而高价货物运价仅占该类货物FOB价格的1%—28%。因此,尽管从某种意义上来说,运输承受能力定价原则对高价商品是不大公平的,但是这种定价方法消除或减少了不同价值商品在商品价格与运价之间的较大差异,从而使得低价商品不致因运价过高而放弃运输,实现了稳定货源的目的。

上述定价原则在传统的件杂货海上运输价格的制定过程中确实起到了十分重要的作用。然而,随着集装箱运输的出现,如何确定一个合理的海运运价,却是集装箱班轮运输公司面临的全新问题。在过去,由于零散的件杂货种类繁多,实际单位成本的计算较为复杂,因而运输承受能力原则比运输服务成本原则更为普遍地被班轮公会或船公司所接受。但是，使用标准化的集装箱运输使单位运输成本的计算更加简化，特别是考虑到竞争的日趋激烈，现在承运人更多地采用运输服务成本原则制定运价。当然，在具体的定价过程中，应该以运输服务的成本为基础，结合考虑运输服务的价值水平以及运输承受能力，综合运用这些定价原则。

由于集装箱班轮运输已进入成熟期，运输工艺的规范化使得各船公司的运输服务达到均一化程度，尤其是随着集装箱船舶的大型化，船舶运输的损益平衡点越来越高，这使得扩大市场占有率，迅速突破损益平衡点，成为集装箱船公司获利的基础。因此，维持一定水平的服务内容，合理地降低单位运输成本，以低运价渗透策略迅速扩大市场占有率，应是合理制定集装箱海运运价的重要前提。

二、集装箱运价的基本形式

1. 概述

目前，集装箱货物海上运价体系较内陆运价体系成熟。它分为两大类：一类是件杂货运费计算方法，即以每运费吨为计费单位计算运费（俗称散货价）；另一类是以每个集装箱为计费单位计算运费（俗称包箱价）。

（1）件杂货基本费率加附加费

① 基本费率（Basic Rate）。基本费率是指参照传统件杂货运价，以每运费吨为计费单位，多数航线上采用等级费率。

② 附加费（Surcharge）。附加费是指除传统件杂货所收的常规附加费外，还要加收一些与集装箱货物运输有关的附加费。

（2）包箱费率（Commodity Box Rate）

该费率以每个集装箱为计费单位，常用于集装箱交货情况下，即 CFS－CY 或 CY－CY 条款。常见的包箱费率有以下三种表现形式：

① FAK 包箱费率（Freight for All Kinds）。该费率是指对每一集装箱不细分箱内货类，不计货量（在重量限额之内）统一收取的运价。

② FCS 包箱费率（Freight for Class）。该费率是指按不同货物等级制定的包箱费率。集装箱普通货物的等级划分与件杂货运输分法一样，仍是 1—20 级，但是集装箱货物的费率级差小于件杂货费率级差，一般低价货集装箱收费高于传统运输，高价货集装箱收费低于传统运输；同一等级的货物，重货集装箱运价高于体积货运价。在这种费率下，拼箱货运费计算与传统运输一样，根据货物名称查得等级、计算标准，然后对应相应的费率乘以运费吨，即得运费。

③ FCB 包箱费率（Freight for Class 或 Basis）。该费率是指按不同货物等级或货类以及计算标准制定的费率。

2. 集装箱海运费率形式

按照国际通用标准，国际集装箱海上运输有几种不同的运价形式，其中主要包括：均一费率(FAK)、包箱费率(CBR)以及运量折扣费率(TVC)等。

(1) 均一费率

均一费率(Freight for All Kinds Rates,FAK)是指对所有货物均收取统一的运价。它的基本原则是集装箱内装运什么货物与应收的运费无关。换句话说,所有相同航程的货物征收相同的费率,而不管其价值如何。它实际上是承运人将预计的总成本分摊到每个所要运送的集装箱上所得出的基本平均费率。

这种运价形式从理论上来讲是合乎逻辑的,因为船舶装运的以及在港口装卸的都是集装箱而非货物,且集装箱占用的舱容和面积也是一样的。但是,采用这种运价形式,对低价值商品的运输会产生负面影响,因为低费率货物再也难以从高费率货物那里获得补偿,对于低费率商品的货主来说难以接受。例如,集装箱班轮公司对托运瓶装水和瓶装酒的货主统一收取同样的运价,尽管瓶装酒的货主对此并不在意,但瓶装水的货主则会拒绝接受这种收费方式,最终,船公司被迫对这两种货物分别收取不同的运价。因此,在目前大多数情况下,均一费率实际上还是将货物分为5—7个费率等级。

(2) 包箱费率

包箱费率(Commodity Box Rates,CBR)或称货物包箱费率,是为适应海运集装箱化和多式联运发展的需要而出现的一种费率形式。这种费率形式是指按不同的商品和不同的箱型,规定了不同的包干费率,即将各项费率的计算单位由"吨"(重量吨或体积吨)简化为按"箱"计。对承运人来说,这种费率简化了计算,同时也减少了相关的管理费用。按不同货物等级制定的包箱费率,等级的划分与件杂货运输的等级分类相同(1—20级)。集装箱货物的费率级别分为4组,如:1—7级、8—10级、11—15级和16—20级,或1—8级、9级、10—11级以及12—20级等,采用这种集装箱费率的有中国远洋海运的中国—澳大利亚航线、中国—新西兰航线、中国—波斯湾航线、中国——地中海航线、中国——东非航线等。

(3) 运量折扣费率

运量折扣费率(Time-Volume Rates,又称Time-Volume Contracts,TVC)是指为适应集装箱运输发展需要而出现的又一费率形式。它实际上就是根据托运货物的数量给予托运人一定的费率折扣,即:托运货物的数量越大,支付的运费率就越低。当然,这种费率可以是一种均一费率,也可以是某一特定商品等级费率。由于这种运量激励方式是根据托运货物数量确定运费率,因而大货主通常可以从中受益。

第二节 集装箱运费的基本结构

为补偿国际集装箱运输过程中的各项支出以及获得一定的利润,集装箱经营人应向集装箱货物托运人收取一定的运输费用,称为集装箱运费。集装箱运费的单位价格即是集装箱运价。由于集装箱打破了"港到港"交接的传统,可以实现"门到门"运输,使得承运人的运输路线增长,运输环节增多,故运输全过程花费的成本以及成本构成与传统运输有很大区别。由于以集装箱为运输单元,故其计费方式也有很大的变化。随着集装箱运输的发展,一种新的集装箱运费体系产生并得到不断完善。

一、集装箱运费的构成

传统件杂货运价分方式、分段计算,且把承担海上运费和岸边装船、卸船费用统称为海运运费。在国际多式联运下,集装箱货物交接从港口向内陆延伸,交接地点延伸使得运输经营人的责任和风险扩大到内陆港口、货运站、货主工厂或仓库等内陆地点,使集装箱运费构成不仅包括集装箱海运运费,而且还包括发货地运输费、装港港区服务费、卸港港区服务费、收货地疏运费等。

1. 海运运费

从集装箱船舶运输公司的优越性出发,集装箱船可收取高于普通船运输的费用。但实际操作过程中仍按所运货物的运费吨所规定的费率计收,与普通船货物运输的计收方法基本相一致。按照当前运费的标准,集装箱货运计费的依据主要有两种:一种是班轮公会的运价,另一种是船公司的运价。

2. 堆场服务费

堆场服务费也叫港站服务费,包括在装船港堆场接收出口的整箱货,以及堆存和搬运至装卸桥下的费用。同样,在卸船港包括从装卸桥下接收进口箱,以及将箱子搬运到堆场和堆存的费用,也包括在装卸港的有关费用。堆场服务费一般分别向发货人、收货人收取。

3. 拼箱服务费

拼箱服务费包括为完成下列服务项目而收取的费用:

(1) 将空箱从堆场运送到货运站;
(2) 将装好货的重箱从货运站运送到堆场;
(3) 将重箱从堆场运送到货运站;
(4) 理货;
(5) 签发场站收据、装箱单;
(6) 在货运站内货物的正常搬运;
(7) 装箱、拆箱、封箱、做标记;
(8) 一定期限内的堆存;
(9) 必要的分票与积载;
(10) 提供箱内部的积载图。

4. 集散运输费用

集散运输又叫干线运输,是指由内河、沿海集散港至集装箱出口港的集装箱运输。集装箱在集散港装船后,即可签发集装箱联运提单,承运人为这一集散运输而收取的费用称为集散运输费。

5. 内陆运输费

内陆运费有两种情况,一种由承运人负责运输,另一种由货主自己负责运输。若由承运人负责内陆运输,其费用则根据承运人的运价本和有关的提单条款的规定来确定,主要包括:

（1）区域运费

区域运费是指承运人按货主的要求在所指定的地点间运输重箱或空箱所收取的费用。

（2）无效拖运费

承运人将集装箱按货主要求运送到指定地点后,货主没有发货,且要求将集装箱运回。一旦发生这种情况,承运人将收取全部区域费用,以及货主宣布运输无效后可能产生的任何延迟费用。

（3）变更装箱地点费

如承运人应货主要求同意改变原来集装箱交付地点,承运人要求货主对由此而引起的全部费用给予补偿。

（4）装箱时间与延迟费

装箱时间的长短与延迟费用的多少,主要视港口的条件、费用支付情况而定。若在发货人工厂、仓库装箱时,免费容许时限为:20 ft 箱为 2 h;40 ft 箱为 4 h。若超出规定的时限,则对超出的时间计收延迟费。

（5）清扫费

箱子使用后,货主有责任清扫箱子,并将清洁无味的箱子归还给承运人。若这项工作由承运人负责,货主仍要负责其费用。

集装箱运费结构图如图 7-1 所示。

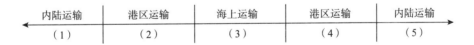

图 7-1　集装箱运费结构图

图中:(1) 为发货地国家内陆运输费用及其有关费用;(2) 为发货地国家港区费用;(3) 为海上运费;(4) 为收货地国家港区费用;(5) 为收货地国家内陆运输费用及其有关费用。

二、集装箱不同交货方式下的费用构成

在集装箱整箱货、拼箱货流转过程中,其货物交货方式有 9 种,且每一种交接方式下的费用结构也有所不同。

1. 拼箱货—拼箱货（LCL—LCL）

拼箱货—拼箱货的运费为:拼箱服务费+装船港堆场服务费+海运运费+卸船港堆场服务费+拆箱服务费。

2. 整箱货—整箱货（FCL—FCL）

整箱货—整箱货的费用有：

（1）门—门运费。其运费为：集散运输费+装船港堆场服务费+海运运费+卸船港堆场服务费+集散运输费。

（2）门—场运费。其运费为：集散运输费+装船港堆场服务费+海运运费+卸船港堆场服务费。

（3）场—场运费。其运费为：装船港堆场服务费+海运运费+卸船港堆场服务费。

（4）场—门运费。其运费为：装船港堆场服务费+海运运费+卸船港堆场服务费+集散运输费。

3. 拼箱货—整箱货（LCL—FCL）

拼箱货—整箱货的运费有：

（1）站—场运费。其运费为：装船港拼箱服务费+装船港堆场服务费+海运运费+卸船港堆场服务费。

（2）站—门运费。其运费为：装船港拼箱服务费+装船港堆场服务费+海运运费+卸船港堆场服务费+进口国集散运输费。

4. 整箱货—拼箱货（FCL—LCL）

整箱货—拼箱货的运费有：

（1）门—站运费。其运费为：集散运输费+装船港堆场服务费+海运运费+卸船港堆场服务费+拼箱服务费。

（2）站—场运费。其运费为：拼箱服务费+装船港堆场服务费+海运运费+卸船港堆场服务费。

目前，有些港口习惯上对整箱货在堆场至堆场交货时不另收堆场服务费，因为，实际上这部分费用已加到海运运费里了。此外，在集装箱运价中，某些航线还出现总包干费率的计算方法，即在该费率中包括了一切附加费用，方便了运费的计算。

三、集装箱运输附加费

集装箱运输附加费是指为了保持一定时期内基本费率的稳定，又能正确反映各种货物的运输成本，承运人在基本费率之外，规定的各种额外加收的费用。

1. 港口拥挤附加费

港口拥挤附加费也称船舶拥挤附加费，是指对运往卸货港的货物因船舶拥挤致使停泊时间延长而临时征收的附加费。

2. 燃油附加费

燃油附加费是指使用比普通燃油价格高的燃油补给时所收的附加费。通常油价及其差额要转嫁到每一吨货物或分摊到基本费率上去。

3. 货币贬值附加费

因为定期航线通常要使用两种以上不同国家的货币，所以其运费率必须以较稳定的货币计价,多数情况下以美元为基础。在货币贬值时,船方为了使实际收入不致减少,按基本运价的一定百分比加收附加费。

4. 转船附加费

转船附加费是指对凡运往非基本港的货物,需转船运往目的港时,船方收取的附加费,包括转船费和二程运费。

5. 直航附加费

直航附加费是指当运往非基本港的货物达到一定的货量时,船公司可安排直航该港而不转船所加收的附加费。

6. 超重、超长和超大附加费

该附加费是指当一件货物的毛重、长度或体积超过运价本规定的数值时所加收的附加费。

7. 变更卸货点附加费

该附加费是指货主要求改变货物原来规定的卸货点,在有关当局准许和承运方同意的情况下所加收的附加费。

需指出的是,随着世界集装箱运力供给大于运量需求的矛盾越来越突出,集装箱运输市场上销价竞争的趋势日益明显,因此,目前各承运人大多减少了附加费的征收种类,将许多附加费并入运价当中,给货主提供一个较低的包干运价。

第三节 集装箱运费的计算

目前,各国船公司所制定的运价表,其格式不完全一样,但其基本内容比较接近。船公司的价格表,一般根据商品的不同种类和性质,以及装载和保管的难易划分为若干个等级。在同一航线内,由于商品的等级不同,船公司收取的基本费率是不同的。以外,运费的计算标准也不尽相同,例如重货一般按重量吨计收,轻泡货按体积吨计收,有些价值高的商品按 FOB 货值的一定百分比计收,有的商品按混合办法计收,例如先按重量吨或体积吨计收,然后再加若干从价运费。表现在运价表中为:

(1) 按重量吨计收,称为重量吨,表内列为"W",以每公吨或每长吨为计算单位。

(2) 按货物体积计收,称为体积吨,表内列为"M",一般按 1 m^3 或 1 ft^3 为一体积吨,并将其作为计算单位。

(3) 按体积或重量,由船方选择而计算,表内列为"W/M"。

(4) 按商品的 FOB 货值的一定百分比计收,称为从价运费(Ad Valorem),表内列为"Ad Val"或"A. V."。

(5) 按混合标准计收,如"W/M plus A. V."等,即按重量吨或体积吨再加从价运费。

此外,还有一些商品是按件(per unit)或头(per head)计收,前者如车辆等,后者如活牲畜等。对于大宗商品,如粮食、矿石、煤炭等,因运量较大、货价较低、容易装卸等,船公司为了争取货源,可以与货主另行商定运价。根据运价表计算运费是一项比较复杂的工作,需要熟悉运价表的基本内容,在计算运费时,除按照航线和商品的等级,基于基本费率(Basis Rate)计算出基本运费外,还要查出各种附加费用的项目,并将需要支出的附加费一一计算在内。

例 7-1:某轮从上海装运 10 t,共计 11.3 m³ 的蛋制品,到英国普利茅斯港,要求直航,全部运费是多少?

解:经查货物分级表可知,蛋制品是 10 级,计算标准是 W/M;查中国—欧洲地中海航线等级费率表之 10 级货物的基本费率为 116 元/t;经查附加费率表可知,普利茅斯港直航附加费,每计费吨为 18 元;燃油附加费为 35%。

$$F = (116+116\times35\%+18)\times11 = 1\ 920.60(元)$$

本例中,10 t 蛋制品经查货物分级表,计算的标准是 W/M,取其中较大者作为计算标准,则为 11 体积吨。

一、集装箱运费计算的基本方法

班轮运费由基本运费和运费附加费两部分组成。班轮基本运费的计算方法因所运货物的不同而有所区别。计算方法有重量法、体积法、从价法、选择法、综合法、按件法和议定法七种。

1. 重量法

基本运费等于计重货物的运费吨乘以运费率。所谓计重货物是指按货物的毛重计算运费的货物,在运价表中用"W"标记,它的计算单位为重量吨。

按照国际惯例,计重货物是指每公吨的体积小于 1.132 8 m³ 的货物,我国远洋运输运价表中则将每公吨的体积小于 1 m³ 的货物定为计重货物。

2. 体积法

基本运费等于容积货物的运费吨乘以运费率。所谓容积货物是指按货物的体积计算运费的货物,在运价表中用"M"表示,它的计量单位为容积或称体积吨。

按照国际惯例,容积货物是指每公吨的体积大于 1.132 8 m³ 的货物,我国远洋运输运价表中则将每公吨的体积大于 1 m³ 的货物定为容积货物。对于木材等容积货物,某些国家将"板尺"和"霍普斯尺"作为计量单位,它们之间的换算关系是:

$$1\ ft^3(立方英尺) = 12\ board\ foot(板尺) = 0.785\ hoppus\ foot(霍普斯尺)$$

$$1\ m^3 = 35.314\ 8\ ft^3$$

3. 从价法

基本运费等于货物的离岸价格(FOB)乘以从价费率。所谓货物的离岸价格是指装运港船上交货(Free on Board),若贸易双方按此价格条件成交之后,卖方应承担货物装上船之前的一切费用,买方则承担运费及保险费等在内的货物装上船以后的一切费用。而从价费率常用百分比表示,一般为 1%—5%。按从价法计算基本运费的货物,在运价表中用"Ad. Val"表示。

4. 选择法

选择法是指从上述三种计算运费的方法中选择一种收费最高的计算方法计算运费。此法适用于难以识别货物是属于"计重货物"还是属于"容积货物"的货物，或货物的价值变化不定的货物。在运价表中，按选择法计算基本运费的货物常用"W/M"或"Ad. Val"表示。

5. 综合法

综合法是指该种货物分别按货物的毛重和体积计算运费，并选择其中运费较高者，再加上该种货物的从价运费。此类货物在运价表中用"W/M"或"Ad. Val"表示。

6. 按件法

按件法是指以货物的实体件数或个数为单位计算运费的方法。该方法适用于既是非贵重物品，又不需测量重量和体积的货物。如活牲畜按"每头"计收，车辆按"每辆"计收等。

7. 议定法

议定法是指按承运人和托运人双方临时议定的费率计算运费。此类货物通常是低价的货物，如特大型的机器等。

在班轮运价本中除了"说明及有关规定"部分外，主要内容是货物分级表及航线费率表。在货物分级表中列出了各种货物的计算标准及等级，航线费率表列出了各等级货物的不同费率，而费率通常又分东行及西行两种。

二、集装箱海运运费计算

国际集装箱海运运费的计算办法与普通班轮运费的计算办法一样，也是根据运价表规定的费率和计费办法计算运费，并同样有基本运费和附加费之分。不过，由于集装箱货物既可以在集装箱货运站装箱，也可以由货主自行装箱整箱托运，因而在运费计算方式上有所不同。主要表现在当集装箱货物是整箱托运，并且使用的是承运人的集装箱时，集装箱海运运费计收有"最低计费吨"和"最高计费吨"的规定。此外，对于特种货物运费的计算以及附加费的计算也有其规定。

1. 拼箱货海运运费的计算

目前，各船公司对集装箱运输的拼箱货海运运费的计算，基本上是依据件杂货运费的计算标准，按所托运货物的实际运费吨计费，即体积大的按体积吨计费，重量大的按重量吨计费。另外，在拼箱货海运运费中还要加收与集装箱有关的费用，如拼箱服务费等。由于拼箱货涉及不同的收货人，因而拼箱货不能接受货主提出的有关选港或变更目的港的要求，所以，在拼箱货海运运费中没有选港附加费和变更目的港附加费。

2. 整箱货海运运费的计算

对于整箱托运的集装箱货物运费的计收：一种方法是同拼箱货一样，按实际运费吨计费；另一种方法，即目前采用较为普遍的方法是，根据集装箱的类型按箱计收运费。

当整箱托运集装箱货物且所使用的集装箱为船公司所有时，则按"集装箱最低利用率"和"集装箱最高利用率"支付海运运费的规定执行。

（1）按集装箱最低利用率计收运费

一般来说，班轮公会在收取集装箱海运运费时通常只计算箱内所装货物的吨数，而不对集装箱自身的重量或体积进行收费，但是对集装箱的装载利用率有一个最低要求，即"最低利用率"。

规定集装箱最低利用率的主要目的是，若所装货物的吨数（重量或体积）没有达到规定的要求，则仍按该最低利用率时相应的计费吨计算运费，以确保承运人的利益。最低利用率的大小主要取决于集装箱的类型、尺寸和集装箱班轮公司所遵循的经营策略。目前，按集装箱最低利用率计收运费的形式主要有三种：最低装载吨、最低运费额以及两种形式的混合形式。最低装载吨可以是重量吨或体积吨，也可以是占集装箱装载（载重或容积）能力的一个百分比。最低运费额则是按每吨或每个集装箱规定一个最低运费数额，其中后者又被称为"最低包箱运费"。

最低装载吨和最低运费额的混合形式是根据下列方法来确定集装箱的最低利用率：

① 集装箱载重能力或容积能力的一定百分比加上按集装箱单位容积或每个集装箱规定的最低运费额；

② 最低重量吨或体积吨加上集装箱容积能力的一定百分比。

（2）按集装箱最高利用率计收运费

集装箱最高利用率的含义是，当集装箱内所载货物的体积吨超过集装箱规定的容积装载能力（集装箱内容积）时，运费按规定的集装箱内容积计收，也就是说超出部分免收运费。至于计收的费率标准，若箱内货物的费率等级只有一种，则按该费率计收。若箱内装有不同等级的货物，则计收运费时通常采用下列两种方法：一种是箱内所有货物均按箱内最高费率等级货物所适用的费率计算运费；另一种是按费率高低，从高费率起往低费率计算，直至货物的总体积吨与规定的集装箱内容积相等为止。

（3）亏箱运费的计算

当集装箱内所装载的货物总重或体积没能达到规定的最低重量吨或体积吨，导致集装箱装载能力未被充分利用时，货主将支付亏箱运费。亏箱运费实际上就是对不足计费吨所计收的运费，即最低计费吨与实际装载货物数量之间的差额。在计算亏箱运费时，通常以箱内所载货物中费率最高者为计算标准。此外，当集装箱最低利用率以"最低包箱运费"形式表示时，若箱内所载货物吨数与基本费率相乘所得的运费数额，加上有关附加费之后仍低于最低包箱运费，则按后者计收运费。

3. 最低运费计收

集装箱运输下的最低运费规定，不是普通船运输下所规定的最低运费金额，而是规定一个最低运费吨，即计费吨，是计收每一种货物运费时所使用的计算单位。运费吨包括重量吨和体积吨两种，每件货物都有它的重量和体积，在确定将哪一种标准作为运费吨时，一般可以高者为标准。例如某货物重量为 4 t，体积为 6 m^3，在既可按重量，又可按体积计收运费时，该件货物的运费按其中较高的体积计收运费。

不同船公司对不同类型、不同用途的集装箱规定了最低运费吨。由于航运是国际性的，尽管不同的船公司对最低运费的计收都有自己的规定，但基本上是比较接近的，差异较小。

规定最低运费吨的目的在于，当货物由货主自己装载时，箱内所装的货物没有达到规定的最低运费时，货主应支付亏箱运费，以确保承运人的利益。

4. 最高运费计收

普通船货物运输中没有最高运费，货主要求托运多少货，承运人则按该货种所规定的费率收取运费。最高运费的计收只出现在集装箱整箱货运输，即使货主实际装箱的货物体积吨超出箱子规定的计费吨，承运人仍按箱子所规定的计费吨收取运费，超出部分免收运费。

在计算整箱货物最高运费时应注意，若整箱货以整箱交接或整箱接收，拆箱交货的方式进行运输，运费则按照发货人填制的装箱单内详细列明的不同货种各自适用的费率分别计收运费。若每包或每捆内装有不同等级的货物时，运费则按照里面货物的最高运费计收。若发货人没有按承运人的规定，详细申报箱内所装货物，运费则按箱子的内容积计收，而且，费率按箱内货物所适用的最高费率计算。

5. 特殊货物海运运费的计算

一些特殊货物如成组货物、家具、行李及服装等在使用集装箱进行装运时，在运费的计算上有一些特别的规定。

（1）成组货物

班轮公司通常对符合运价本中有关规定与要求，并按拼箱货托运的成组货物，在运费上给予一定的优惠。在计算运费时，应扣除货板本身的重量或体积，但这种扣除不能超过成组货物（货物加货板）重量或体积的10%，超出部分仍按货板上货物所适用的费率计收运费。但对于整箱托运的成组货物，则不能享受优惠运价，而且，整箱货的货板在计算运费时一般不扣除其重量或体积。

（2）家具和行李

对装载在集装箱内的家具或行李，除组装成箱子再装入集装箱外，应按集装箱内容积的100%计收运费及其他有关费用。

（3）服装

当服装以挂载方式装载在集装箱内进行运输时，承运人通常仅接受整箱货"堆场—堆场"的运输交接方式，并由货主提供必要的服装装箱物料如衣架等。运费按集装箱内容积的85%计算。若箱内除挂载的服装外，还装有其他货物时，服装仍按箱容的85%计收运费，其他货物则按实际体积计收运费。但当两者的总计费体积超过箱容的100%时，其超出部分免收运费。

（4）回运货物

回运货物是指在卸货港或交货地卸货后的一定时间由原承运人运回原装货港或发货地的货物。对于这种回运货物，承运人一般给予一定的运费优惠，比如，当货物在卸货港或交货地卸货后六个月由原承运人运回原装货港或发货地，对整箱货（原箱）的回程运费按原运费的85%计收,拼箱货则按原运费的90%计收回程运费。

(5) 集装箱超期使用费

若货主所使用的集装箱和有关设备为承运人所有,而货主未能在免费使用期满后将集装箱或有关设备归还给承运人,或送交承运人指定地点,承运人则按规定对超出时间向货主收取集装箱超期使用费。

6. 附加费的计算

国际集装箱海运运费除计收基本运费外,也要加收各种附加费。附加费的标准与项目,根据航线和货种的不同而有不同的规定。

例 7-2:某托运人通过某集装箱公司承运一票货物(2×20 ft FCL),采用包箱费率,从福州港经过厦门港运往汉堡港。另有货币贬值附加费10%,燃油附加费5%。问:托运人应支付多少海运运费?

分析:

(1) 该票货物从福州港出口到汉堡港经过厦门港转船,运输航线属于中国—欧洲航线,汉堡港是航线上的基本港;

(2) 该票货物为2个20 ft 的整箱货,采用包箱费率;

(3) 查中国—欧洲集装箱费率表得知:从福州港出口到汉堡经厦门港转船,福州经香港转船出口欧洲其费率在厦门、湛江费率基础上加50美元/20 ft;

(4) 查中国—欧洲集装箱费率表得知:厦门、湛江经香港转船费率为 1 950 美元/20 ft。

解:

海运运费 = 基本运费 + 货币贬值附加费 + 燃油附加费

基本运费 = (1950+50)×2 = 4 000(美元)

货币贬值附加费 = 4 000×10% = 400(美元)

燃油附加费 = 4 000×5% = 200(美元)

海运运费 = 4 000+400+200 = 4 600(美元)

答:托运人应支付 4 600 美元海运运费。

三、集装箱铁路运费计算

为满足货主需求,开拓铁路集装箱运输市场,原铁道部制定了《集装箱运输一口价实施办法》,自1999年9月1日起实施。

1. 集装箱运输一口价

集装箱运输一口价是指集装箱自进发站货场至出到站货场铁路运输全过程各项价格的总和。集装箱运输一口价按发到站分箱型列明于《集装箱运输一口价表》。

2. 集装箱运输一口价实施办法

《集装箱运输一口价实施办法》第三条规定:集装箱运输一口价中包括铁路基本运价、建设基金、新路新价均摊运费、电气化附加费、特殊运价、杂费等所有符合国家规定的运价和收费。

在有些运输中不适用集装箱运输一口价,仍按一般计费规定计费,例如,集装箱国际铁路联运;集装箱危险品运输(可按普通货物条件运输的除外);冷藏、罐式、板架等专用集装箱运输。

3. 集装箱运输一口价实施细则

车站应在集装箱营业场所公布集装箱运输一口价实施办法和集装箱运输一口价表,实行一口价运输的集装箱不办理在货物中途站或到站提出的运输变更。集装箱一口价由铁路发站使用货票向托运人收取,货票记事栏内注明"一口价",对托运人和收货人,一口价内所有费用不再另开其他收费票证。

4. 车站必须向社会直接经营

由托运人或收货人选择直接到车站办理或委托代理人办理铁路托运或取货手续,选择门到门运输或在货场规定地点自理装箱或掏箱,允许托运人或收货人使用自有运力进行门到门运输。经确认的转场货场和集资货场除在集装箱一口价内增加必要的转场和货物费用外,均按铁路货场办理。

四、集装箱公路运费计算

公路集装箱运输需要有国际通用标准的集装箱,还要有专有设备和专用车辆经营。公路集装箱运输改货为箱,以箱为对象进行运输,运价一般以箱计价,以运输成本为基础,随市场变化有所波动。

1. 公路集装箱运输的计费箱型

公路集装箱运输的费用根据不同箱型的基本运价计算,对于超出标重的集装箱和非标准箱,要在规定的收费基础上加价。按ISO标准和我国国家标准的规定,集装箱按箱型分为国内标准集装箱、国际标准集装箱和非标准集装箱三类。非标准箱型指外形尺寸超过标准箱型的集装箱,如超长、超高、超宽以及特殊用途的集装箱。

2. 公路集装箱运输的计费里程

(1) 计费里程的计算。计费里程根据各省、自治区、直辖市制定的营运路线里程图计算,未列入营运路线里程图的计费里程由承、托双方协商确定。计费里程包括运输里程和装卸里程。运输里程按装箱地点到卸箱地点的实际里程计算。

出入境货物运输的境内计费里程以交通主管部门核定的里程为准;境外里程以毗邻国交通主管部门或有权认定部门核定的里程为准。未核定的里程由承、托双方协商确定。由于自然灾害造成道路中断引起的车辆绕行,按实际行驶里程计算。

(2) 包干计费里程。当进行国际集装箱的批量运输或在同一地区、同一线路内进行多点运输时,为简化里程计算,根据不同运次的运送里程差异计算综合平均运距,作为每次运输的里程,平均运距即为包干计费里程。包干计费里程一般用于港口区域至城市区域内的多点运输。当每批运输量不大时,不使用包干计费里程。

(3) 起码计费里程。根据我国港口国际集装箱的集疏运条件和内陆中转站的布局情况,国家规定了相应的起码计费里程。

4. 由货主提供的箱子

（1）由货主提供的箱子应符合 ISO 标准,应满足装、卸港和国际上的有关法律规定。

（2）对货主提供的箱子,承运人或其代理人应在装运前对箱子进行检查,对任何不适合海上运输的集装箱不予承运。

（3）对每一箱内的货物都应按运价本规定的费率和其他有关规定计收运费。

（4）对货主提供的集装箱,习惯上只接受堆场至堆场的运输条款。

（5）必要时,货主应根据承运人的要求提供箱子的所有权证明。

5. 使用承运人集装箱运输干散货物

（1）除另有费率规定外,干散货物的费率同样适用于使用承运人的集装箱运输干散货物,但仅接受堆场至堆场的条款,特殊情况除外。

（2）集装箱运输干散货物不另加超重附加费。

（3）运费按照装载集装箱内的重量计收。

（4）承运人提供干散货集装箱所装干散货的同时,还应提供干散货物使用的设备。

6. 承运人自行将件杂货装载入箱

承运人自行将件杂货装入集装箱内,则由承运人自行负责装箱费,不能另向货主收取拼箱服务费,而且需按下列规定办理：

（1）件杂货改装集装箱,应在船舶所靠港站驳船,或在其船上进行。

（2）提单上不得注明货已装箱,但在舱单上必须注明。

（3）在目的港按件杂货条款交货。

（4）按件杂货的费率和规定计收运费,包括收、交货费用,即从船边到仓库,或从仓库到船边的费用。

7. 集装箱内加载

由货主装载的集装箱如为承运人所有,在装船之前,承运人如在集装箱内加载其他货物,必须在承运人的集装箱货运站内进行。

8. 中途港拼装货物

集装箱在中途港拼装货物时应注意如下两点：

（1）对在装船港港站堆场接受装船的货主集装箱,在未运抵目的港之前,不得卸离船舶,或在船上加载其他货物。

（2）承运人可将所有的集装箱和除货主以外的其他集装箱在将其运抵目的港之前卸离船舶加载其他货物(仅适合远东至美国加拿大的航线)。

9. 整箱货改为拼箱货交货

当整箱货改为拼箱货交货时,货主至少于船舶预计抵港前通知承运人,并经承运人同意后,可按正本提单持有人的书面要求,在卸船港或为卸船港服务的集散港口的承运人货运站,将整箱货改为拼箱货交货。所增加的费用,包括拼箱服务费、滞期费,都由正本提单持有人承担。

10. 选择堆场

选择堆场只适合整箱货,并且应注意以下几点:

(1)经承运人同意,货主可在两个或两个以上承运人堆场中选择接收箱子(货箱由承运人交收货人,即堆场条款)。

(2)若选择堆场,则应加收选择堆场费,但若选择堆场的费用低于原费用时,则由承运人与提单持有人适当调整。

(3)货主应在船舶到达本航次第一靠港前宣布最后卸箱港,否则承运人可将集装箱卸在他认为方便的港口。

(4)选择堆场的附加费按不同类型的集装箱和运费一起收取。

11. 更改目的港堆场

集装箱运输下更改目的港只适用于整箱货交接,经承运人同意并经目的地海关容许,可以凭正本提单更改目的港,但应按下列规定进行:

(1)更改目的港堆场要求应在船舶到达本航次第一靠港前通知承运人并经承运人同意。

(2)一旦发生更改目的港堆场,则应按不同种类、规格的集装箱收取附加费,或按因更改目的港堆场实际发生的费用计收,习惯按计费高的收取。

12. 拼箱货改为整箱货交货

当拼箱货改为整箱货交货时,货主至少于船舶预计抵港前通知承运人,并经承运人同意后,根据交回的全套正本提单,可将原拼箱改为整箱货提取,将原收的拼箱费退回。

13. 额外服务和费用

如承运人为货主提供了额外服务,货主在提取货物时,应按实际情况支付承运人下列费用:

(1)承运人因执行检疫而产生的费用。

(2)承运人因执行海关或其他行政机构所颁发的规定或指令而产生的任何额外费用。

(3)根据货主要求,提供特殊设备或额外劳动。

(4)任何因货主原因而增加的额外工作所产生的费用。

第五节　集装箱多式联运下的价格术语

一、货交承运人——指定地点(FCA)

货交承运人——指定地点(FCA)。货交承运人的主要含义是,卖方必须在约定的日期或期限内,将货物交于买方指定地点的承运人保管,如买方未指定地点,卖方可选择对他最便利的一个地点交货。从货交承运人保管时起,卖方承担的责任即告终止,风险也随之转移。但卖方仍要承担因货物出口的任何捐税、手续费和其他费用,并自付费用领取出口许可证。卖方在交货后应及时通告买方。买方则应自付费用签订自指定地点起的运输合同,并承担自卖方货交承运人保管时起的一切风险,以及除前述卖方所承担费用外的一切费用,包括为领取原产地证书等文件而付的费用,同时支付货款。

在使用集装箱运输方式时,货交承运人所使用的实际情况可能是卖方负责将货物运至出口国境内的集装箱中转站或集装箱港站堆场,并交于承运人或承运人的代理人。若货物是由货主或其代理人装、拆箱的整箱货,则将货物运到港站堆场;若为拼箱货,则将货物运到集装箱货运站。卖方在集装箱港站堆场或货运站将货物交于承运人后,其责任即告终止,风险也随之转移。

二、运费付至——目的地指定地点(CPT)

运费付至——目的地指定地点(CPT)。在 CPT 价格术语中,买卖双方有关责任、费用、风险划分如下:

卖方必须做到:

(1) 提供合同规定的货物和合同所要求的证书文件。

(2) 订立将货物运至目的地的运输合同,并支付运费。

(3) 承担货交第一承运人前的风险和费用。

(4) 在货交第一承运人后,向买方发出交货通知。

(5) 提供运输单证。

(6) 负责货物的习惯包装,并支付有关检查费用(如核对货物品质、丈量、过磅、点数)。

(7) 提供有关出口许可证和出口国政府签发的证书和文件。

(8) 向买方提供商业发票,并在由买方承担费用的前提下提供产地证明书。

(9) 支付货物在起运地国家应付的任何捐税,包括出口税收及为装运而应支付的手续费用。

买方必须做到:

(1) 在目的地接受货物,并支付货款。

(2) 承担除运费之外至目的地运输过程中的一切费用,包括卸货费在内,但上述费用已包括在运费之中,或在支付运费时承运人已收讫者除外。

(3) 承担货交第一承运人后的风险和费用。

(4) 支付一切关税及任何其他有关货物进口的税捐。

(5) 支付因领取出口国政府签发的证书、文件等产生的一切费用等。

三、运费、保险费付至——目的地指定地点(CIP)

运费、保险费付至——目的地指定地点(CIP)。在 CIP 价格条件中,买卖双方的责任、费用和风险的划分,基本上与 CIF 相同,只是卖方除应承担上述 CIF 条件下的各项责任外,还要承担合同规定的运输风险,向买方提供保险单或其他保险凭证。在合同中,卖方与买方就保险条件无明确协议,卖方应根据行业习惯、货物性质,以及其他与货物风险有关的情况,确定他认为适当的保险条件。在这种情况下,卖方应通知买方所投保的范围,以便买方投保他认为有必要的保险险种。

四、FCA、CPT、CIP 与 FOB、CFR、CIF 的比较

通过上述价格术语的介绍,从买卖双方有关责任、费用来看,CPT 与 CFR(成本加运费)较相似,CIP 与 CIF(成本加保险加运费)较相似,FCA 与 FOB 较相似,但在实际上,它们的含义和实用性差别甚大,主要反映在如下方面:

1. 在运输方式上

FOB、CIF、CFR 价格术语适用于海上货物运输,也就是港到港交接(也有例外)。而 FCA、CPT、CIP 价格术语适用于目的地或内陆交货地点,也就是由港口向内陆延伸,能满足集装箱货物国际多式联运的需要。

2. 在交货地点上

FOB、CIF、CFR 价格术语中货物装船与交货均在装船港。而 FCA、CPT、CIP 价格术语中买卖双方交接货物的地点在内陆某一地点,该地点可能是发货人或收货人的工厂或仓库,集装箱货运站或集装箱港站堆场。

3. 在风险的转移上

FOB、CIF、CFR 价格术语中,买卖双方的风险划分以装船港船舷为界。而 FCA、CPT、CIP 价格术语中买卖双方就货物风险的划分,以货交承运人前后划分,与运输工具无关。

4. 在货物运输单据上

在 FOB、CIF、CFR 价格术语中,提单必须在货物实际装船后签发,即签发已装船提单。而在 FCA、CPT、CIP 价格术语中,因为货物交接地点的改变,货物的交接并不意味着装上运输工具,而是在收到货后即可签发提单,所以该提单通常是待装提单。

5. 在保险的险别上

在 FOB、CIF、CFR 价格术语中,买卖双方投保的险别和区段仅以海上运输为限。而在 FCA、CPT、CIP 价格术语中,由于其货物交接地点向两端延伸,故其保险责任也有所扩展。当然,对投保什么样的险别、责任范围、要否加保,双方另有说明。

【案例分析】

谁是运费的支付人

大连一家公司(以下称发货人)与欧洲一家公司(以下称收货人)成交了 9 个 20 ft 集装箱的食品,信用证规定:9 个 20 ft 集装箱分 3 批出运,即每批 3 个 20 ft 集装箱。第一批货由发货人委托大连一家货代公司(以下简称货代)办理有关订舱出运事项,而第二、第三批货由发货人自己向船公司提出订舱,其原因是通过第一批货出运,发货人已知道承运人是谁,自己办理托运可获取较多的退佣。由于这三批货信用证均规定"预付运费",因而船公司在签发提单时采用"付款放单"原则,即发货人必须在支付运费的前提下,船公司才签发提单。当船公司向发货人收取运费时,发货人却向船公司出具了一份保函,保函中说:"这三批货运费

由货代支付,船公司可凭保函向货代收运费。"船公司在不了解实际情况下,接收了保函,并将提单直接签发给了发货人。若干天后,船公司凭保函向货代收取运费,此时,货代才知道发货人与船公司之间存在这份保函,而且要求他支付运费,货代对船公司说:"我没有支付运费的责任,因为发货人事先并没有将运费支付给我,而且我与发货人的委托协议中也没有规定我有垫付运费的责任和义务。如一定让我付运费,我也只能支付第一批货的运费。因为第一批货由我向你船公司提出订舱,双方存在承托关系,而第二、第三批货由发货人直接向你船公司提出订舱,理应由发货人支付运费。"

请思考:

1. 国际贸易和航运习惯有哪些运费支付确定原则?
2. 货代的说法是否成立? 发货人与船公司的做法各有何不妥?

【复习思考题】

1. 集装箱运价的定义是什么?
2. 影响集装箱运价定价的因素有哪些?
3. 集装箱运价的基本形式有哪些?
4. 集装箱运费的构成有哪些?
5. 集装箱运输附加费有哪些?
6. 我国集装箱海运运价的构成。
7. 船公司收取最高运费和最低运费的原因何在?
8. 集装箱运费计收有关条款有哪些?
9. 某进出口公司委托一国际货运代理企业代办一小桶货物以海运方式出口国外。货物的重量为 0.5 t,小桶(圆的)的直径为 0.7 m,桶高为 1 m。货运代理最后为货主找到一件杂货班轮运输公司实际承运该货物。货代查了船公司的运价本,运价本中对该货物运输航线、港口、运价等的规定为:基本运价是每运费吨支付 100 美元;燃油附加费按基本运费增收 10%;货币贬值附加费按基本运费增收 10%;计费标准是"W/M";起码提单按 1 运费吨计算。作为货运代理人,请计算该批货物的运费并告诉货主以下内容:

(1) 货物的计费吨(运费吨)是多少?
(2) 该批货物的基本运费是多少?
(3) 该批货物的附加费是多少?
(4) 总的运费是多少?

第八章　集装箱多式联运

> **学习目标**
> 1. 理解集装箱多式联运的优点
> 2. 熟悉理解集装箱多式联运的基本条件
> 3. 掌握集装箱多式联运经营人应具备的条件
> 4. 掌握集装箱多式联运的组织形式及流程
> 5. 理解集装箱提单的作用
> 6. 熟悉集装箱提单的内容及主要条款

第一节　集装箱多式联运概述

作为一种先进的运输组织形式,多式联运充分发挥了联运链条上不同运输方式的内在优势,实现了运输产品的完整性和高效率。尤其是从20世纪50年代后期开始,集装箱作为联运工具被引入,进一步方便了不同运输方式间的快速衔接,从而极大地拓展了多式联运的规模,使多式联运成为现代运输业发展的一大亮点,被喻为运输业的一次革命。

一、集装箱多式联运的优点

集装箱多式联运是指以集装箱为运输单元,将不同的运输方式有机地组合在一起,构成连续的综合性的一体化货物运输。因此,集装箱多式联运可以定义为:由多式联运经营人按照多式联运合同,以至少两种不同的运输方式,将集装箱从货物接管地点运至指定地点交货的运输方式。这里所指的至少两种以上的运输方式可以是海陆、陆空、海空等,这与一般海海、陆陆、空空的联运存在本质的区别,后者虽是联运,但仍属同一种运输工具之间的运输方式,不属于完整的国际多式联运。

1. 统一化、简单化

所谓统一化、简单化,主要表现为在多式联运方式下,货物运程不管有多远,不论由几种运输方式共同完成对货物的运输,且不论运输途中对货物经过多少次转换,所有一切运输事项均由多式联运经营人负责办理。而货主只需要办理一次托运、订立一份运输合同、支付一次费用、办理一次保险。一旦在运输过程中发生货物灭失或损害时,由多式联运经营人对全程运输负责,而每一运输区段的承运人对自己运输区段的货物损害承担责任。这种做法丝毫不会影响多式联运经营人对每一运输区段实际承运人的任何追偿权利。

2. 减少中间环节,缩短货物运输时间,降低货损货差事故,提高货运质量

多式联运是指以集装箱为运输单元进行直达运输。货物在发货人工厂或仓库装箱后,可直接运送至收货人的工厂或仓库。运输途中换装时无须换箱、装箱,从而减少了中间环节。尽管货物经多次换装,但由于使用专业机构装卸,且又不涉及箱内的货物,因而货损货差、货物被窃事故大为减少,从而在一定程度上提高了货运质量。此外,由于各个运输环节的各种运输工具之间配合密切、衔接紧凑,货物所到之处中转迅速及时,大大减少了货物停留时间,因此,从根本上保证了货物安全、迅速、准确、及时地运抵目的地。

3. 降低运输成本,节省运杂费用

由于多式联运可实行门到门运输,因此,对货主来说,在将货交由第一承运人后即可取得货运单证,并据以结汇。结汇时间提前,不仅有利于加速货物资金的周转,而且减少了利息的支出。同时,集装箱作为装载容器,在运输中可节省货物的包装费用和保险费用。此外,多式联运可采用一张货运单证,费率统一,因而简化了制单和结算手续,节省了人力、物力。

4. 提高运输组织水平,实现合理化运输

多式联运可提高运输组织水平,实现合理化运输,改善不同运输方式间的衔接。在多式联运开展之前,各种运输方式的经营人各自为政、自成体系,因而,其经营的业务范围受到限制,货运量相应也是有限的。但一旦不同的运输从业者共同参与多式联运,经营的业务范围不但可以大大扩展,而且可以最大限度地发挥其现有设备的作用,选择最佳运输路线,组织合理运输。

二、集装箱多式联运的基本条件

多式联运是指将不同的运输方式组合成综合性的一体化运输,通过一次托运、一次计费、一张单证、一次保险,由各运输区段的承运人共同完成货物的全程运输,即将全程运输作为一个完整的单一运输过程来安排。因此,多式联运应具备的基本条件是:

(1) 货物在全程运输过程中无论使用多少种运输方式,作为负责全程运输的多式联运经营人必须与发货人订立多式联运合同。因为,该运输合同是多式联运经营人与发货人之间权利、义务、责任、豁免的合同关系和运输性质的确定,也是区别多式联运与一般货物运输方式的主要依据。

(2) 多式联运经营人必须对全程运输负责。因为,多式联运经营人不仅是订立多式联运合同的当事人,而且还是多式联运单证的签发人。虽然在多式联运经营人履行多式联运合同所规定的运输责任的同时,可将全部或部分运输委托他人(分运承运人)完成,并订立分运合同,但分运合同的承运人与发货人之间不存在任何合同关系。

(3) 国际多式联运经营人接管的货物必须是国际货物运输,这不仅有别于国内货物运

输,而且还涉及国际运输法规。

(4) 多式联运不仅是使用两种不同的运输方式,而且必须是该不同运输方式下的连续运输。

(5) 货物全程运输由多式联运经营人签发一张多式联运单证。该单证应满足不同运输方式的需要,并计收全程运费。

从上述多式联运应具备的基本条件来看,凡是根据多式联运合同所进行的多式联运必须具备上述条件。多式联运经营人作为订立多式联运合同的一方,以至少两种运输方式组织运输并履行合同责任。

三、集装箱多式联运经营人应具备的条件

当多式联运经营人从发货人那里接管货物时起,即表明责任业已开始,货物在运输过程中的任何区段发生灭失或损害,多式联运经营人均以本人的身份直接承担赔偿责任,即使该货物的灭失或损害并非由多式联运经营人本人的过失所致。因为作为多式联运经营人的基本条件是:

(1) 多式联运经营人本人或其代表就多式联运的货物必须与发货人本人或其代表订立多式联运合同,而且合同至少使用两种运输方式完成货物全程运输。

(2) 从发货人或其代表那里接管货物时起即签发多式联运单证,并对接管的货物开始负有责任。

(3) 承担多式联运合同规定的与运输和其他服务有关的责任,并保证将货物交给多式联运单证的持有人或单证中指定的收货人。

(4) 对运输全过程中所发生的货物灭失或损害,多式联运经营人首先对货物受损人负责,并应具有足够的赔偿能力。当然,这种规定或做法并不会影响多式联运经营人向造成实际货损的承运人行使追偿权利。

(5) 多式联运经营人应具备与多式联运所需要的、相适应的技术能力,确保自己签发的多式联运单证的流通性。

第二节 集装箱多式联运的组织形式及流程

一、集装箱多式联运的组织形式

1. 驮背运输

驮背运输是一种公路和铁路联合的运输方式,即货运汽车或集装箱直接开上火车车皮运输,到达目的地再从车皮上开下。驮背运输包括铁路车辆载运集装箱的运输(COFC)和载运公路挂车的运输(TOFC),集装箱和厢式挂车是多式联运过程中被换装的对象,而箱中货物虽然经过至少两种运输方式的载运,但在途中却并不需要从箱中取出倒装。驮背运输见图8-1所示。

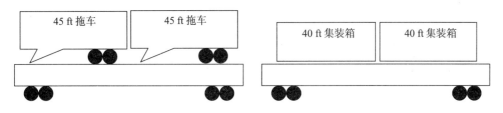

图 8-1 驮背运输

公铁集装箱多式联运受到越来越多的重视,因为,公路运输的高度通达性使其能够为其他运输方式独自不能服务的地点提供服务,而铁路更加适合远距离运输,运输能力巨大而且在资源环境方面更加友好。正因如此,800 km 以上距离的运输,往往是先由公路拖车短途拖运到铁路场站,完成铁路的长距离运输以后,再由公路拖车完成最后一段短途拖运。

2. 海陆联运

我国拥有漫长的海岸线,同时也拥有广阔的内陆空间。海陆联运枢纽位于海陆交汇处,具有陆路及海路等两种以上运输方式,国际港口、高速公路、铁路、干线公路、航空港等交通设施完善,可为国内沿海与中西部、中国与东盟及中西亚等沿路沿线国家与地区提供旅客与货物通过、到发、换乘与换装以及运载工具技术作业服务,是沿路沿线城市之间交通的衔接处和人货集散的枢纽。开展海陆联运,有助于和"一带一路"沿线国家共同建设通畅高效的运输大通道。

3. 陆桥运输

在国际多式联运中,陆桥运输(Land Bridge Service)起着非常重要的作用。它是北美地区以及远东—欧洲的国际多式联运的主要形式。所谓陆桥运输是指采用集装箱专用列车或卡车,把横贯大陆的铁路或公路作为中间"桥梁",使大陆两端的集装箱海运航线与专用列车或卡车连接起来的一种连贯运输方式。严格地讲,陆桥运输也是一种海陆联运形式。只是由于其在国际多式联运中的独特地位,故在此将其单独作为一种运输组织形式。目前,较为著名的陆桥,主要有北美大陆桥和欧亚大陆桥。

(1) 北美大陆桥

自 20 世纪 80 年代放松运输管制以来,北美的铁路货运经历了惊人的增长。其中最为重要的部分,当属长途铁路货运走廊——北美大陆桥(图 8-2)的出现。北美大陆桥连接了北美的两个主要门户系统,即北美西海岸的南加州地区,以及东海岸的纽约、新泽西、芝加哥地区。北美大陆桥是世界上最高效的陆桥之一,其大大缩短了东西海岸之间的距离。北美大陆桥的主要优势是可以通过一个国家(加拿大、美国或墨西哥)来提供跨洲连接。

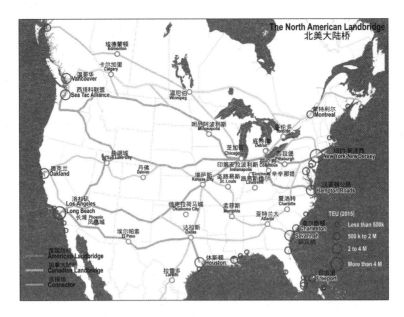

图 8-2 北美大陆桥

北美大陆桥是跨太平洋贸易增长的结果,在经历了集装箱化运输以后,集装箱运输量约占所有铁路联运量的 80%。北美大陆桥也是北美地区铁路运营商合作的结果,铁路运营商渴望获得利润丰厚的长途运输业务,而海运托运人则渴望减少运输时间和成本(尤其是来自亚洲的货运代理)。

北美大陆桥可以部分替代巴拿马运河,实现快速的跨洲运输。例如,从新加坡运来的集装箱,经巴拿马运河到达纽约需要 36 天的时间,而使用北美大陆桥,时间可以压缩为 19 天(使用西雅图—芝加哥—纽约的铁路进行双线铁路运输)。平均而言,美国东海岸和亚太地区之间的运输服务时间,可以减少 6 天到 2 周不等。

北美大陆桥也在争夺欧洲和亚洲之间的市场份额。传统意义而言,东京到鹿特丹的海运服务通常需要 5 至 6 周。而有了北美大陆桥以后,经过横跨北美的 6 天铁路运输,总运输时间可以减少到大约 3 周。然而,由于使用超巴拿马型船经由苏伊士运河,是最具成本效益和最可靠的选择,因此北美大陆桥在这一市场的份额并不大。

但是,在连接北美地区东西海岸方面,北美大陆桥有着无与伦比的优势。从洛杉矶到芝加哥大约需要 3.8 天,从芝加哥到纽约大约需要 2.8 天。另外,从温哥华到芝加哥(加拿大到美国)大约需要 6 天,而新的从鲁珀特王子到芝加哥的铁路线路可以在大约 4 天之内完成(加拿大到美国)。

(2) 亚欧大陆桥

① 西伯利亚大陆桥

通过铁路连接远东和欧洲的想法,起源于 1916 年完工的连接莫斯科和海参崴(现改名为符拉迪沃斯托克)的西伯利亚铁路的建设。该铁路全长约 9 200 km,是世界上最长的铁路。它最初仅用作内陆铁路线,但在 20 世纪 60 年代,苏联开始提供以海参崴为起点的大陆桥服务,并使用西伯利亚铁路到达西欧。但是,出于地缘政治考虑,该线路限制国际航运公司使用该贸易走廊。此外,20 世纪 90 年代初苏联解体后,由于俄罗斯及苏联加盟共和国内部的地缘政治动荡,以及现有铁路和码头设施缺乏投资和维护,故将走廊作为跨大陆和跨国路线的想法被放弃了。

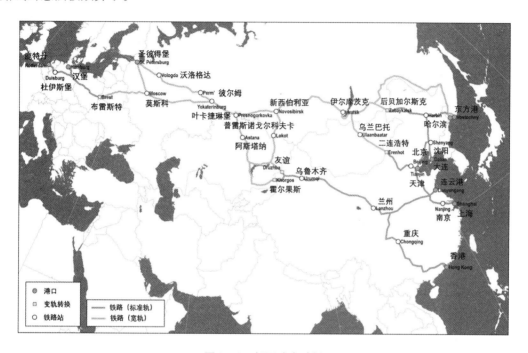

图 8-3　新亚欧大陆桥

② 新亚欧大陆桥

新亚欧大陆桥也称第二亚欧大陆桥(图 8-3)。该大陆桥东起中国的连云港,西至荷兰鹿特丹港,全长 10 900 km,其中在中国境内长 4 143 km,途径中国、哈萨克斯坦、俄罗斯、白俄罗斯、波兰、德国和荷兰 7 个国家,可辐射 40 多个国家和地区。1990 年 9 月,中国铁路与哈萨克斯坦铁路在德鲁日巴站正式接轨,标志着该大陆桥的贯通。1991 年 7 月 20 日,开办了新疆—哈萨克斯坦的临时边贸货物运输。1992 年 12 月 1 日,由连云港发出首列国际集装箱联运"东方特别快车",经陇海、兰新铁路,西出边境站阿拉山口,分别运送至阿拉木图、莫斯科、圣彼得堡等地,标志着该大陆桥运输的正式开办。近年来,该大陆桥运量逐年增长,并具有巨大的发展潜力。

21 世纪以来,亚洲与欧洲之间的贸易蓬勃发展,使得远距离集装箱的铁路运输需求逐渐增大,且对运输时间的要求也越来越高,新亚欧大陆桥发挥了越来越重要的作用。同时,伴随着"一带一路"倡议的推广,新亚欧大陆桥已经成为"新丝绸之路"。另外,伴随着贸易量的增加,新亚欧大陆桥的覆盖范围也随之增加,逐渐发展出了多条支线。其东部起点由早期的华东地区(连云港),逐渐拓展到华北和华南地区。在中亚和欧洲地区也形成了支线。

4. 海空联运

海空联运又被称为空桥运输(Air-Bridge Service)。在运输组织方式上,空桥运输与陆桥运输有所不同,陆桥运输在整个货运过程中使用的是同一个集装箱,不用换装,而空桥运输的货物集装箱通常要在航空港换成航空集装箱。

海空联运方式始于20世纪60年代,但直到80年代才得以较快发展。采用这种运输方式,运输时间比全程海运少,运输费用比全程空运便宜。20世纪60年代,将远东船运至美国西海岸的货物,再通过航空运至美国内陆地区或美国东海岸,从而出现了海空联运。这种联运组织形式以海运为主,只是最终交货运输区段由空运承担。1960年底,苏联航空公司开辟了经由西伯利亚至欧洲的航空线;1968年,加拿大航空公司参加了国际多式联运;20世纪80年代,出现了经由中国香港、新加坡、泰国等至欧洲的航空线。

一般来说,运输距离越远,采用海空联运的优越性就越大,因为同完全采用海运相比,其运输时间更短;同直接采用空运相比,其费率更低。因此,从远东出发将欧洲、中南美以及非洲作为海空联运的主要市场是合适的。

二、集装箱多式联运的货物运输流程

多式联运由若干运输方式组成,甚至跨越几个国家,运输程序和衔接程序均比较复杂,其主要流程如下:

1. 托运申请,订立多式联运合同

货主提出托运申请,多式联运经营人根据自己的经营线路和托运申请,决定是否接受该申请。如果能够接受,双方协商有关事项,经营人在交给发货人或其代理人的空白场站收据副本上签章,代表经营人接受了货主的托运申请,多式联运合同已经订立并开始执行。

货主或其代理人拿到该空白场站收据后,填写货物交接方式、时间、地点、付费方式等(货物情况可以暂空),交至多式联运经营人处进行编号,多式联运经营人编号后自己留下货物托运联,将其他联交还给货主或其代理人。

2. 空箱的发放、提取及运送

多式联运中适用的集装箱一般应由多式联运经营人提供。一般需要在多式联运经营人完成运输合同后,与分运承运人订立分运合同,获得集装箱使用权。

若双方协议由发货人自己装箱,则多式联运经营人应该签发提箱单或者将租箱公司或分运人签发的提箱单交给发货人或其代理人。由发货人或其代理人自行提箱。

若是拼箱货或是整箱货,但发货人无装箱条件,不能自行装箱的,由多式联运经营人将所用空箱调运到接收货物的集装箱货运站,做好装箱准备。

3. 出口报关

若联运从港口开始,则在港口报关;若从内地开始,则应在附近的内陆地海关办理报关。出口报关事宜一般由发货人或其代理人办理,也可以委托多式联运经营人代其报关。

4. 货物装箱及接收货物

发货人自行装箱的,发货人或其代理人提取空箱后在自己的工厂或仓库组织装箱,装箱工作一般要报关后进行,并请海关派员到装箱地点,监装和办理加封事宜。

如果是拼箱货物,发货人应负责将货物运至指定的集装箱货运站,由货运站按多式联运经营人的要求装箱。

如果是货主自行装箱的货物,重箱应运至指定的双方协议的地点,多式联运经营人或是其指派一个代表(包括委托的场站的业务员)在该地点进行交货。如果是拼箱货,经营人在指定的地点接收货物。

5. 订舱及安排货物运送

经营人在合同订立以后,即应制定该合同涉及的集装箱货物的运输计划,该计划应该包括该货物的运输线路、区段的划分、各区段实际承运人的选择、各区段之间衔接地点的到达和起运时间等内容。

6. 办理保险

发货人应投保货物运输险,该保险应由发货人自行办理,也可委托经营人办理。货物运输险可以全程一次投保,也可分段投保。多式联运经营人应投保货物责任险和集装箱保险。

7. 签发多式联运提单,组织完成货物的全程运输

多式联运经营人的代表收取货物后,经营人应该向发货人签发多式联运提单,并按双方协定的付费方式及内容、数量向发货人收取全部应付费用。

8. 运输过程中的海关业务

国际多式联运均应视为国际货物运输,主要包括货物及集装箱进口国的通关手续,进口国内陆段保税运输手续及结关等内容。这些涉及海关的手续一般由多式联运经营人的派出机构或代理人办理。

9. 货物交付

当货物运至目的地后,由目的地多式联运经营人的代理人通知收货人提货。收货人需凭多式联运提单提货,经营人或其代理人需按照合同规定,收取收货人应付的全部费用,然后收回多式联运提单,并签发提货单,提货人凭提货单到指定堆场和地点提取货物。

10. 货运事故处理

如果全程运输中发生了货物灭失、损害和运输延误,无论是否能确定损害发生的区段,发(收)货人均可向多式联运经营人提出索赔。多式联运经营人根据提单条款及双方协议确定责任并做出赔偿。如果确知事故发生的区段和责任时,可向其进一步进行索赔。如不能确定事故发生的区段时,一般按在海运段发生处理。若已对货物投保,则存在要求保险公司赔偿和向保险公司进一步追索的问题。若受损人和责任人不能取得一致意见,则需通过在诉讼时效内提起诉讼和仲裁来解决。

集装箱多式联运货运流程如图 8-4 所示。

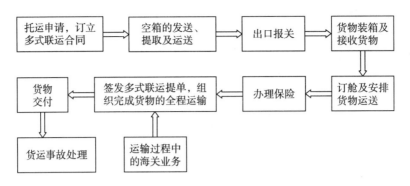

图 8-4 集装箱多式联运货物流程图

第三节 集装箱提单

集装箱提单是集装箱货物运输下主要的货运单证,由负责集装箱运输的经营人或其代理人,在收到货物后签发给货物托运人的货物凭证。

集装箱提单通常记载的内容有:

(1) 联运经营人的姓名、地址。

(2) 发货人的姓名、地址。

(3) 提单的签发日期、地点。

(4) 接收、交付货物的地点。

(5) 识别货物的标志。

(6) 有关货物的详细情况(件数、重量、尺码等)。

(7) 货物外表状况。

(8) 联运提单的签发份数等。

集装箱提单一般都应注明上述各项内容,若缺少其中一项或两项,只要所缺少的内容不影响货物的安全运输和各当事人之间的利益,则仍然有效。

集装箱提单除正面内容外,通常还订有正面条款,这是集装箱货物运输的特点所要求的。正面条款由"确认条款""承诺条款""签署条款"组成,其内容是:

(1) 确认条款。表明承运人是在箱子外表状况良好、铅封号码完整下接货、交货,同时说明该提单是一张收货待运提单。

(2) 承诺条款。表明正式签发的正本提单是运输合同成立的证明,对双方都有约束力。

(3) 签署条款。指签发正本提单的份数,凭其中一份正本交货后,其余作废。

一、集装箱提单的作用

集装箱提单的主要作用和法律效力如下:

(1) 集装箱提单一经签发,则表明负责集装箱运输的人收到外表状况良好、铅封号码完整的集装箱货物，其责任已开始。

（2）集装箱货物至目的港，提单持有人将提单交还给目的港集装箱运输经营人的代理人，以获得提货的权利。因此，集装箱提单是交货的凭证。

（3）集装箱提单一经签发，负责集装箱运输的经营人凭其收取运费，完成或组织完成集装箱货物的运输。所以，该提单是集装箱运输经营人与货物托运人订立运输合同的证明。

（4）集装箱提单是代表货物所有权的凭证，即货物的物权凭证，可自由转让买卖。

集装箱提单种类很多，内容、格式繁多，其中有几个国家、几家船公司共同使用一种提单的，也有同一家船公司使用不同格式的。

二、集装箱提单的主要条款

1. 承运人的责任期限

集装箱运输下，负责集装箱运输的承运人的接货、交货地点往往是距离港口很远的内陆货运站或货主仓库，此时，普通船提单中对承运人规定的责任期限就不再适用了，因此，集装箱提单将承运人的责任期限规定为"从收到货物开始至交付货物时止"，以代替普通船提单下的"钩至钩原则"。

如东方海外（OOCL）公司的集装箱提单对承运人的责任期限规定为："承运人对自接货之时起至交货时止期间所发生的货损事故应承担责任。"中国远洋海运集团有限公司的联运提单采用前后条款（Before After Clause），也就是说，承运人对收货前、交货后的货物损害不负责任。

2. 舱面货选择权条款

现行的海上运输法规规定，若承运人将货物装载甲板运输，则在提单上记载"装载甲板运输"字样，此种运输仅限于该种货根据航海习惯可装载甲板运输，或事先已征得货主的同意。反之，若承运人擅自将货物装载甲板运输而导致货物损害，则构成根本违反运输合同的行为，随之运输合同中给予承运人的一切抗辩理由、免责事项等均无效，由此而产生的一切损失承运人必须负责赔偿。

由于集装箱船舶构造的特殊性和经济性，故要求有相当数量的集装箱装载甲板运输，通常，一艘集装箱船在满载时有30%左右的货箱装载甲板运输。然而，在实际业务中要决定将哪些货箱装载甲板运输是不可能的，因此，集装箱提单中规定了一条舱面货（甲板货）条款，规定装载于舱面运输的集装箱与舱内集装箱享有同样权益。如海洋网联船务（中国）有限公司等船公司所使用的集装箱提单就有这样的规定："本公司有权将集装箱货物装载甲板下运输，或甲板上运输，如货物装载甲板上，对包括共同海损在内的一切条件来说应认为是甲板下装载。"又如中国远洋海运集团有限公司的联运提单条款第十六条第（1）款规定："集装箱（平板、托盘或其他类似装运工具除外）中所装的货物，不论是由承运人，或由货方装载，都可做舱面装运或舱内装运，而无须通知货方。此种货物（牲畜和植物除外），不论装载舱面或舱内，就本提单所载包括共同海损在内的所有情况，都视作舱内积载。"

3. 承运人的赔偿责任限制

所谓承运人的赔偿责任限制是指承运人对每一件或每一货损单位负责赔偿的最高限额。各国的法律和船公司的提单对承运人的赔偿责任限制都有明确规定,有的按照《海牙规则》,有的按照国内法。

在集装箱运输下,如货物由承运人或其代理人负责装箱,即拼箱货运输,承运人的责任与普通货提单规定的责任一样,按件数或单位数负责赔偿。但在整箱货运输下,承运人收到的仅仅是外表状况良好、铅封完整的集装箱,至于内装什么货、多少件、包装如何等,承运人只能从有关单证上知悉。为此,《维斯比规则》对《海牙规则》进行修改时,对集装箱、托盘,或类似的运输工具在集装时做了这样的规定:"若在提单中已载明这种工具内的货物件数或单位数,则按所载明的件数或单位数赔偿;若集装箱、托盘,或类似的运输工具为货主所有,则赔偿时可视为一件。"将货主所有的集装箱、托盘,或类似的装运工具也作赔偿,这是因为集装箱提单对货物的定义是:"货物是指从货物托运人处接收的货物,包括不是由承运人或代表承运人提供的任何集装箱,集装箱包括任何种类的集装箱、拖车、平板、集装油罐、托盘或类似的装运工具。"

现行的海上运输法规对承运人规定的最高赔偿责任限额每一件或每一货损单位:《海牙规则》100 英镑,《维斯比规则》10 000 金法郎,或毛重每千克 30 金法郎,并按其中高者计算。中国远洋海运集团有限公司的联运提单条款规定:

(1) 当承运人应对货物的灭失或损害负责赔偿时,此种赔偿应根据该货物的发票价值加上运费、保险费(如已支付)计算。

(2) 若无货物发票价值,此项赔偿则应根据该货物交付地点和交付货方当时的价值,或应根据在此时交付的价值计算。货物价值应根据商品交易价值计算,而在无此项价格时,则按现时市场价格计算;若无商品交易价格或现时市场价格,则应根据相同品种及质量货物的正常价值计算。

(3) 赔偿金额不得超过灭失或损害时货物的毛重每千克 2 个特别提款权。

(4) 只有在承运人同意的前提下,当托运人所申报的超过本提单规定限制的货物价值已在提单上载明时,才能要求赔偿较高的金额,在此情况下,申报的价值便作为赔偿限额。任何部分灭火或损害,都应在此申报价值的基础上按比例调整。

(5) 如经证明,货物的灭失或损害发生在海上或者内陆水路,承运人的责任限额定为每件或每一计费单位 666.67 个特别提款权。

4. 制约托运人的责任条款

(1) 发货人装箱、计数或不知条款

《海牙规则》规定如承运人、船长,或其代理人有适当依据怀疑货物的任何标志、号码、数量、重量不能确切代表其实际收到的货物,或无适当的方法进行检验,便没有必要在提单上将其注明或标明。根据《海牙规则》的这一规定,一方面,承运人可以在提单上拒绝载明箱内货物的详情。但是,如果提单上缺少这些记载,势必会影响提单的流通性,因此,在实际业务中又不得不根据货主的通知内容予以记载。但另一方面,若承运人默认了货主提供的集装箱内的件数,则会给能否享受最高赔偿限额等责任限制方面带来不利。因而,承运人将货主提供的内容如实记载于提单的同时,又保留"发货人装箱、计数"或"不知条款",以最大限度达到免除责任的目的。如有的集装箱提单规定:"若货物由发货人或其代理人装箱并加封,该种集装箱又为本公司接受运输的,则本提单正面所列的内容(有关货物的重量、尺码、件数、标志、数量等),本公司均不知悉。"提单中订有"不知条款",表面上来看能保护承运人的利益,但其保护范围也有一定的限度,如货主能举证说明承运人明知集装箱内货物的详细情况,但又附加"不知条款",承运人仍不能免责。特别是集装箱运输下的整箱货,承运人收到的仅是外表状况良好、铅封完整的集装箱,对里面所装的货物一无所知,所以,有必要加注这样的条款。

（2）铅封完整交货条款

集装箱提单中这一条款的规定仅适用于整箱货交接,也就是说,承运人在铅封完整下接货、交货,就可认为承运人完成货物运输,并解除所有责任。因此,从某种程度上来说,集装箱运输下的整箱货交接是以铅封完整与否来确定承运人责任的。如货物受损人欲提出赔偿要求,不仅需举证说明,还应根据集装箱提单中承运人的责任形式来确定。

（3）货物检查权条款

所谓货物检查权条款是指承运人有权但没有义务在掌管货物期间的任何时候将集装箱开箱检验,核对其所装载的货物。经过查核,如发现所装载的货物全部或一部分不适合运输,承运人有权对该部分货物放弃运输,或在托运人支付合理的附加费后完成这部分的货物运输,或存放在岸上或水上具有遮蔽的或露天的场所,这种存放就可认为按提单交货,即承运人的责任已告终止。

集装箱提单上的货物检查权条款,是为了便于承运人在对箱内货物的实际状况怀疑时,或积载不正常时启封检查。承运人在行使这一权利时,无须得到托运人的预先同意。当然一般来说,对由货主自己装载的集装箱启封检查时,原则上应征得货主同意,其费用由货主负担。

（4）海关启封检查条款

根据《1972年集装箱关务公约》的规定,海关有权检查集装箱。因此,集装箱提单中都规定:"如果集装箱的启封由海关当局因为检查箱内货物而打开,且重新封印,由此而造成、引起的任何货物灭失、损害,以及其他后果,本公司概不负责。"在实际业务中,尽管提单条款做了这样的规定,承运人对这种情况还应做好记录,并保留证据,以使其免除责任。

（5）发货人对货物内容准确性负责条款

集装箱提单中所记载的内容,通常由发货人填写,或由负责集装箱运输的承运人或其代表根据发货人所提供的有关托运文件填写。在集装箱运输经营人接收货物时,发货人应视为他已向承运人保证,其在集装箱提单中所提供的货物种类、标志、件数、重量、数量等都是准确无误的。

如发货人因提供的内容不准确或不当造成货物损害,发货人应对承运人负责,即使发货人已将提单转让他人也不例外。集装箱货物由货主自行负责装箱时,在下列情况下,货主负责赔偿其对承运人造成的损害:

① 由于货主自己装载不当。
② 箱内货物不适合装载集装箱运输。
③ 箱内货物包装不牢、标志不清。
④ 装箱之前未对箱子做合理检验。
⑤ 运输途中非承运人能控制的原因。
⑥ 未保证货物内容的准确、完整。
⑦ 对第三者生命财产造成损害。
⑧ 对由于货主自己搬运、运输造成的损害等。

5. 危险货物运输

运输集装箱危险品时,对货物托运人来说,必须在货物外表刷上清晰、永久性的货物标志,并能提供任何适用的法律、规章,以及承运人所要求的文件证明。集装箱提单条款规定:

(1) 承运人在接收具有爆炸、易燃、放射、腐蚀、有害、有毒性等危险货物时,只有在接收了货主为运输此种货物而提出的书面申请时方能进行。

(2) 承运人或其代理人对于事先不知其性质而装载的具有易燃、爆炸以及其他危险性的货物,可在卸货前任何时候、任何地点将其卸上岸,或将其销毁,或消除其危害性而不予赔偿。该货物的所有人对该货物所引起的直接或间接的一切损害和费用负责。

(3) 如承运人了解货物的性质,并同意装船,但在运输过程中对船舶和其他货物造成危害可能时,也同样可在任何地点将货物卸上岸,或将其销毁,或消除其危害性而不负任何责任。

因此,在托运危险品货物时,托运人应保证:

① 提供危险品货物详细情况。
② 提供运输注意事项、预防措施。
③ 满足危险品货物有关运输保管、装卸等要求。
④ 货物的包装外表应有清晰、永久性标志。
⑤ 在整箱货运输时,箱子外表(四面)应贴有危险品标志。

6. 承运人的运价本

由于集装箱运输的特点,特别是涉及有关集装箱运输术语、具体交接办法、计费方法、禁运规定以及交货方式等问题,均无法一一在提单上列举说明,这时就需要运价本补充予以详述。在国际货运业务中,各船公司一般均将运价本的主要条款装订成册,必要时对外提供,以弥补提单条款规定的不足。集装箱提单中承运人的运价本是提单的组成部分,运价本与提单发生矛盾时,以提单为准。如中国远洋海运集团有限公司的联运提单条款第四条规定:"在装运时使用的承运人运价本的条款与条件,已载入本提单。与此种运价本之间发生矛盾时，应以本提单规定为准。"

7. 索赔与诉讼

现行的《联合国海上货物运输公约》(汉堡规则)规定，根据运输合同或提单有权提取货物的人，在收货时发现货物业已发生灭失或损害，应当最迟不超过从收货之日起相应天数内以书面形式通知承运人或其代理人，这种交接应作为承运人已按照提单规定交付货物的初步证据。若货物的状况在货物交接时已经双方联合检验或检查，则无须书面通知，除非从货物交付之日或应交付之日起 2 年内提出诉讼。

现行的集装箱提单对于拼箱货货损事故的处理，即索赔要求和诉讼时效基本上与普通船提单的规定相同。但对于整箱货运输，由于整箱货在卸船港交付后一时并不拆箱，故只能根据表面状况交货，如箱子外表状况良好、铅封完整，承运人的责任即告终止；如货物或箱子外表状况并不良好，考虑到集装箱运输的特点，有的提单条款规定收货人应在 3 天或 7 天内以书面形式通知承运人。对于诉讼时效，有的规定为 1 年，有的规定为 9 个月。如属全损，有的提单仅规定为 2 个月，超出规定期限，承运人将解除一切责任。中国远洋海运集团有限公司的联运提单有关索赔、诉讼条款的规定如下：

① 若货物损坏明显，收货人在收货时当场提出。

② 若在收货时没有当场提出，则从提货之日起 15 天内提出索赔。

③ 若承运人的责任期限为从装船港至卸船港，则从收到货起 2 年内提起诉讼，否则，承运人解除一切责任。

④ 若承运人的责任期限为从装船港港站或紧邻港站至卸船港港站或紧邻港站，则从收到货起 2 年内提起诉讼，否则，承运人解除一切责任。

⑤ 在货物全部发生灭失时，从该货物发生灭失起 2 个月内提起诉讼，否则，承运人将解除一切责任。

8. 货主自行装载集装箱责任

当货主自行装载集装箱，并将集装箱作为运输单元交给承运人运输时，集装箱提单一般均订有：

① 承运人接收的是外表状况良好、铅封完整的集装箱，有关箱内货物的详细情况概不知悉。

② 货主应向承运人保证，集装箱以及箱内货物适合装卸、运输。

③ 当集装箱由承运人提供时，货主有检查集装箱的责任。

④ 当承运人在箱子外表状况良好，铅封完整的情况下交付时，就可认为承运人完成了交货义务。

⑤ 承运人有权在提单上标注类似"由货主装载并计数"或"据称内装"等字样。

9. 首要条款

集装箱提单中的首要条款内容是指：

① 凡提单中所涉及的海上或内陆水路运输的货物，提单内容受制于《海牙规则》或《维

斯比规则》,即使除《海牙规则》或《维斯比规则》以外的其他任何法规被强制适用于本提单。事实上它仍将受制于《海牙规则》或《维斯比规则》内容的管辖。如提单中已有的条款在任何程度上被认为与其他任何法规内容相抵触,或其他任何法律、法令或法规强制性适用于提单所证明的合同,提单条款内容将被视为无效。

② 凡提单所涉及的航空货物,提单内容受制于1929年制定的《华沙公约》以及1955年对《华沙公约》修订而成的《海牙议定书》。

③ 若提单被用于多式联运,则应视为具体体现了1980年已通过的《联合国国际货物多式联运公约》的内容。若提单内容与《联合国国际货物多式联运公约》内容不符,提单条款仍然有效。

10. 强制性法律、管辖权、限制性法令

提单所证明或包含的合同将受提单签发地法律、法令或法规的管辖,如当地法律另有规定时除外。但提单并不限制或剥夺任何国家的现行法律、法令或法规对承运人所认可的任何法定保护、有关事项的免责或责任限制。

11. 提单可转让性

除非提单正面已标注"不可转让",否则一旦接受提单,提单出让人、受让人以及提单签发人一致同意提单具有可转让性,并通过背书转让或无须背书即可转让,提单持有人有权接受或转让本提单所记载的货物。

第四节　集装箱多式联运提单

一、多式联运提单的定义

多式联运提单是发货人与多式联运经营人订立的国际货物多式联运合同证明;是多式联运经营人接管货物的证明和收据;是收货人提取货物和多式联运经营人交付货物的凭证;是货物所有权的证明,可以用来结汇、流通和抵押等。因此,多式联运提单具有以下作用:

1. 是多式联运合同的证明。
2. 是多式联运经营人收到货物的收据和凭其交货的凭证。
3. 是物权凭证,可转让买卖。

多式联运合同的成立必须具备下列条件:

1. 至少使用两种或两种以上运输方式完成货物运输。
2. 接受货物运输,因有合同而对货物进行运输和保管并承担责任。
3. 该合同必须是一种承揽、有偿、不要式的合同。

二、多式联运提单的签发

多式联运经营人凭收到货物的收据在签发多式联运提单时,可根据发货人的要求签发可转让与不可转让多式联运提单中的任何一种。

若签发可转让的多式联运提单,则:

1. 应列明按指示交付或向持票人交付。
2. 如列明按指示交付,需经背书后才能转让。
3. 如列明向持票人交付,无须背书即可转让。
4. 如签发一套一份以上的正本,应注明正本份数。
5. 如签发任何副本,每份副本应注明"不可转让副本"字样。

在实际业务中,对多式联运提单正本和副本的份数规定不一,主要视发货人要求而定。正本提单签发一份以上的目的在于保护收货人的合法权益。如在提单的转送过程中,有时会发生空难、海难、盗窃、遗失等,有几份正本提单便可通过多种方法向发货人递送。同时,为了防止一票货物多提的可能性,多式联运经营人只要按其中一份正本提单完成交货后,便履行了其交货责任,其余各份正本提单即失去效力。而且,凭其中一份正本提货仅在提单中指定的交货地点有效。副本在法律上是没有效力的,主要是为了业务上的需要。

多式联运提单的背书转让有两种,一种是全额背书,另一种是空白背书。按指示交付的提单在转让时要经过背书手续,向持票人交付的提单无须背书即可转让。

如货物的托运人要求多式联运经营人签发不可转让的多式联运提单,多式联运经营人或经他授权的人在提单的收货人一栏内注明具体的收货人姓名,货物在运抵目的地后,多式联运经营人向该提单中记明的人交货后,便业已履行其交货责任。

如该提单中记明的收货人以书面的形式通知多式联运经营人,要求将提单中记载的货物交给他书面通知中指定的其他收货人,而且,事实上多式联运经营人也这样照做了,也可认为多式联运经营人已履行其交货的责任。

三、多式联运提单的种类

在多式联运下,多式联运经营人收到货物的地点有时不在装船港,而在集装箱港站堆场,或货运站,甚至在发货人的工厂或仓库。因此,从接收货物到货物实际装船有一待装期。而且根据多式联运的特点,货物的托运人一经交出货物,即使该货物未实际装上船,也可凭场站收据(相当于传统班轮运输中的大副收据)要求多式联运经营人签发提单。由于货未装上船舶,因而在这种情况下签发的提单为待装船提单(待运提单),而待装船提单在结汇上是有困难的(关于待装船提单结汇问题在后面叙述)。多式联运下签发的待装船提单种类有:

1. 在发货人工厂或仓库收到货后签发的提单(从发货人工厂或仓库到装船港的内陆运输由多式联运经营人负责)。
2. 在集装箱货运站收到货后签发的提单。
3. 在港站堆场收到货后签发的提单(内陆运输由货主自己负责)。

为了满足信用证规定下的集装箱运输以及多式联运下结汇的需要,《跟单信用证统一惯例》1974年修订本专门增列了第二十三条关于"联合运输单据"(多式联运提单)的规定。如信用证需要联合运输单证(指使用至少两种不同运输方式,自接管货物的地点运至指定交付货物地点的货运单证),但未指定所需要单证形式或该项单证的开户人,银行当按照所提交的该项单证予以接受。同时规定,如联合运输包括海运,即使单证中未表明货物已装上指定船舶,或单证上订有如有集装箱运输,货物可能载于舱面的条文,但未特别注明该货物已装于舱面者,该项单证银行均予接受。

四、多式联运提单的制作

多式联运提单的制作,习惯上由多式联运经营人或其代理人签发多式联运提单,并将其交给发货人,发货人再通过银行转让给收货人。因此,多式联运提单上的收货人或发货人,是实际的收货人或发货人。而多式联运提单上的通知方,则是目的港或最终交货地点的收货人指定的代理人。在国际多式联运下,对货主来说,关键是能找一个可靠的多式联运经营人,由其对全程运输负责。该多式联运经营人与各承运人(实际承运人)之间均订有协议(分包合同),并就有关提单的制作、货物交接、双方责任的划分、费用的支付、赔偿等均在协议中做明确规定。目前,我国的习惯做法是:

1. 签发海运联运提单,将货物从中国港口运至目的港以外的某一交货地点,这种做法是在货物运至目的港后由船公司代理人(或货主指定的二程代理人)安排内陆运输,将货运抵目的地交货。

2. 签发货运代理人提单,以及一程海运提单(从起运港至目的港),由货运代理人安排接运货物至收货人指定地点交货。

3. 经过我国运往其他国家的过境货,我方只负责中国境内的运输。

五、多式联运提单的内容

多式联运提单是多式联运经营人、实际承运人、发货人、收货人等当事人之间进行业务活动的凭证,起货物的收据和交货凭证的作用,证明货物的外表状况、数量、品质等情况。提单内容的准确性、完整性,对保证货物正常交接、安全运输有着重要意义。多式联运提单应记载的主要内容有:

1. 货物的外表状况。
2. 多式联运经营人的名称和主要营业所。
3. 发货人、收货人名称。
4. 多式联运经营人接管货物的地点和日期。
5. 交付货物的地点。
6. 经双方明确协议,交付货物的时间、期限。
7. 表示提单为可转让或不可转让的声明。
8. 多式联运提单的签发时间、地点。
9. 多式联运经营人或经授权人的签字。
10. 有关运费支付的说明。
11. 有关运输方式和运输路线的说明。
12. 有关声明等。

多式联运提单一般都应注明上述各项内容。如缺少其中一项或两项,一般认为,只要所缺少的内容不影响货物运输以及各当事人之间的利益,那么,多式联运提单仍然有效。

除非多式联运经营人已在多式联运提单上做了保留,否则多式联运提单一经多式联运经营人或经他授权的人签发,便可作为多式联运经营人收到货物的初步证据;表明多式联运经营人对收到的货物开始负有责任;当多式联运提单以可转让的方式签发时,并已转让给相信货物说明的善意的第三方时(包括收货人),多式联运经营人提出的相反证据无效。

多式联运提单是多式联运经营人已收到该提单上所记载的货物的初步证据,假如该提单已由发货人转让给善意的第三方,提单上所记载的内容就不再是初步证据,而是最终证据。多式联运经营人不能对该提单的受让人,就提单中记载的事项提出异议。因为,提单的受让人在购买提单时,并没有机会检查货物,只能相信提单上所记载的内容,多式联运经营人也不能对该提单的受让人提出抗辩。《联合国国际货物多式联运公约》的这一规定不仅保护了提单受让人的利益,而且,只有这样,才能使提单成为买卖的工具,使提单具有流通性的作用。如美国、英国的法律均规定,对于提单的受让人,提单是承运人凭其交货的最终证据。为了能保证做到这一点,《联合国国际货物多式联运公约》规定多式联运经营人或其代表在接收货物时,对提单中注明的有关货物的种类、主要标志、包数或件数、重量或数量等持有怀疑,而此时又无适当方法进行核对或检查时,多式联运经营人或其代表可在多式联运提单中提出保留,注明不符的地方、怀疑的根据等。

与此相反,若多式联运经营人或其代表在接收货物时未在多式联运提单中做出任何批注,则表明他所接收的货物外表状况良好。货物一旦运抵目的地,多式联运经营人或其代表应在货物外表状况良好下交货。任何有关货物的灭失、损害均由多式联运经营人负责赔偿。否则,应举证说明货物的灭失、损害并非是由他或他的代理人的过失造成的。

由此可见,多式联运提单的效力如何,取决于提单中所记载的事项是否准确。这是因为提单中所记载的内容是法定的。而且,提单又是要求具备一定格式的有价证券,若在这些事项方面有遗漏,则提单的效力将在判例中无效,除非该种遗漏并不危害货物或影响多式联运合同的执行。

【案例分析】

代理人还是多式联运人

1994年,A船公司根据B货运公司提交的抬头为"B货运公司"的托运单,在深圳蛇口港分别安排了6个40 ft集装箱,并于装船完毕后向B货运公司签发了记名联运提单。该6票货物由B货运公司从福建陆运至深圳并交由A船公司承运。B货运公司提交的托运单和A船公司签发的提单均记载,该6票货物的托运人为福建省甲外贸公司,交货地为布达佩斯,运费预付。另有2票货物,由B货运公司向A船公司提交托运单并交付货物,但托运单抬头为"XX国际运输有限公司"。

在货物已运抵目的港而A船公司催款未果后,A船公司向海事法院提起诉讼,请求法院判令 B 货运公司支付拖欠的运费,前 6 票货物运费 26 400 美元,后 2 票货物运费 8 800 美元,共计 35 200 美元。

请思考:

1. A 船公司向 B 货运公司提出诉讼要求的依据是什么?
2. 分析 B 货运公司的角色与责任,对此诉讼做出判定。

【复习思考题】

1. 什么是集装箱多式联运?它与单一运输方式比较有哪些优势?
2. 我国已经开办的主要的国际多式联运路线有哪些?
3. 简述集装箱多式联运的货运流程。
4. 简述集装箱提单的作用。
5. 简述集装箱提单的主要条款内容。
6. 什么是多式联运提单?
7. 简述多式联运提单的作用。
8. 简述多式联运提单的内容。
9. 多式联运提单与提货单有什么区别?

第九章 集装箱多式联运相关规则

学习目标

1. 熟悉《联合国国际货物多式联运公约》的有关内容
2. 熟悉《联合运输单证统一规则》的主要内容
3. 了解《1991年联合国国际贸易和发展会议/国际商会多式联运单证规则》的主要内容
4. 了解《1972年联合国集装箱关务公约》的主要内容
5. 了解《国标集装箱安全公约(CSC)》和《国际道路运输公约》(TIR公约)的主要内容
6. 熟悉我国集装箱多式联运相关法律

第一节 集装箱多式联运国际相关法律

一、1980年《联合国国际货物多式联运公约》

《联合国国际货物多式联运公约》(United Nations Convention on International Multimodal Transport of Goods)是当今世界上第一个多式联运方面的公约,是关于国际货物多式联运中的管理、经营人的赔偿责任及期间、法律管辖等的国际协议。其产生经历了一个漫长的过程。

1963年,经国际统一私法学会(UNIDROIT)理事会批准,拟定了《国际货物联运公约草案》,其后又经专家委员会修订。

1969年,国际海事委员会(CMI)草拟和通过了一项联运公约草案——《东京规则》。

1970年,在联合国欧洲经济委员会(UN/ECE)内陆运输委员会的主持下,将上述两个公约草案合并为一个文本,称为《罗马草案》。

1970—1971年间,联合国欧洲经济委员会和政府间海事协商组织(IMCO)多次召开会议,将《罗马草案》修订为《国际货物多式联运公约草案》,并以法语"货物多式联运"的缩写称之为"TCM"草案。尽管TCM草案一直处于起草阶段,但是其规定却在之后的标准格式提单,例如波罗的海国际航运公会多式联运提单(COMBICONBILL)和《1991年联合国贸易和发展会议/国际商会多式联运单证规则》中得以反映。

1972 年,联合国欧洲经济委员会集装箱会议决定审议《国际货物多式联运公约草案》并将之定稿,但由于多数发展中国家的疑虑,该国际会议建议做进一步研究,特别是其中关于对发展中国家的经济影响及发展中国家的需要等。此次会议中,联合国贸易和发展会议(United Nations Conference on Trade and Development,UNCTAD)被建议负责此项工作。

1980 年 5 月 24 日,联合国国际联运会议通过了《联合国国际货物多式联运公约》,有 67 个国家的代表在最后文件上签字,但该公约至今尚未生效。该公约共 8 章 40 条,包括总则(含定义、适用范围、强制适用、多式联运的管理和控制)、单证、多式联运经营人的赔偿责任、发货人的赔偿责任、索赔和诉讼、补充规定、海关事项和最后条款。该公约适用于两国境内各地之间的所有多式联运合同,如果该多式联运合同规定的多式联运经营人接管货物或交付货物的地点不在一个缔约国内。该公约的责任体制采用完全过失责任制,同时规定了最高责任限额制度。关于索赔和诉讼的有关问题与《汉堡规则》大体一致。

我国 1978 年派代表参加了该公约的起草工作,并派政府代表团出席了全权代表会议,在会上表达了对公约的支持态度,并在最后文件上签了字。但我国目前还没有加入该公约。

《联合国国际货物多式联运公约》的主要内容如下:

(一)关于公约的适用范围

公约的各项规定适用于两国境内各地之间的所有多式联运合同,但是多式联运合同规定多式联运经营人接管货物或交付货物的地点必须位于缔约国境内,并规定公约不得影响任何有关运输业务管理的国际公约或国家法律的适用,或与之相抵触。同时,公约不得影响各缔约国在国家一级对管理多式联运业务和多式联运经营人的权利。公约还明确规定,多式联运经营人除了应遵守本公约的规定外,还应遵守其业务所在国的法律。

(二)关于多式联运经营人的责任

国际多式联运经营人对货物的责任期限,自接管货物之时起至交付货物时为止。

1. 多式联运经营人的赔偿责任原则

公约对联运经营人的赔偿责任采取推定过错责任原则:即除非联运经营人能够证明他和他的受雇人或代理为避免损失事故的发生已采取了一切必要合理的措施,否则,就推定联运经营人有疏忽或过失,联运经营人就应对货物在其掌管期间发生的灭失、损坏或延迟交货负有赔偿责任。

2. 多式联运经营人的赔偿责任限额

如在国际多式联运中包括了海运或内河运输,多式联运经营人对每一件或其他每个货运单位的赔偿限额为 920 个特别提款权(即国际货币基金组织确定的特别提款权 SDR)或毛重每公斤 2.75 个特别提款权,两者以较高为准。

(1)若货物是用集装箱、托盘或类似的装运工具集装,多式联运单证载明装在这种装运工具中的件数或货运单位数时,应视为计算限额的件数或货运单位数。否则,这种装运工具中的货物应视为一个货运单位。

(2)若装运工具本身灭失或损坏,而该装运工具并非由多式联运经营人所有或提供,则应视为一个单独的货运单位。

(3) 若国际多式联运中不包括海运或内河运输,则多式联运经营人的赔偿责任限额按灭失或损坏货物毛重每公斤不得超过 8.33 特别提款权计算。

(4) 多式联运经营人对延迟交货造成的损失所负的赔偿责任限额,相当于延迟交付的货物应付运费的 2.5 倍,但不得超过多式联运合同规定的应付运费的总额。

(5) 若货物的灭失或损坏发生于国际多式联运的某一个特定的区段,而这一区段适用的一项国际公约或强制性国家法律规定的赔偿责任限额高于本公约规定的赔偿责任限额时,则国际多式联运经营人的赔偿限额,应按该国际公约或强制性国家法律予以确定。

(6) 经多式联运经营人和发货人之间协议,可在多式联运单据中规定超过本公约所规定的赔偿限额。

3. 多式联运经营人的赔偿责任限额的丧失

若经证明,货物的灭失或损坏或延迟交付是由于多式联运经营人或其代理人、受雇人有意造成或明知可能造成而毫不在意行为或不行为所引起的,则多式联运经营人或其代理人、受雇人无权享受本公约所规定的赔偿责任限额的利益。

(三) 关于发货人的责任

发货人是指其本人或以其名义或其代表同多式联运经营人订立多式联运合同的任何人,或指其本人或以其名义或其代表按照多式联运合同将货物实际交给多式联运经营人的任何人。

发货人应保证多式联运单证中所提供的货物品类、标志、件数、重量和数量,以及危险货物的危险特性等事项,均准确无误。

对于多式联运发货人应负的基本责任,公约从一般原则和对危险货物的特殊规则两个方面分别规定。

1. 一般原则

如果多式联运经营人遭受的损失是由于发货人的过失或疏忽,或者他的受雇人或代理人在其受雇范围内行事时的过失或疏忽所造成的,发货人对这种损失负赔偿责任。但是若发货人的受雇人或代理人由于其本身的过失或疏忽给联运人带来损失,则应由该受雇人或代理人对这种损失负赔偿责任。

2. 对危险货物的特殊规则

发货人一方面应以适当的方式在危险货物上加危险标志或标签,另一方面在将危险货物交给多式联运经营人或其代理人时,要将货物的危险特性以及采取的预防措施告知联运人。若发货人没有尽到上述职责,同时多式联运经营人又无从得知货物的危险特性,则发货人必须赔偿多式联运经营人因载运这类货物而遭受的一切损失;多式联运经营人还可以视情况需要,随时将货物卸下、销毁或使之无害而无须给予任何赔偿。

(四) 关于收货人的责任

收货人是指有权提取货物的人。公约规定,货物运到合同规定的交货地点后,收货人应及时提取货物。若收货人不向多式联运经营人提取货物,则按多式联运合同或按交货地点适用的法律或特定行业惯例,将货物置于收货人的支配之下;或者将货物交给根据交货地点适用的法律或规章必须向其交付的当局或其他第三方。这时,国际多式联运经营人即已履行其交货义务。

二、1973 年《联合运输单证统一规则》

《联合运输单证统一规则》(Uniform Rules for a Combined Transportation Document)由国际商会于 1973 年制定,1975 年进行了修改,它是最早的关于联运单证的国际民间协议。尽管作为民间协议,其适用不具有强制性,但其经常被国际货物多式联运合同双方当事人采用。

《联合运输单证统一规则》的主要内容如下:

1. 多式联运经营人的责任形式:规则对多式联运经营人实行网状责任制。对于发生在多式联运经营人责任期间内的货物灭失或损坏,如果知道这种灭失或损坏发生的运输区段,多式联运经营人的赔偿责任依据适用于该区段的国际公约或国内法予以确定;在不能确定货物发生灭失或损坏的区段时,即对于隐藏的货物灭失,其赔偿责任按完全的过错责任原则予以确定。赔偿责任限额为:按灭失或损坏货物的毛重每公斤 30 金法郎计算。若发货人事先征得多式联运经营人的同意,已申报超过此限额的货物价值,并在多式联运单据上注明,则赔偿责任限额应为所申报的货物价值。

2. 多式联运经营人的责任期限:自接管货物时起至交付货物时为止的整个运输期间。

3. 多式联运经营人对货物运输延迟的责任:只有在确知发生延迟的运输区段时,多式联运经营人才有责任支付延迟赔偿金。赔偿金的限额为该运输区段的运费。但适用于该区段的国际公约或国内法另有规定时除外。

4. 货物灭失或损坏的通知与诉讼时效:收货人应在收货之前或当时,将货物灭失或损坏的一般性质书面通知多式联运经营人。如果灭失或损坏不明显,应在 7 日内提交通知,否则,便视为多式联运经营人按多式联运单据所述情况交付货物的初步证据。就货物灭失或损坏或运输延迟而向多式联运经营人提出索赔诉讼的时效为 9 个月,自货物交付之日或本应交付之日,或自收货人有权认为货物已灭失之日起计算。

三、《1991 年联合国国际贸易和发展会议/国际商会多式联运单证规则》

《1991 年联合国国际贸易和发展会议/国际商会多式联运单证规则》(UNCTAD/ICC Rules for Multimodal Transport Documents 1991)是 1991 年由联合国国际贸易和发展会议与国际商会共同制定的,它是一项民间规则,供当事人自愿采纳。

《1991 年联合国国际贸易和发展会议/国际商会多式联运单证规则》的主要内容如下:

1. 本规则经当事人选择后适用,一经适用就超越当事人订立的条款,除非这些条款增加多式联运经营人的义务。

2. 多式联运单证是多式联运经营人接管货物的初步证据,多式联运经营人不得以相反的证据对抗善意的单据持有人。

3. 多式联运经营人责任期间自接管货物时起至交付货物时止。多式联运经营人为其受雇人、代理人和其他人的作为或不作为承担一切责任。

4. 多式联运经营人的赔偿责任基础是完全责任制,并且对延迟交付应当承担责任。

5. 多式联运经营人的责任限制为每件或每单位666.67特别提款权,或者毛重每公斤2特别提款权。

6. 若货物的损坏或灭失的原因是多式联运经营人的作为或不作为造成的,则不得享受责任限制。

7. 若货物的损坏或灭失是托运人的原因造成的,则多式联运经营人应先向单据的善意持有人负责,而后向托运人追偿。

8. 若货物损坏明显,则收货人立即向多式联运经营人索赔;若不明显,则在6个月内索赔。

9. 诉讼时效为9个月。

10. 本规则对无论是侵权还是违约均有效。

11. 本规则适用于所有多式联运关系人。

四、《1972年集装箱关务公约》

《1972年集装箱关务公约》(Customs Convention on Containers 1972)简称《CCC公约》是1972年12月2日,联合国和政府间海事协商组织在日内瓦共同召开的集装箱运输会议上通过的,为集装箱暂时进口及其程序以及取得运输海关加封集装箱货物资格条件的公约,1975年12月6日正式生效,原1956年的《集装箱海关公约》同时废止。

国际集装箱货物在采用多式联运进行"门到门""站到站"或"场到场"的运输时,都要涉及买卖双方国家和过境国家海关对货物进出国境和过境的查验、管理等问题。因此,各国海关对国际集装箱货物的进出口和过境管理工作或具体实施,对国际集装箱货物多式联运的发展具有重大影响。如果各国海关能够建立可使集装箱自由通过国境的管理体制,就能促进国际集装箱多式联运的发展;反之,如果各国海关对集装箱运输货物都要求在过境时进行启箱查验和办理报关手续,国际集装箱多式联运就很难进行。

在1980年联合国国际联运会议通过的《联合国国际货物多式联运公约》中,对国际多式联运货物的海关过境规定了专门的条款。同时还以附件的形式规定了有关国际货物多式联运的海关事项条款。该条款规定:除按本国境内实施的法律规章和国际公约的规定外,缔约国应给予多式联运货物过境自由;多式联运货物一般不再接受海关检查,海关当局在进出口点上一般只检查海关印记及其他安全措施;国际多式联运货物无须向过境国家交付进出口关税和其他税款或交付这种税款的保证金;过境国家的海关当局应当接受多式联运单据作为海关过境单据的说明。

《1972年集装箱关务公约》规定:每一缔约国都应允许集装箱暂时进口;暂时进口的集装箱如符合公约规定的要求,在进口和复出口时可免交有关海关单据及提供保证;暂时进口的集装箱应允许在一定条件下从事顺道的国内运输;经缔约国海关检验符合公约有关要求的集装箱,可获准从事海关加封运输,以享受有关便利和优惠;缔约国间就有关集装箱的批准及实施本公约条款方面应互通情报。

五、其他有关国际集装箱运输方面的海关公约

1.《国际集装箱安全公约(CSC)》

联合国和政府间海事协商组织于1972年在日内瓦召开国际集装箱运输会议,该会议通过了《国际集装箱安全公约》(The International Convention for Safe Containers),简称《CSC公约》。该公约是为保证集装箱的装卸、堆放和运输的安全,对集装箱结构做出统一要求的国际公约。公约的主要内容包括公约的适用范围、两个附件和特定的修正程序。公约适用于国际运输中所使用的集装箱,但不包括为空运专门设计的集装箱。附件一的主要内容为集装箱试验、检查、批准和维修规则;附件二规定了集装箱结构的安全要求和试验程序。

2.《TIR公约》

《国际公路运输公约》(法文:Transports Internationaux Routiers),简称《TIR公约》,是联合国欧洲经济委员会于1956年制定的,并于1975年修订。2016年中国正式加入该公约,并于2017年1月5日在中国生效。该公约主要是针对使用集装箱进行货物运输而制定的报关公约,目的是便于公路车辆开展国际货物运输。其主要内容如下:

(1)缔约国对铅封的集装箱货物,不论使用几种运输方式,凡运输过程中涉及公路运输,即可免除其经由地海关进口税或出口税的征收,或免除交纳担保金。

(2)原则上免除经由地海关的检查。

但上述利益的享受,公路车辆或集装箱必须具备以下条件:

(1)符合规定的技术标准,并于事先得到批准。

(2)在发货地由海关加封。

(3)运输时应办理并取得"国际运输手册"(TIR手册)的担保手续。

当货物在经由国发生灭失等事故时,TIR手册可作为保函,向事故发生国的海关支付关税。同时,负责交纳在该手册担保下进行运输时发生的税款罚款等。

第二节　集装箱多式联运我国相关法律

一、《中华人民共和国国际海运条例》

国务院公布的《中华人民共和国国际海运条例》是调整海上国际集装箱运输管理社会关系的行政法规,于2002年1月1日起开始实施并经过先后三次修订,最后一次修订时间为2019年3月2日。该条例共七章五十三条,主要内容包括:

1. 总则

(1)宗旨:为了规范国际海上运输活动,保护公平竞争,维护国际海上运输市场秩序,保障国际海上运输各方当事人的合法权益。

(2) 适用范围:适用于进出中华人民共和国港口的国际海上运输经营活动以及与国际海上运输相关的辅助性经营活动。

2. 国际海上运输及其辅助性业务的经营者

(1) 经营国际船舶运输业务,应当具备下列条件:

① 取得企业法人资格;

② 有与经营国际海上运输业务相适应的船舶,其中必须有中国籍船舶;

③ 投入运营的船舶符合国家规定的海上交通安全技术标准;

④ 有提单、客票或者多式联运单证;

⑤ 有具备国务院交通主管部门规定的从业资格的高级业务管理人员。

(2) 经营国际船舶运输业务,应当向国务院交通主管部门提出申请,并附送符合本条例第五条规定条件的相关材料。国务院交通主管部门应当自受理申请之日起 30 日内审核完毕,做出许可或者不予许可的决定。予以许可的,向申请人颁发《国际船舶运输经营许可证》;不予许可的,应当书面通知申请人并告知理由。

国务院交通主管部门审核国际船舶运输业务申请时,应当考虑国家关于国际海上运输业发展的政策和国际海上运输市场竞争状况。

申请经营国际船舶运输业务,并同时申请经营国际班轮运输业务的,还应当附送本条例规定的相关材料,由国务院交通主管部门一并审核、登记。

(3) 经营无船承运业务,应当向国务院交通主管部门办理提单登记,并交纳保证金。

无船承运业务,是指无船承运业务经营者以承运人身份接受托运人的货载,签发自己的提单或者其他运输单证,向托运人收取运费,通过国际船舶运输经营者完成国际海上货物运输,承担承运人责任的国际海上运输经营活动。

在中国境内经营无船承运业务,应当在中国境内依法设立企业法人。

3. 国际海上运输及其辅助性业务经营活动

(1) 国际船舶运输经营者经营进出中国港口的国际班轮运输业务,应当依照本条例的规定取得国际班轮运输经营资格。未取得国际班轮运输经营资格的,不得从事国际班轮运输经营活动,不得对外公布班期、接受订舱。

(2) 经营国际班轮运输业务,应当向国务院交通主管部门提出申请,并附送下列材料:

① 国际船舶运输经营者的名称、注册地、营业执照副本、主要出资人;

② 经营者的主要管理人员的姓名及其身份证明;

③ 运营船舶资料;

④ 拟开航的航线、班期及沿途停泊港口;

⑤ 运价本;

⑥ 提单、客票或者多式联运单证。

(3) 经营国际班轮运输业务的国际船舶运输经营者的运价和无船承运业务经营者的运价,应当按照规定格式向国务院交通主管部门备案。国务院交通主管部门应当指定专门机构受理运价备案。

备案的运价包括公布运价和协议运价。公布运价,是指国际船舶运输经营者和无船承运业务经营者运价本上载明的运价;协议运价,是指国际船舶运输经营者与货主、无船承运业务经营者约定的运价。

公布运价自国务院交通主管部门受理备案之日起满30日生效;协议运价自国务院交通主管部门受理备案之时起满24小时生效。

国际船舶运输经营者和无船承运业务经营者应当执行生效的备案运价。

二、《中华人民共和国国际海运条例实施细则》

交通运输部发布的《中华人民共和国国际海运条例实施细则》是为贯彻《中华人民共和国国际海运条例》而制定的行政规章,于2003年3月1日起开始施行。2019年6月21日,交通运输部修订并公布了《交通运输部关于修改〈中华人民共和国国际海运条例实施细则〉的决定》,该决定于公布之日起实施。

《中华人民共和国国际海运条例实施细则》共六章五十四条,其主要内容包括:总则、国际海上运输及其辅助性业务的经营者、国际海上运输及其辅助性业务经营活动、监督检查、法律责任和附则。

【案例分析】

国际多式联运货物灭失赔偿案

1994年10月4日,匈牙利雁荡山国际贸易有限责任公司作为买方与温州市进出口公司签订了一份售货确认书,购买一批童装,数量为500箱,总价为68 180美元。1995年2月11日,温州市进出口公司以托运人身份将该批童装装于一40 ft集装箱内,交由香港富天船务有限公司所属"金泉"轮(M/V Jin Quan)承运。富天公司加铅封,箱号为SCXU5028957,铅封号为11020,并签发了号码为RS—95040的一式三份正本全程多式联运提单,厦门外轮代理公司以代理身份盖了章。该份清洁记名提单载明:收货地厦门,装货港香港,卸货港布达佩斯,收货人为雁荡山公司。提单正面管辖权条款载明:提单项下的纠纷应适用香港法律并由香港法院裁决。提单背面条款6(1)A载明:应适用《海牙规则》及《维斯比规则》处理纠纷。1995年2月23日,货抵香港后,富天公司将其转至以星公司所属"海发"轮承运。以星公司在香港的代理新兴行船务有限公司签发了号码为ZIMUHKG166376的提单,并加号码为ZZZ 4488593的箱封。富天公司收执的提单上载明副本不得流转,并载明装货港香港,目的港科波尔,最后目的地布达佩斯;托运人为富天公司,收货人为富天公司签发的正本提单持有人及本份正本提单持有人,通知人为雁荡山公司,并注明该箱从厦门运至布达佩斯,中途经香港。1995年3月22日,以星公司另一代理R.福切斯传真雁荡山公司,告知集装箱预计于3月28日抵斯洛文尼亚的科佩尔港,用铁路运至目的地布达佩斯有两个堆场,让其择一。雁荡山公司明确选择马哈特为集装箱终点站。3月29日,以星公司将集装箱运抵科波尔,博雷蒂诺铁路运输公司出具运单,该运单载明的箱号、铅封号以及集装箱货物与以星公司代理新兴行船务有限公司出具给富天公司的提单内容相同。4月12日,R. 福切斯依照雁荡山公司指示,将集装箱经铁路运至目的地布达佩斯马哈特集装箱终点站。4月15日,雁荡山公司向R. 福切斯提交富天公司签发的一份正本提单并在背面盖章。6月6日,雁荡山公司提货时打开箱子发现是空的。同日,匈牙利铁路公司布达佩斯港口出具证明,集装箱铅封及门锁在4月15日集装箱抵布达佩斯寿洛科沙里路时已被替换。

1995年11月28日,雁荡山公司第一次传真R. 福切斯索赔灭失的货物。1996年1月2日,R. 福切斯复函称,已接马哈特集装箱终点站通知货物被盗之事。在此之前,以星公司两家代理R. 福切斯和香港新兴行船务有限公司来往函电中也明确货物被盗,并函复富天公司厦门办事处及托运人温州市进出口公司。后虽经雁荡山公司多次催讨,三方协商未果。

1996年4月10日,雁荡山公司向厦门海事法院起诉,称:雁荡山公司所买货物由卖方作为托运人装于集装箱后交富天公司承运,富天公司签发了全程多式联运提单。提单上载明接货地厦门,卸货地匈牙利布达佩斯,收货人为我公司。富天公司将货运至香港后,转由以星公司承运。以星公司承运至欧洲后由铁路运至匈牙利布达佩斯马哈特集装箱终点站。1995年6月6日,我公司作为提单收货人提货时发现箱空无货,故向富天公司和以星公司索赔此货物灭失的损失以及为此而支出的其他合理费用。富天公司作为全程多式联运承运人应对全程负责。以星公司作为二程承运人应对货物灭失负连带责任。

富天公司未在答辩期内予以答辩,在庭审时提出管辖权异议和答辩理由,称:依所签发的提单,提单项下的纠纷应适用香港法律并由香港法院裁决。根据提单背面条款,收货人应在提货之日后3天内提出索赔通知,并应在9个月内提起诉讼,否则,承运人便免除了所应承担的全部责任。收货人未向我公司提出书面索赔,又未在9个月内提起诉讼,已丧失索赔权利。又据《中华人民共和国海商法》第八十一条的规定,集装箱货物交付的次日起连续15日内,收货人未提交货物灭失或损坏书面通知,应视为承运人已完好交付货物的初步证据。我公司虽签发了多式联运提单,但以星公司在1995年2月23日签发了转船清洁提单,并在箱体上加铅封,应说明货物交付以星公司时完好。此后货物发生灭失,依照联运承运人对自己船舶完成的区段运输负责的国际海运惯例,以星公司作为二程承运人应对本案货物灭失负责。请求驳回原告对我公司的起诉。

以星公司在答辩期内未答辩,庭审时才辩称:我公司作为二程承运人已履行了义务。我公司依照雁荡山公司的指示由代理人将货交博雷蒂诺铁路运输公司承运,该公司以陆路承运人身份签发了铁路运单,运单上显示铅封完好,可见我公司作为二程船承运期间货物是无损交予陆路承运人的。在此后,货物已非我所控制、掌管。且正本提单的交付意味着水运人交货和收货人收货,货物的掌管权也在此时转移,收货人并无异议。4月15日货抵马哈特站,我公司代理人收回了提单,收货人6月6日才发现箱空无货,即集装箱在堆场存放了52天,这一期间不属我公司的责任期。我公司与原告无直接合同关系,不应对原告的货物灭失承担责任。另外,集装箱运输是凭铅封交接,我公司接收、交付装货集装箱时铅封均完好,故应由托运人对箱内货物真实性负责。

富天公司和以星公司对雁荡山公司的货物灭失是否负有赔偿责任？理由是什么？

【复习思考题】

1. 简述《联合国国际货物多式联运公约》的适用范围。
2. 简述《联合国国际货物多式联运公约》中的多式联运经营人的赔偿责任原则。
3. 简述《中华人民共和国海上国际集装箱运输管理规定》的适用范围。
4. 简述我国《国际集装箱多式联运管理规则》中规定的托运人责任。
5. 简述我国《国际集装箱多式联运管理规则》中规定的多式联运经营人责任。

第十章 多式联运货损事故处理

> **学习目标**
> 1. 掌握货运质量事故的定义
> 2. 熟悉集装箱运输中货物灭失事故产生的主要原因
> 3. 熟悉多式联运货损事故索赔的原则
> 4. 了解多式联运中货损理赔的原则

货运质量事故是指自货物承运验收开始至货物运达目的地向收货人交付货物为止,由于承运人的责任,在装卸、运输、保管过程中所发生的货物灭失、短缺、损坏、质变,以及在运输过程中所发生的件数或重量短少等。货损的范围是指由于火灾、爆炸、落水、海损等导致货物损坏、灭失,以及在装卸、运输、保管货物过程中,由于操作不当、保管不善导致货物破损、受潮、变质、污染等。货差的范围是指由于错转、错交、错装、错卸、漏卸,以及货运手续办理错误等造成的有单无货或有货无单等单货不符、件数或重量溢短等差错。

货损货差事故是货物运输中经常发生的,这就产生了受损方向责任方提出损害赔偿,责任方根据受损方提出的赔偿要求进行处理的索赔和理赔工作。货物的索赔和理赔是一项十分重要的工作,应根据国家的对外政策、贸易合同、运输合同,并参阅有关国际惯例,正确处理货损货差事故。

第一节 多式联运货损事故提出索赔的原则

货物的索赔和理赔是一项政策性较强、涉及面较广、情况复杂,并具有一定法律原则的涉外工作。因此,在实际工作中,应坚持实事求是,有根有据,合情合理,区别对待,讲究实效。

实事求是,就是应根据所发生事故的实际情况,分析事故发生的原因,确定损失程度和金额。也就是说,该索赔的,必须坚持原则行使索赔权利。

有根有据,是处理货物索赔的基础,在向承运人或其他有关当事人提出索赔时,应掌握造成货损事故的有力证据,并依据合同有关条款、国际惯例提出索赔。

合情合理,就是从所发生的事故中合理确定责任方应承担的责任和赔偿金额,必要时也可做出一些让步,其目的主要是使货损事故能够合理、尽早地得以处理。

区别对待,就是应根据我国的对外政策、对方的态度和有关业务往来,根据不同对象,有理、有利、有节,采取不同方式区别处理。

讲究实效,是指在货损事故索赔中注重实际效果,充分注意保护自身的经济利益、政治利益,以及对外影响和业务发展。

国际贸易、运输中货物索赔的提出一般有以下几种情况:货物数量或件数的缺少或货物残损、灭失;货物的质变或货物实际状况与合同规定的要求不符;承运人在货物运输途中没有适当地保管和照料货物;货物的灭失、损害属保险人承保的责任范围内等。因此,根据货物发生灭失或损害的不同原因,索赔对象也是不同的。

如果货物是下列原因造成的灭失或损坏:

(1) 原装货物数量不足。

(2) 货物的品质与合同规定不符。

(3) 包装不牢致使货物受损。

(4) 未在合同规定的装运期内交货等。

上述情况由收货人凭有关部门、机构出具的鉴定证书向发货人(卖方)提出索赔。

如果货物是下列原因造成的灭失或损坏:

(1) 在卸货港交付的货物数量少于提单中所记载的货物数量。

(2) 收货人持正本清洁提单提取货物时,货物发生残损、缺少,且系承运人的过失。

(3) 货物的灭失或损害是承运人免责范围以外的责任所致等。

上述情况由收货人或其他有权提出索赔的人凭有关部门、机构出具的鉴定证书向承运人提出索赔。

如果货物的灭失或损害属下列范围:

(1) 承保责任范围内,保险应予赔偿的损失。

(2) 承保责任范围内,由于自然灾害或意外原因等事故使货物遭受损害。

(3) 在保险人责任期限内。

上述情况由受损方凭有关证书、文件向保险公司提出索赔。

不论索赔案发生的原因是哪一种,也不论是向谁提出索赔,一项合理的索赔必须具备下列原则:

1. 提赔人要有正当提赔权

提出货物索赔的人原则上是货物所有人,或提单上记载的收货人或合法的提单持有人。此外,还可能是货运代理人或其他有关当事人。

2. 责任方必须负有实际赔偿责任

事实上,索赔方提出的索赔并非都能得到赔偿,如属于承运人免责范围之内的,或属于保险人承保责任外的货损,在很大程度上是不能得到赔偿的。

确定或证明责任方负有实际赔偿责任的文件通常有:

(1) 卸货记录。

(2) 检验报告。

(3) 交货记录。

(4) 残损报告。

(5) 合同责任条款等。

3. 索赔时应具备的单证

(1) 索赔申请书

索赔申请书是指受损方向责任方提出的赔偿要求,主要内容包括:

① 索赔人的名称和地址;

② 船名、抵港日期、装船港及接货地点名称;

③ 货物有关情况;

④ 短缺或残损损失情况;

⑤ 索赔日期、索赔金额、索赔理由。

(2) 提单

提单是划分责任方与受损方责任的主要依据,在提出索赔时,索赔人应出具提单正本或其影印本。

(3) 货物残损检验证书

货物残损检验证书是受损方针对所发生的货损原因不明或不易区别时,向检验机构申请对货物进行检验后出具的单证。

(4) 货物残损单

货物残损单是对货物运输、装卸过程中货物残损所做的实际记录,受损方依据责任方签署的货物残损单提出索赔。

(5) 索赔清单

索赔清单主要列明货损事故所涉及的金额,通常按货物的到岸价计算。

另外,提出索赔时应出具的单证还有商业发票、短损单、修理单等。

4. 赔偿的金额必须是合理的

合理的赔偿金额以货损实际程度为基础。但是,实际中责任方往往受赔偿责任限额的保护,如承运人的赔偿可享受提单中的赔偿责任限额,保险人的赔偿以保险金额为基础。

5. 在规定的期限内提出索赔

一项有效的索赔必须在规定的期限内提出,这就是通常所说的"索赔时效"。否则,货物的损害即使确由责任方的过失所致,索赔人提出的索赔在时效过后也很难得到赔偿。

第二节　海运货损事故处理

一、货损事故的确定

由于海上风险的存在以及货物运输过程中涉及很多环节的作业特点,海上货物运输事故的发生实属难免。虽然可根据有关合同条款、法律、公约等规定,对所发生的货损事故进行处理,但是在实际处理过程中,受损方与责任方之间往往会发生争议。一般而言,海运货损事故虽有可能发生于各个环节,但很大程度上是在最终目的地收货人收货时或收货后才被发现。

当收货人提货时,若发现所提取的货物数量不足,外表状况或货物的品质与提单上记载的情况不符,则应根据提单条款的规定,将货物短缺或损坏的事实,以书面的形式通知承运人,或承运人在卸港的代理人,并向承运人或其代理人提出索赔。如果货物的短缺或残损不明显,也必须在提取货物后的规定时间内,向承运人或其代理人提出索赔。

在海运货损事故索赔或理赔中,提单、收货单、过驳清单、卸货报告、货物溢短单、货物残损单、装箱单、积载图等货运单证均可作为货损事故处理和明确责任方的依据。对海上承运人来说,为保护自己的利益和划清责任,应该妥善处理这些单证。

通常,货运单证的批注是区分或确定货运事故责任方的原始依据,特别是在装货或卸货时,单证上的批注除确定承运人对货物负责的程度外,有时还直接影响到货主的利益,如能否持提单结汇,能否提出索赔等。

海上风险多变是造成货运事故的主要原因之一。凡船舶在海上遭遇恶劣气候,为明确货损原因和程度,应核实航海日志、船方的海事声明或海事报告等有关资料和单证。

货运事故发生后,收货人与承运人未能通过协商对事故的性质和程度取得一致意见时,则应在共同同意的基础上,指定检验人对所有应检验的项目进行检验,检验人签发的检验报告是确定货损责任的依据。

二、提出索赔的程序

海上货运公约,如《海牙规则》《维斯比规则》《汉堡规则》,以及各船公司的提单条款,一般都规定货损事故发生后,根据运输合同或根据提单有权提货的人可向承运人或其代理人提出书面通知,声明保留索赔权,否则承运人或其代理人将免除责任。

无论是《海牙规则》还是航运习惯,一般多把交付货物时提出书面货损通知看作按提单记载事项将货物交付给收货人的推定证据。也就是说,即使收货人在接收货物时未提出书面通知,以后也可根据货运单证上的批注,或检验人的检验证书,提出索赔。而且,即使收货人在收货时提出了书面通知,但在提出具体索赔时,也必须出具原始凭证,证明其所收到的货物不是清洁提单上所记载的在外表良好状况下接收装船的货物。因而,索赔方在提出书面索赔通知后,应尽快地备妥各种有关单证,然后向承运人或其代理人提出货损索赔。

第四节　集装箱运费计收有关条款

1. 使用承运人集装箱

当货主使用承运人的集装箱时,应遵守以下规定:

(1) 货主或其代表为装箱或拆箱,将货箱拖至承运人港站堆场时,除非承运人另外指定归还地点,否则,货主或其代表应在事后将箱子归还到承运人港站堆场。

(2) 货主或其代表应对集装箱及其附属设备在使用期间的安全负责,并在良好状态下将箱子归还给承运人。一旦发生损害、灭失,货主对其过失负有修理或赔偿责任。

(3) 承运人港站堆场的免费堆存期和延滞费同样适用于使用承运人集装箱。

(4) 货主应承担在承运人堆场提交空箱、重箱,或在承运人所辖的货运站以外地点装、拆箱所引起的费用。

2. 集装箱内装货限制

(1) 对于危险品和其他有异议的货物,只有在事先已进行订舱,并已取得承运人同意的情况下,才可接受运输。装运危险货物的集装箱在货物标记、标签、装箱要求,以及吊箱、积载、搬运等方面,必须符合国际海事组织和有关港口的规定。

(2) 承运人习惯上不接收装载平台集装箱或托盘上的松散货物,除非托运人与承运人之间事先订有协议。

(3) 托运的货物,在其重量、高度、长度、宽度方面超出承运人有关设备的装载能力时,承运人可以不承运。

(4) 对装入冷藏集装箱或通风集装箱或绝缘集装箱的货物进行运输时,不得要求对其采取加温或降温的保护措施,除非另有协议或按特别费率计算。

(5) 除订有协议或按特殊费计收运费外,承运人不接收价值贵重的货物、文件、证券等。

3. 货主装箱并记数

当承运人或其代理人在接收由货主自行装载的货箱时,承运人或其代理人应在提单上加注"由货主装箱并记数条款",此外,还应符合下列一些规定:

(1) 货主必须向承运人提供箱内所装货物的清单列明货名、毛重、体积,以及公证机关发出的衡量证书,证书上应注明箱内货物的毛重和每件货物的重量和尺码。

(2) 承运人不接收超过有效负荷的集装箱。

(3) 同一集装箱内不得装入一个以上卸货港的货物。

(4) 货主应对由于不适合装箱、捆绑、加固或混装所造成的损害负责。

(5) 承运人仅在箱子外表状况良好下收货、交货。

(6) 对托运的集装箱,货主可以自己加封,以及承担因加封而引起的费用和风险。

(7) 不得在承运人的集装箱上贴附货主的姓名和有关标志。

货物一旦发生灭失或损坏,通常由收货人向承运人或其代理人提出索赔。但是,当收货人根据货物保险条款从承保货物的保险人那里得到了赔偿后,保险人可代位(指代替收货人)向承运人或其代理人进行追偿。

三、索赔单证

作为举证的手段,索赔方出具的索赔单证不仅可确定货损的原因、种类、程度,还可确定最终责任方。海运中使用的主要货损索赔单证有:

1. 索赔申请书或索赔清单

索赔方一旦正式向承运人递交索赔申请书或索赔清单,则意味着索赔方正式提出了索赔要求。因此,如果索赔方仅仅提出货损通知,而没有向承运人递交索赔申请书或索赔清单,事实上可解释为索赔方并没有提出正式索赔要求。

2. 提单

提单既是货物收据、交货凭证,又是确定承运人与收货人责任的最终证明,是收货人提出索赔依据的主要单证。

3. 过驳清单、卸货报告、货物残损单和货物溢短单

4. 重理单

重理单是对货物件数或其他有疑问时,承运人要求复查而做的单证,是复查结果的证明文件。

提出索赔时使用的其他单证还有:货物发票、修理单、装箱单、拆箱单等。

四、权益转让

货物在海上运输过程中一旦发生灭失或损害,此项货物灭失或损害系由承运人的过失造成时,通常由收货人向承运人提出索赔,但也有时收货人根据提货单或保险合同,直接向保险人提出赔偿。当收货人从保险人那里得到赔偿后,则签署一份权益转让证书,将向承运人提出的索赔权利转让给保险人,保险人凭此向承运人提出索赔。该份权益转让书的主要内容为:收货人将对该货物的权利和利益转让给保险人,保险人以收货人的名义向有关政府、企业、公司或个人提出保险人认为合适的赔偿要求或法律上的诉讼。保险人所需要的有关文件,收货人可随时提供。

五、担保与扣船

如货损确由承运人的过失所造成,责任已明确,证据也充分,且损害金额较大,作为受损方除做好一般正常的索赔工作所需要的各种手续外,为保证索赔得以顺利了结,可在船舶离港前采取保全措施,要求船方提供担保。这种担保分现金担保、银行担保、担保函三种方式。

现金担保是指承运人或船东保赔协会汇给索赔人一定数额的现金,以后的索赔款可在保证金内支付。

银行担保和担保函都是书面担保形式,前者由银行出具,后者一般由船东保赔协会出具。

若受损方认为通过正常途径不能取得担保,则可采取扣船措施,即在责任方(承运人)未

提供担保前,向法院或有关当局申请扣押船舶,不准船舶离港。但采取扣船措施时,必须慎重,以防因扣船措施不当而产生不良的影响及不必要的纠纷和经济损失。

六、索赔的受理与审核

索赔的受理与审核是海上货物运输全过程中一个很重要的组成部分。这是因为货物运输质量的好坏直接关系到理赔工作。在运输质量好的情况下,索赔案件就会减少,理赔工作也会随之而减少。

一般来说,国外提赔人往往通过国外代理提出索赔,由运输货物的承运人受理,承运人在国外的代理无权处理,除非经承运人委托或授权。

1. 分清责任

承运人在处理索赔时,首先应分清发生货损的原因和应承担的责任。当受损方向承运人提出某项具体索赔时,承运人可根据提单中有关承运人的免责条款解除责任。因此,在索赔和理赔过程中,往往会发生举证和反举证。原则上,受损方要想获得赔偿,必须予以举证,而责任方企图免除责任或减少责任,则必须予以反举证。反举证是分清货损责任的重要手段,有时在一个案件中会多次进行,直到最终确定责任。

2. 审核

在从事理赔工作时主要审核的内容有:

(1) 索赔的提出是否在规定的期限内,如果期限已过,提赔人是否已要求延期。

(2) 提出索赔所出具的单证是否齐全。

(3) 单证之间有关内容是否相符,如船名、航次、提单号、货名、品种、检验日期等。

(4) 货损是否发生在承运人的责任期限内。

(5) 船方有无海事声明或海事报告。

(6) 船方是否已在有关单证上签字确认。

(7) 装卸港的理货计数量是否准确。

3. 承运人免责或减少责任应出具的主要单证

承运人对所发生的货损欲解除责任,或意图证明自己并无过失行为,应出具有关单证以证明对所发生的货损不承担或少承担责任。除前述的收货单、理货计数单、货物溢短单、货物残损单、过驳清单等货运单证外,承运人还应提供:

(1) 积载检验报告。

(2) 舱口检验报告。

(3) 海事声明或海事报告。

(4) 卸货事故报告。

4. 索赔金的支付

通过举证与反举证,虽然已明确了责任,但在赔偿金额上未取得一致意见时,应根据法院判决或决议支付一定的索赔金。关于确定损失金额的标准,《海牙规则》并没有做出规定,但在实际业务中大多将货物的 CIF 价作为确定赔偿金额的标准。

第三节 水运货损事故处理

一、货损事故记录编制

所谓事故记录,是指对货运事故发生经过或事实的记录。编制该记录时必须认真严肃,并能反映事故的真实情况,以便作为分析事故原因、确定责任的依据。由交通运输部统一规定过的事故记录有三种,即货运记录、港航内部记录和普通记录。

1. 货运记录

货运记录是记载承运人和货物托运人责任的记录。根据有关规定,货运记录的编制,除装船前发生的并由起运港负责受理赔偿的部分事故记录可由起运港编制外,其余的货运记录均由到达港编制。实际中,当发生下列情况之一时,应编制货运记录:

(1) 货物品名、件数、标志与运单记载不符。

(2) 货物灭失、短少、变质、污染、损坏。

(3) 有货无票或有票无货。

货运记录必须使用印有编号的规定格式,按每一运单编制,并由记录编制人及收货人共同签字、盖章。

2. 港航内部记录

港航内部记录是承运人与各港之间的内部记录,主要记载事故的原始情况,对外不发生效力,不交给收货人。货物在装卸、运输、保管过程中遇有下列情况之一时,港口应在事故发生或发现的当时会同船方编制港航内部记录:

(1) 货物灭失、损坏、污染、腐烂、变质。

(2) 件数溢短、单货分离、单货不符。

(3) 标志脱落或不清,包装破损或经过整修等。

虽然港航内部记录对外不发生效力,但它却是承运人内部各环节之间判明责任和采取保证质量措施的重要依据。

3. 普通记录

普通记录是承运人向发货人或收货人提供证明的记录,不涉及承托双方之间的责任事项,遇有下列情况之一时,应编制普通记录:

(1) 货物托运人自理装船,并按舱封或装载现状与承运人进行交接的货物,以及其他封舱(箱)运输的货物,发生非承运人责任的货物灭失、短少、变质、污染、损坏和内容不符。

(2) 托运人随附在货物运单上的单证丢失。

(3) 托运人派人押运的货物和甲板货物发生非承运人责任所造成的损失。

(4) 收货人要求证明与货物数量、质量无关而承运人又能证明的其他情况。

上述三种记录在不同的范围内起着不同的作用,是判明、检查与运输全过程有关的各方在履行各自的权利、义务和责任方面的重要书面依据。因此,对记录内容的填写力求准确、真实,并应按照统一规定的格式做具体、详细的记录。

二、货损事故的确定

货运事故一旦发生,承运人应查明事故真相、分析原因、划清责任,为货运事故处理提供可靠的依据,事故记录是进行调查的书面依据之一。此外,承运人还必须查询有关资料,其内容可视事故的性质和产生事故的条件来确定,主要包括在承运、中转、到达等各个环节上的有关内容记载(如交接清单、船图),以及有关货运单证上的批注、发货人事先声明等。

此外,在确定事故原因以及事故损失程度方面,还可借助各种技术进行化验、测定、试验等。

三、货损事故的处理

货物抵达目的港后,一旦发生货损货差,水运承运人应负赔偿责任。然而,凡下列原因引起的货运事故,水运承运人不承担任何赔偿责任:

(1) 不可抗力。
(2) 货物的自然特性和潜在缺陷。
(3) 货物自然耗损或合理耗损,以及托运人由于确定货物重量不准确造成的损失。
(4) 包装不牢或包装材料不足。
(5) 标志不清、漏列。
(6) 非水运部门责任造成的损失。
(7) 托运人自行押运货物,因照料不当造成损失,以及动物疾病、死亡等。
(8) 经承运人举证,或经合同管理机关查证非承运人过失造成的损失。

承运人在接到索赔人提出的赔偿要求时,应审查:

(1) 索赔人提出索赔的时效。
(2) 索赔人的合法身份。
(3) 索赔应具有的单证等。

对经审查不合规定的赔偿要求,承运人应向索赔人说明理由,并退回赔偿要求书。

水运货损事故处理的时效为自货运记录编写次日起的180天内,受理人应在接到索赔要求的60天内做出答复。货损赔偿金额原则上按实际损失金额确定。

第四节　铁路货损事故处理

在铁路货物运输中,凡涉及铁路与发货人、收货人之间,或参加运送铁路间、铁路内部各单位间发生货物损害时,应在事故发生当日编制记录,作为分析事故原因、确定责任的原始证明和处理赔偿的依据。

一、货损事故记录编制

货运事故记录分商务记录、普通记录、技术记录三种。

1. 商务记录

商务记录是货物运送过程中对发生的货损、货差或其他不正常情况的如实记载,是具体分析事故原因、责任和请求赔偿的基本文件。在商务记录中,应确切地记载货物的实际情况和运送当时发现的不良状况,以及发生货物损坏的原因。记录中应列举事实,而不应包括关于责任问题和发生损失原因的任何判断,同时,对商务记录各栏内容应逐项填记。

遇有下列情况之一,应编制商务记录:

(1) 发现货物的名称、重量、件数等同运单和运行报单中所记载的事项不符。

(2) 货物发生全部或部分灭失或损害,或包装破损。

(3) 有货无票或有票无货。

(4) 由国境站开启装有危险货物的车辆时。

商务记录必须在事故发生的当日编制,并按每批货物分别编制。如果运送同一发货人和同一收货人的同一种类的货物时,准许在到达站对数批货物编制一份商务记录。

接受商务记录的铁路部门,若对记录有异议,则应从收到记录之日起 45 天内,将异议通知编制商务记录的人。超过这一期限则认为记录已被接受。

2. 普通记录与技术记录

货物运送过程中,当发现属上述商务情况以外的情况时,如有需要,车站应编制普通记录,普通记录不作为赔偿的依据。

当查明货损原因系车辆状况不良所致,除编制商务记录外,还应按该货损情况编制有关车辆状态的技术记录,并附于商务记录内。

二、确定事故的赔偿

1. 赔偿请求的提出与受理

发货人、收货人均有权根据运输合同提出赔偿要求。发货人必须以书面形式向发送站提出赔偿,收货人必须以书面形式向到达站提出赔偿。如果由发货人或收货人的代理提出赔偿要求时,该代理必须出示发货人或收货人的委托书,以证明这种赔偿请求权是合法的。委托书应该根据赔偿请求按铁路的法令和规章办理。

自赔偿请求提出之日(以发信邮局戳记或铁路在收到赔偿请求书后出具的收据为凭)起,铁路必须在 180 天内审查此项请求,并对赔偿请求人给予答复。

2. 索赔的依据及有关文件

索赔人在向铁路部门提出赔偿要求时,必须同时出具下列文件:

(1) 一旦货物发生全部灭失,由发货人提出赔偿时,发货人应出具运单副本;如由收货人提出赔偿时,则应同时出具运单副本或运单。

(2) 货物发生部分灭失或质变、毁损时,收货人、发货人均可提出索赔,同时应出具运单以及铁路到达站给收货人的商务记录。

（3）货物发生运输延误时，应由收货人提出赔偿，并提交运单。

（4）对于承运人多收运送费用的情况，发货人可按其已付的款额向承运人追回多收部分的费用，但同时应出具运单副本或铁路规定的其他有关文件。如由收货人提出追回多收费用的要求，则应以其支付的运费为基础，同时还需出具运单。

在提出索赔的赔偿请求书上，除应附有运单或运单副本外，在适当情况下还需附商务记录，以及能证明货物灭失、损坏和货物价值的文件。

3. 索赔请求时效

凡根据运输合同向铁路部门提出的索赔，以及铁路对发货人、收货人关于支付运费、罚款的赔偿要求应在9个月内提出；有关货物运输延误的赔偿，应在2个月内提出。上述时效的计算方法是：

（1）关于货物损坏或部分灭失以及运输延误的赔偿，自货物交付之日或应交付之日起计算。

（2）关于货物全部灭失的赔偿，自货物按期运到后30天内提出。

（3）关于补充支付运费、杂费、罚款的要求，或关于退还此项款额的赔偿要求，应自付款之日起计算。若未付款，则从货物交付之日起计算。

（4）关于支付变卖货物的货款要求，自变卖货物之日起计算。

第五节　公路货损事故处理

一、货损事故责任的确定

公路承运人对自货物承运时起至交付货物期间由于装卸、运输、保管以及交接过程中的运输延误，货物灭失、损坏、错运等引起的货物灭失、损害负赔偿责任。

公路承运人的责任范围为：

1. 货损。指货物磨损、破裂、湿损、变形、污损、腐烂等。

2. 货差。指货物发生短少、失落、错装、错卸、交接差错等。

3. 有货无票。指货物存在而运单及其他票据未能随货同行，或已遗失。

4. 运输过失。指误装、误卸，办理承运手续过程中的过失，或漏装过失等。

5. 运输延误。指已接受承运的货物由于始发站未及时运出，或中途发生变故等，致使货物未能如期到达。

6. 其他原因。造成货损、货差的其他原因，如破包、散捆、票据编制过失等。

对下列原因造成的货损事故，公路承运人不承担赔偿责任：

1. 自然灾害导致的货物遗失或损坏。

2. 包装完整，但内容业已短少。

3. 货物的自然特性导致的货物损失。

4. 根据卫生机关、公安、税务机关有关规定处理的货物。
5. 由托运人自行保管、照料所引起的货物损害。
6. 货物未过磅发生数量短少。
7. 承托双方订有协议,并对货损有特别规定者。

二、货损事故记录的编制

货损、货差商务事故记录一般应根据下列要求进行编制:

1. 事故发生后,由发现事故的运送站或就近站前往现场编制商务记录。如系重大事故,在有条件时还应通知货主一起前往现场调查,分析责任原因。
2. 若发现货物被盗,则应尽可能保持现场,并由负责记录的业务人员或驾驶员根据发现的情况会同有关人员做好现场记录。
3. 对于在运输途中发生的货运事故,驾驶员或押运人员应将事故发生的实际情况如实报告车站,并会同当地有关人员提供足够的证明,由车站编制一式三份的商务事故记录。
4. 若货损事故发生于货物到达站,则应根据当时情况,会同驾驶员、业务人员、装卸人员编制商务记录。

三、货损事故的赔偿

受损方在提出赔偿要求时,首先应做好赔偿处理手续。具体做法如下:

1. 向货物的发站或到站提出赔偿申请。
2. 提出赔偿申请的人必须持有有关票据,如行李票、运单、货票、提货联等。
3. 在得到责任方给予赔偿的签字,盖章后,赔偿申请人还应填写"赔偿要求书",连同有关货物的价格票证,如发票、保单、货物清单等,送交责任方。

在计算货损、货差的金额时,主要有三种情况:

1. 发货前的损失,应按到达地当天同一品类货物的计划价或出厂价计算赔偿,已收取的运费也应予以退还。
2. 货物到达后的损失,应按货物运到当天同一品类货物的调拨价计算赔偿。
3. 对价值较高的货物,应按一般商品调拨价计算赔偿。

第六节 货运保险理赔处理

一、保险合同下的保险理赔

保险人与被保险人之间的保险合同形式习惯上是以保单来体现的。保单具有法律效力,对双方当事人均有约束。一份有效的保单必须载明如下一些基本内容:

1. 当事人的名称和地址。
2. 保险标的。
3. 保险风险和事故的种类。

4. 保险金额。

5. 保险费。

6. 保险责任开始的日期、时间和保险期限。

7. 订立合同的日期。

除上述事项外,其他事项可由保险人和被保险人协商后加注在保险单上。

在海运进出口贸易中,如果货物的灭失或损害系发生在保单规定的责任范围内,被保险人可向保险人提出补偿要求。被保险人在提出保险索赔时,应做好下列一些工作:

1. 损失通知

被保险人得知保险的货物业已发生损害,应立即通知保险人。保险人在接到损害通知后,应采取相应的措施,如对货物损害的程度进行检验、提出施救办法、确定保险责任、追查第三方责任等。检验完毕后应取得检验报告,作为保险人日后进行追偿的重要凭证。

2. 向承运人等有关方提出索赔

被保险人或其代理人在提货时发现货物受损,除向保险人报损外,还应立即通知承运人、海关、港务当局等有关方,并索取有关货损的证明。在所规定的期限内,及时向责任方提出索赔,同时保留追偿权利,必要时申请延长索赔时效。

3. 采取合理的施救措施

被保险的货物一旦发生货损事故,被保险人应对货物采取必要的施救措施,以防止损失进一步扩大。因抢救或减少货损而支付的合理费用,可由保险人负责,但以不超过该批被救货物的保险金额为限。

4. 备妥必要的索赔单证

被保险的货物经过检验,被保险人办妥向承运人等第三方的赔偿手续后,应立即向保险人或其代理人提出赔偿要求。在提出索赔时,通常需提供下列单证:

(1) 保险单或保险凭证正本。

(2) 运输合同,包括海运提单或陆路运单。

(3) 货物的商业发票。

(4) 检验报告、海事报告记录。

(5) 有关货损、货差的证明。

(6) 索赔清单等。

总之,在保险理赔处理中,审核索赔方提出的索赔内容是一项很重要的工作,归纳起来,应审核如下主要内容:

(1) 索赔单证、证书、文件是否齐全。

(2) 单证上的内容记载是否相符。

(3) 货损是否发生在承保责任范围内。

(4) 提单上有无批注。

(5) 有无海事声明、海事报告、检验报告、残损单等。

二、保险损害赔偿原则的确定

保险合同是保险人对承保责任范围内的保险标的发生损害时负责赔偿的合同。根据保险合同确定损害赔偿的基本原则是：

1. 被保险人对保险标的必须具有保险权益，否则不能依据保险合同提出赔偿。
2. 保险合同内的标的必须具有损害发生的事实，而且，所发生的损害与运输风险有关。
3. 赔偿不是保险标的的归还，而是在经济上给予补偿。
4. 同一标的不能向两家以上不同的保险公司投保，否则属重复保险，保单无效。若投保人在不了解具体做法的情况下，同时在两家以上保险公司投保，则应在从其中一家得到赔偿后做出声明，否则会构成欺骗行为。

在保险理赔中，很多货损事故索赔均涉及第三者的责任，此种索赔的原则应遵循：

1. 凡属发货人的过失所致，如货物残损、数量短缺、包装不牢等，由收货人直接申请检验出证，并及时将商检证书和有关单证备妥，在规定的期限内向发货人提出索赔。
2. 如货物的损害是承运人过失所致，收货人根据承运人的签证，申请检验出证，连同有关货运单证交卸货口岸的保险公司或船公司代理。
3. 涉及国内装卸和运输部门责任的货损事故，收货人应立即向有关责任方取得货运记录，直接向其提出索赔，或向保险人提出索赔。
4. 由于运输安排过失造成的货损、货差事故，收货人应向责任方提出索赔，保险人不负责任。

三、损害赔偿保险责任范围

货物赔偿责任范围主要根据保险人与被保险人订立的保险合同中的条款来确定，一般有三种情况：

1. 平安险的责任范围

（1）被保险的货物在运输途中因恶劣气候、雷电、海啸、地震、洪水等自然灾害造成货物全部损失或推定全损。

（2）由于运输工具遭受搁浅、触礁、沉没、碰撞、火灾、爆炸等意外事故造成货物全部或部分损失。

（3）在货物装卸或转运时由于一件或数件整件货物落海造成的全部或部分损失。

（4）被保险人对承保责任内的货物遭受危险时采取抢救，防止或减少货损措施所支付的合理费用，但以不超过该批货物的保险金额为限。

（5）运输工具遇难后，在避难港由于卸货所引起的损失，以及在中途港、避难港由于卸货、储存、运送所产生的特殊费用。

（6）共同海损分摊和救助费用。

（7）运输合同或提单上订有"船舶互碰责任"条款，根据该条款应由货方偿还船方的损失。

2. 水渍险的责任范围

除包括上述平安险的各项责任外,还负责被保险货物由于恶劣气候、雷电、海啸、地震、洪水等自然灾害造成的部分损失。

3. 一切险的责任范围

除包括上述平安险、水渍险的各项责任外,还负责被保险货物在运输途中由于外来原因造成的全部或部分损失。

对下列原因造成的货损,保险人不予赔偿:

（1）被保险人的故意行为或过失造成的货损。

（2）属于发货人的过失责任。

（3）在保险责任开始前,被保险货物业已存在品质不良或货物数量短缺。

（4）被保险货物的自然损耗、自然特性、内在缺陷、市价跌落、运输延误等引起的损失或费用。

（5）附加险条款规定的责任范围和除外责任。

【案例分析】

国际货物多式联运合同下集装箱滞留

2001年2月19日,某机电设备总公司（以下简称机电公司）与某运输公司签订《多式联运合同》,委托运输公司负责承办全套2×3 000 kW火力发电站设备从黄埔港经曼谷至缅甸大其力市的全程运输工作。运输公司于2001年3月20日向机电公司签发了某国际联运公司的多式联运提单。提单规定合同争议适用中国法律,管辖机构为机电公司所在地人民法院。

2001年3月7日,运输公司与某国际货运有限公司（以下简称货运公司）签订《海运出口货物运输合同》,双方约定由运输公司委托货运公司办理其出口电力设备的出口订舱、运输业务,负责将货物从黄埔运至曼谷。货运公司应按运输公司规定的时间并按要求的数量向运输公司提供足够的空集装箱以便装箱,并应在货物出运后2个工作日内,按运输公司的要求向运输公司提供海运提单。货运公司于3月22日向运输公司提供了由某公司签发给某集装箱运输有限公司（以下简称集装箱公司）的海运记名提单,收货人为泰国巴帕玛公司（以下简称巴帕玛公司）。《海运出口货物运输合同》约定争议适用中国法律,管辖机构为中国海事仲裁委员会。

2001年3月8日,运输公司与巴帕玛公司签订《国际联运合同》,委托其将上述货物从曼谷港的CY堆场运至缅甸的大其力市火力发电站工地。合同争议适用中国法律,管辖机构为中国海事仲裁委员会。

2001年4月2日,货物运抵曼谷港,巴帕玛公司接货并安排货物在泰国境内的进出口报关及转运至缅甸大其力的运输工作。4月20日,本案所涉44个集装箱及其货物在运往缅甸大其力市途中的泰国湄赛并准备报关时,湄赛地区数以千计的群众进行示威游行,以在缅甸大其力市建设火力发电站将会对湄赛地区造成环境污染为由,阻挠货物出关。4月21日,示威群众企图迫使海关和当地政府当着群众的面开箱,以证实究竟是发电机还是制造毒品的机器,若不愿开箱,示威群众扬言要将这44个集装箱放火烧毁。鉴于示威群众的偏激,为了保证货物的安全,减少可能造成的更大损失,巴帕玛公司于21日下午4点,在政府和有关人员和军方的配合下将全部44辆集装箱拖车拖离现场,运回曼谷免税仓库存放。

事件发生后,运输公司及时通知了机电公司,双方一起请求中国政府通过外交途径帮助解决。经过多方努力,泰国政府同意减免45%已发生的未付仓储费,并同意在适当的时候将货物转移至泰国政府指定地点免费存放。

由于货物扣押导致运输合同不可能得到履行,运输公司以不可抗力因素为由于2001年6月25日书面通知机电公司,提出解除合同。机电公司于同年7月30日发来电报,答复同意解除合同,但保留其向运输公司的索赔权。

2001年4月23日,货运公司向运输公司出具运输结算单,运输公司因此向货运公司支付了全部运费,并得到货运公司出具的四份国际货物运输代理业专用发票,发票载明所收款项为"海运费"。

集装箱公司由于一直未能收回集装箱,于是多次要求运输公司和机电公司承担集装箱返还费用,支付超期使用费,但遭到拒绝。

问:谁该承担集装箱的超期使用费?

【复习思考题】

1. 集装箱运输中发生货运事故的种类和原因主要有哪些?
2. 发生多式联运货运事故后,责任应如何划分?
3. 多式联运责任事故的处理有什么特点?
4. 多式联运货运事故中的索赔应具备什么条件?
5. 多式联运货运事故的索赔需要哪些单证?索赔的基本程序包括哪几个步骤?
6. 多式联运事故中的理赔有哪几个程序?

参考文献

[1] 朱艳茹,吴鼎新.集装箱运输与多式联运[M].南京:东南大学出版社,2013.
[2] 孙家庆,张赫,姚景芳.集装箱多式联运[M].2版.北京:中国人民大学出版社,2013.
[3] 朱晓宁.集装箱运输与多式联运[M].3版.北京:中国铁道出版社,2016.
[4] 王鸿鹏,胡昊,邓丽娟.集装箱运输与多式联运[M].北京:人民交通出版社,2015.
[5] 刘雪梅.集装箱运输与多式联运实务[M].北京:机械工业出版社,2011.